新獲吐魯番出土文獻

馮其庸題

下

吐魯番學研究叢書甲種之二

中華書局

交河大佛寺

二〇〇二年交河故城出土文獻

本批文書於二〇〇二年春季出自交河故城大佛寺（E–15）院牆周圍的虛土内。在長期的風力作用下，虛土表層逐漸被揭去，自然裸露出下層的文獻殘片。此次共出土大小寫本文獻碎片八十餘件，經過整理綴合，編號文獻共四十三件，其中包括漢文佛經殘片三十九件（2002TJI:001—2002TJI:039），又無字殘紙一張（2002TJI:040），回鶻文文書一件（2002TJI:041），婆羅謎文文書一件（2002TJI:042），漢文世俗文書一件（2002TJI:043）。今參照中華大藏經和大正新脩大藏經，比定出漢文佛經三十三件。因寫本較殘，所存文字有些同見於兩種佛典，則正題採用古代高昌流行之文本，而注異本於解題中。本批文書均無紀年，其中漢文佛典依據書法風格判斷，屬於高昌郡至唐西州時期。

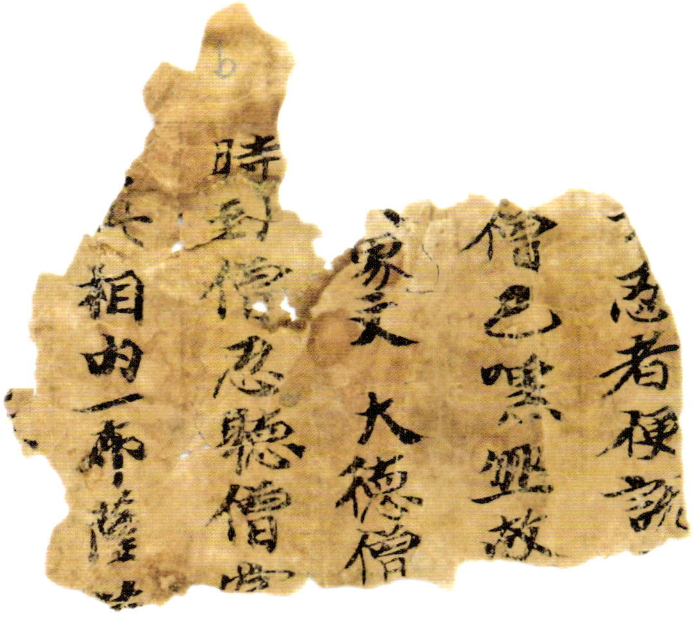
2002TJI:001 背面

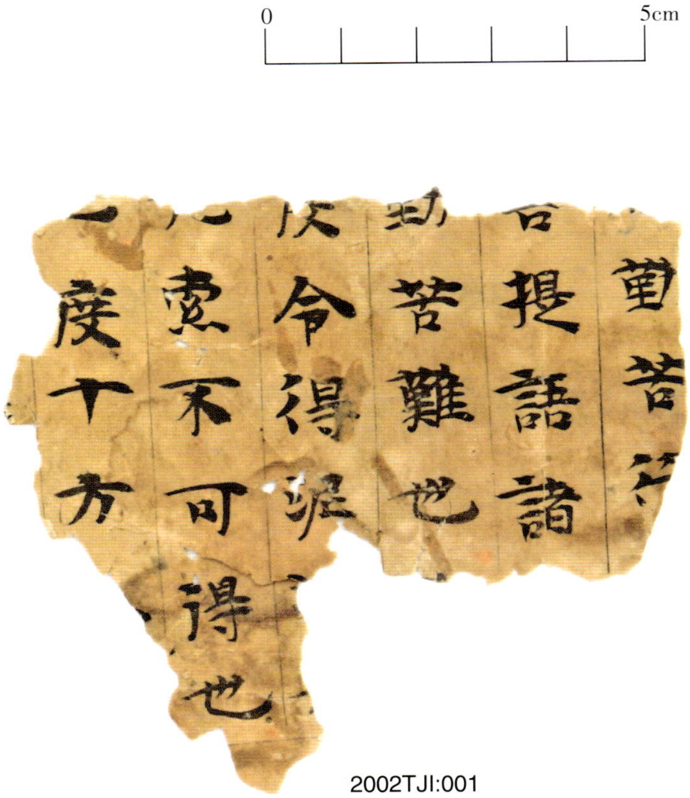

2002TJI:001

一　道行般若經卷八强弱品第二四

後漢支婁迦讖譯，中華大藏經第七册，九七五頁中欄；大正新脩大藏經第八册，四六七頁上欄。背面爲十誦比丘羯磨（？）寫本（二號）。根據書法風格推斷，本件當屬於高昌郡時期寫本。

（前缺）

1 □勤苦行，
2 菩提語諸
3 勤苦難也。□
4 ，度令得泥洹。是
5 无索不可得也。
6 人，度十方□
7 □

（後缺）

二　十誦比丘羯磨（？）

中華大藏經第四一册，六二七頁上欄；大正新脩大藏經第二三册，五〇二頁下欄。其文字與十誦比丘羯磨略有出入，現暫比定爲此經。正面爲道行般若經卷八寫本（一號）。根據書法風格推斷，本件當屬於高昌國時期寫本。

（前缺）

1 □不忍者便説。□
2 □僧已嘿然故，
3 大界文　大德僧
4 時到僧忍聽，僧□
5 □此相内一布薩□
6 □□

（後缺）

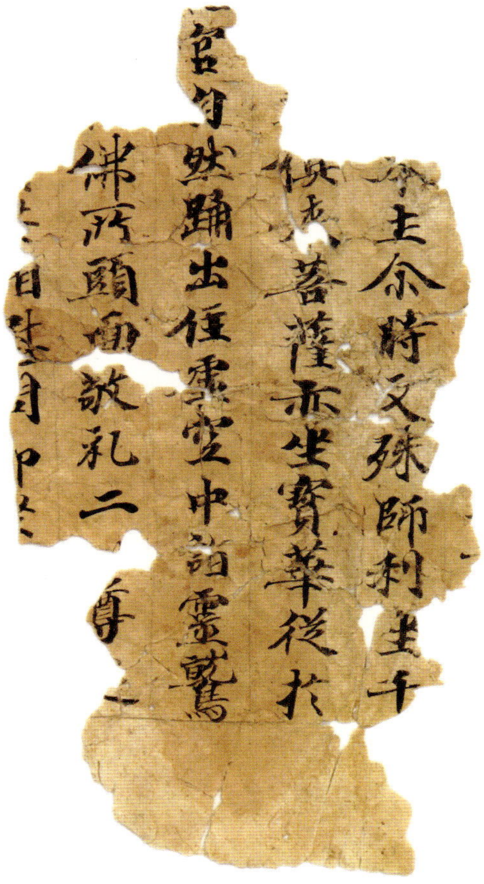

2002TJI:003

2002TJI:002

0　5cm

三　佛說仁王般若波羅蜜經卷下散華品第六

後秦鳩摩羅什譯，中華大藏經第八冊，三六八頁中欄；大正新脩大藏經第八冊，八三〇頁下欄。根據書法風格推斷，本件當屬於高昌國時期寫本。

（前缺）

1 經散華品

2 大國王，聞佛說十

3 无量，即散百万億

4 佛共坐

（後缺）

四　妙法蓮華經卷四提婆達多品第十二

後秦鳩摩羅什譯，或爲添品妙法蓮華經卷四見寶塔品第十一，隋闍那崛多譯。中華大藏經第一五冊，五五五頁上欄、七八八頁中欄；大正新脩大藏經第九冊，三五頁上欄、一六九頁中欄至下欄。根據書法風格推斷，本件當屬於唐西州時期寫本。

（前缺）

1 與相□□

2 本土。尒時文殊師利坐千

3 ，俱來菩薩亦坐寶華，從於

4 □宮自然踊出，住虛空中，詣靈鷲

5 □佛所，頭面敬礼二□尊足。

6 □共相慰問，却坐

（後缺）

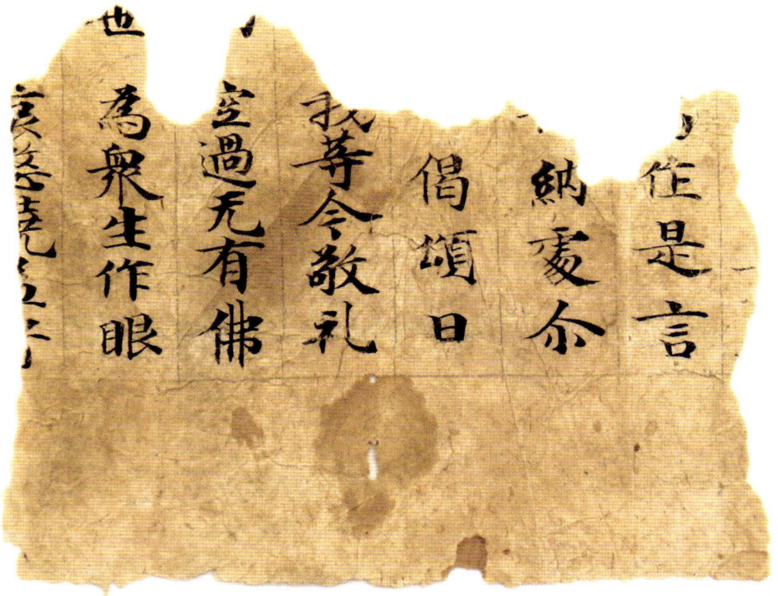

2002TJI:004

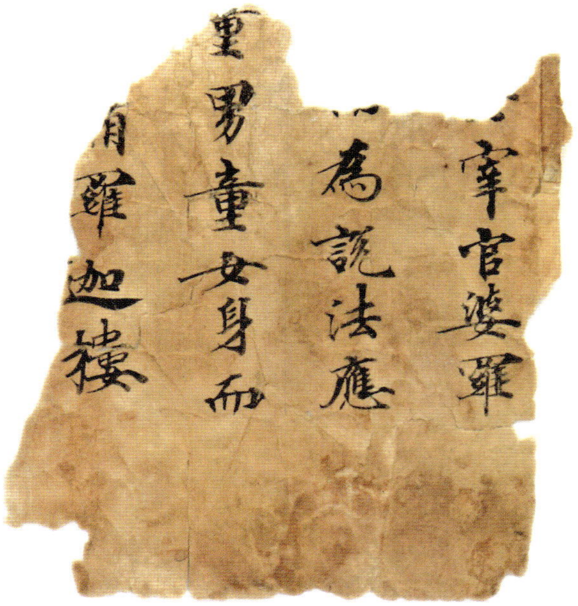

2002TJI:005

五　妙法蓮華經卷三化城喻品第七

後秦鳩摩羅什譯，或爲添品妙法蓮華經卷三化城喻品第七，隋闍那崛多譯。中華大藏經第一五冊，五三九頁上欄至中欄、七七〇頁下欄；大正新脩大藏經第九冊，二三頁下欄、一五八頁中欄。根據書法風格推斷，本件當屬於唐西州時期寫本。

（前缺）

1 [　]，而作是言：
2 [　]□納處。尒
3 [　]偈頌曰：
4 [　]，我等今敬礼。
5 [　]劫，空過无有佛。
6 [　]世，爲衆生作眼。
7 [　]，哀愍饒益者。

（後缺）

六　妙法蓮華經卷七觀世音菩薩普門品第二五

後秦鳩摩羅什譯，或爲添品妙法蓮華經卷七觀世音菩薩普門品第二四，隋闍那崛多譯。中華大藏經第一五冊，五八九頁下欄、八二四頁中欄；大正新脩大藏經第九冊，五七頁中欄、一九二頁中欄。根據書法風格推斷，本件當屬於唐西州時期寫本。

（前缺）

1 [　]士、宰官、婆羅
2 [　]而爲說法；應
3 [　]童男童女身而
4 [　]脩羅迦樓

（後缺）

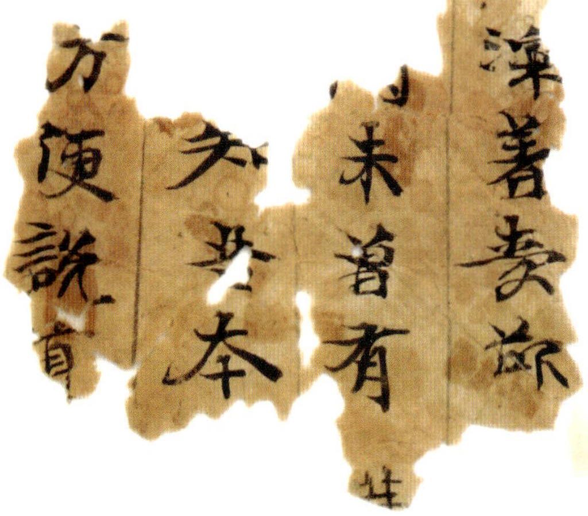

2002TJI:008

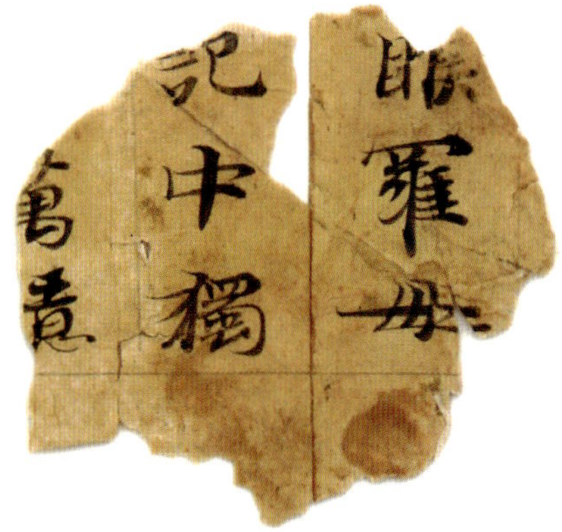

2002TJI:007

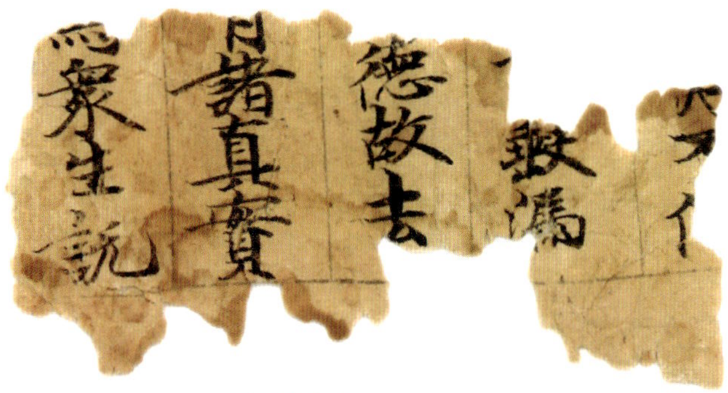

2002TJI:006

七　妙法蓮華經卷一方便品第二

後秦鳩摩羅什譯，或爲添品妙法蓮華經卷一方便品第二，隋闍那崛多譯。中華大藏經第一五冊，五一五頁中欄、七四五頁下欄至七四六頁上欄；大正新脩大藏經第九冊，七頁下欄、一四〇頁下欄。根據書法風格推斷，本件當屬於唐西州時期寫本。

（前缺）

1　□夷不信。

2　□有缺漏。

3　□德故去。

4　□有諸真實。

5　□爲衆生說。

（後缺）

八　妙法蓮華經卷四勸持品第一三

後秦鳩摩羅什譯，或爲添品妙法蓮華經卷四勸持品第一二，隋闍那崛多譯。中華大藏經第一五冊，五五六頁中欄、七八九頁中欄；大正新脩大藏經第九冊，三六頁上欄、一七〇頁下欄。根據書法風格推斷，本件當屬於高昌國時期寫本。

（前缺）

1　□睺羅母

2　□記中獨

3　□萬億

（後缺）

九　妙法蓮華經卷二譬喻品第三

後秦鳩摩羅什譯，或爲添品妙法蓮華經卷二譬喻品第三，隋闍那崛多譯。中華大藏經第一五冊，五二五頁上欄、七五五頁下欄；大正新脩大藏經第九冊，一五頁上欄、一四八頁上欄。根據書法風格推斷，本件當屬於高昌國時期寫本。

（前缺）

1　□，深著愛欲，□

2　□，得未曾有，佛□

3　□知苦本，□

4　□，方便說道，□

（後缺）

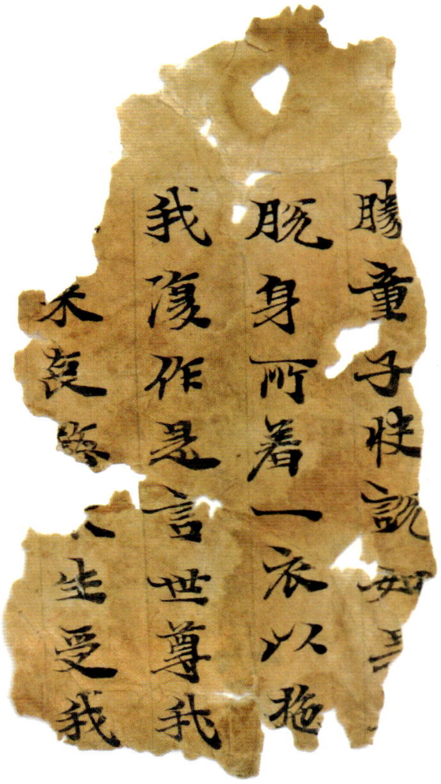

2002TJI:010

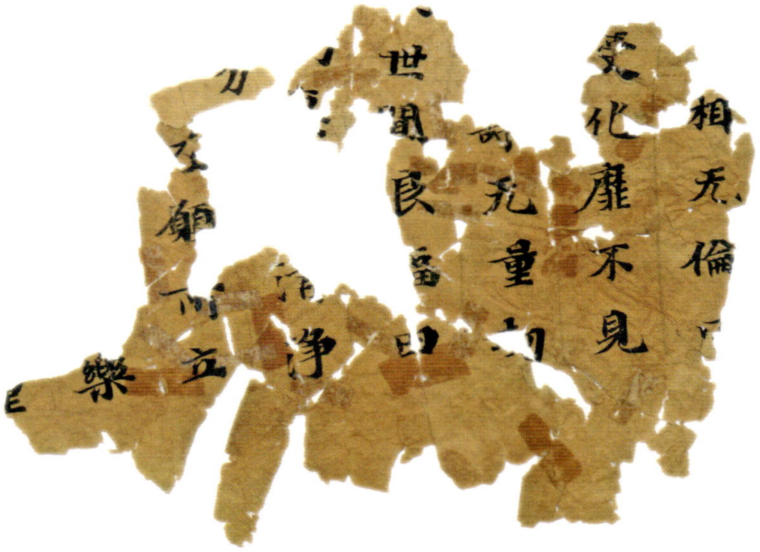

2002TJI:009

一〇 大方廣佛華嚴經卷三盧舍那佛品第二之二

東晉佛馱跋陀羅譯，中華大藏經第一二冊，二九頁上欄；大正新脩大藏經第九冊，四一一頁下欄至四一二頁上欄。根據書法風格推斷，本件當屬於高昌郡時期寫本。

（前缺）

1 □相无倫匹。
2 □受化靡不見。
3 □壽无量劫。
4 □爲世間良福田。
5 □方□□清净。
6 □方便願所立。
7 □樂。
8 □量。

（後缺）

一一 大般涅槃經（北本）卷三〇師子吼菩薩品第一一之四

北涼曇無讖譯，或爲大般涅槃經（南本）卷二八師子吼菩薩品之四，劉宋釋慧嚴等譯。中華大藏經第一四冊，三三四頁中欄、八一六頁上欄；大正新脩大藏經第一二冊，五四二頁下欄、七八八頁上欄。根據書法風格推斷，本件當屬於高昌國時期寫本。

（前缺）

1 勝童子，快説如是善□
2 脱身所着一衣以施□
3 我。復作是言：「世尊！我□
4 □來哀愍衆生，受我□

（後缺）

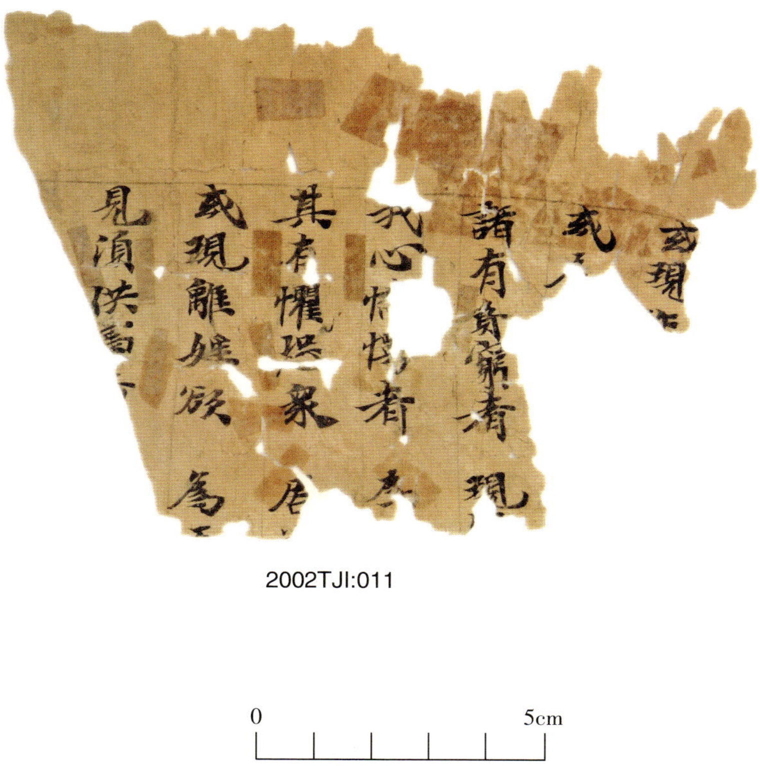

2002TJI:011

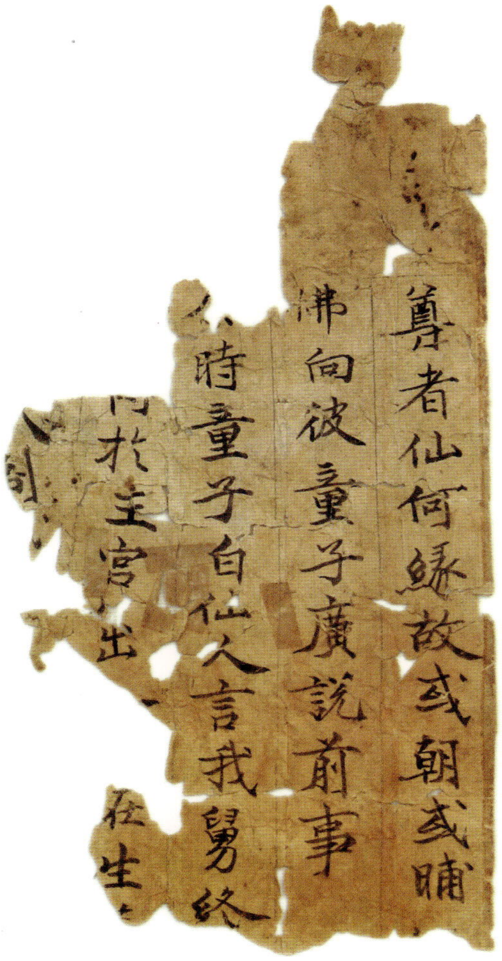

2002TJI:012

一二　維摩詰所説經卷中佛道品第八

後秦鳩摩羅什譯，中華大藏經第一五册，八五二頁中欄至下欄；大正新脩大藏經第一四册，五五〇頁中欄。根據書法風格推斷，本件當屬於高昌國時期寫本。

（前缺）

1 或現作□

2 或爲□

3 諸有貧窮者，現作□

4 我心憍慢者，爲□

5 其有恐懼衆，居□

6 或現離淫欲，爲五□

7 見須供事者，□

（後缺）

一三　佛本行集經卷五四優波離因緣品中

隋闍那崛多譯，中華大藏經第三五册，一〇三七頁中欄；大正新脩大藏經第三册，九〇四頁下欄至九〇五頁上欄。根據書法風格推斷，本件當屬於唐西州時期寫本。

（前缺）

1 尊者仙，何緣故或朝或晡恒□

2 佛向彼童子廣説前事。

3 尒時童子白仙人言：「我舅終□

4 □？恃於王宫出□□在，生□

5 □人剃除□

（後缺）

2002TJI:013

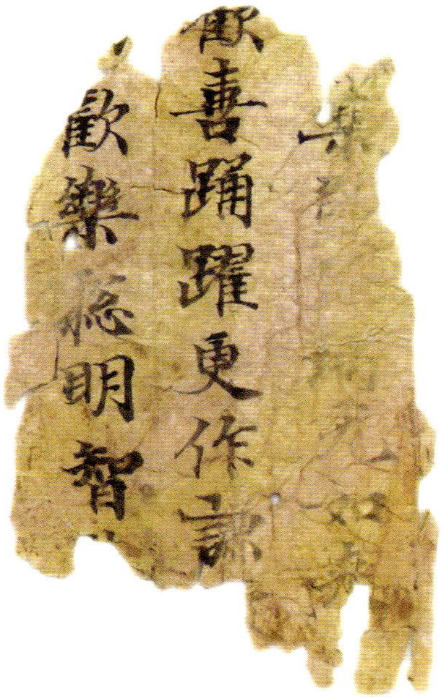
2002TJI:014

0　5cm

一四　十方千五百佛名經（？）

失譯，中華大藏經未收。大正新脩大藏經第一四冊，三一四頁中欄；但本件與十方千五百佛名經文字略有出入，現暫比定爲此經。根據書法風格推斷，本件當屬於唐西州時期寫本。

（前缺）

1 □□
2 者却八十劫生死□□。
3 礼者却八十劫生死之罪。
4 敬礼者却卌二劫生死之罪。
5 敬礼者却卅劫□死
6 敬礼者□生□
7 □悉□

（後缺）

一五　佛説灌頂拔除過罪生死得度經卷一二

東晉帛尸梨蜜多羅譯，中華大藏經第一八冊，三一四頁下欄至三一五頁上欄；大正新脩大藏經第二一冊，五三三頁中欄。根據書法風格推斷，本件當屬於唐西州時期寫本。

（前缺）

1 藥師瑠璃光如來
2 歡喜踊躍，更作謙
3 得歡樂聰明智慧。

（後缺）

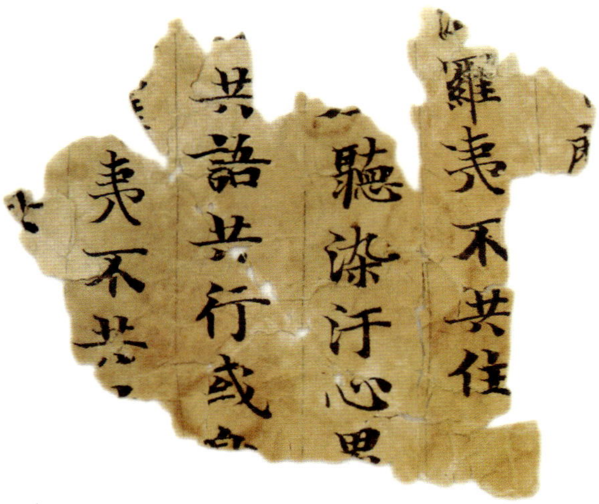

2002TJI:015

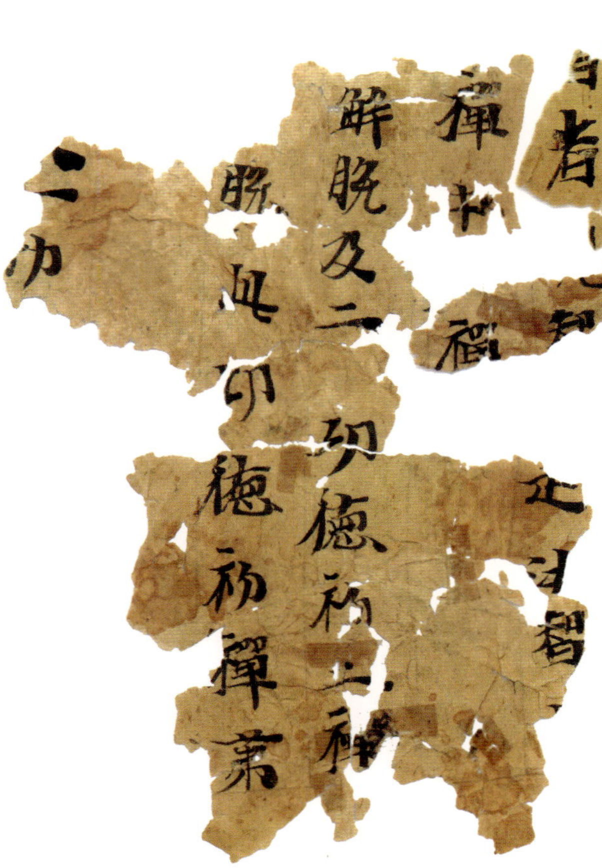

2002TJI:016

一六　四分比丘尼戒本

後秦佛陀耶舍譯，中華大藏經第四一册，三六三頁下欄；大正新脩大藏經第二二册，一〇三一頁下欄。根據書法風格推斷，本件當屬於高昌國時期寫本。

（前缺）

1 □□摩□

2 □波羅夷不共住。

3 □□聽染汙心，男□

4 □□共語共行，或身□

5 □□羅夷不共住。□

6 □□□

（後缺）

一七　阿毗曇心論卷三

東晉僧伽提婆共釋慧遠譯，本件由三片綴合而成。中華大藏經第四八册，五四二頁下欄；大正新脩大藏經第二八册，八二四頁中欄。背面爲佛典殘片（三五號）。根據書法風格推斷，本件當屬於高昌國時期寫本。

（前缺）

1 □五通是□

2 □智者，現智　是法智。□

3 □□禪、中□禪。

4 □解脱及二，功德初二禪。

5 □脱，此功德初禪第

6 □

7 □八二切□

（後缺）

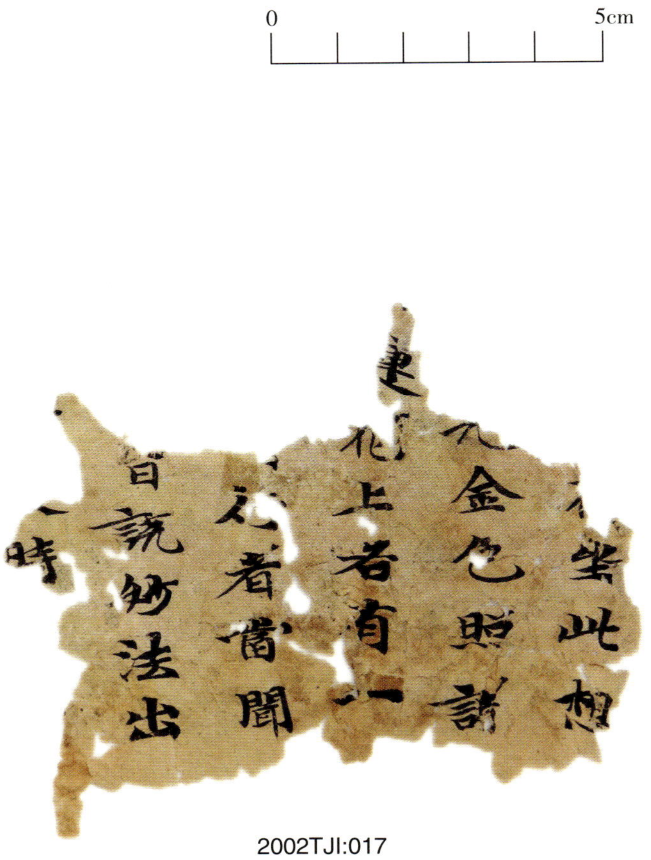

2002TJI:017

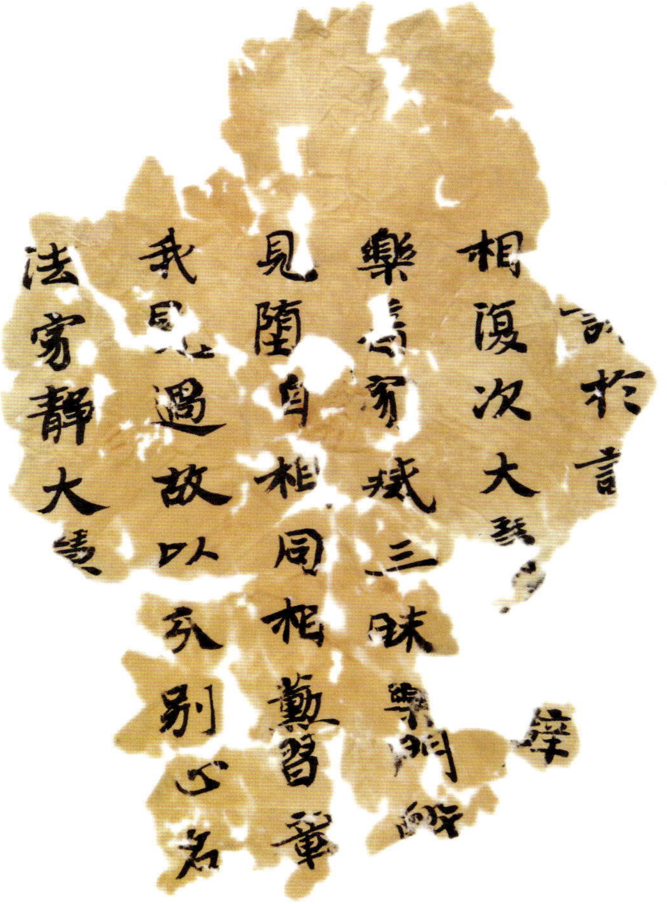
2002TJI:018

一八　佛説觀無量壽佛經

劉宋畺良耶舍譯，中華大藏經第一八册，六六五頁中欄；大正新脩大藏經第一二册，三四三頁中欄。根據書法風格推斷，本件當屬於高昌國時期寫本。

（前缺）

1　華坐。此想
2　光金色，照諸
3　蓮花上各有一
4　時，行者當聞
5　皆説妙法。出
6　□之時，

（後缺）

一九　入楞伽經卷第七入道品第九

北魏菩提留支譯，中華大藏經第一七册，六八九頁中欄；大正新脩大藏經第一六册，五五五頁上欄。根據書法風格推斷，本件當屬於高昌國時期寫本。

（前缺）

1　□，説於諸
2　相。復次大慧，□□辟
3　樂著寂滅三昧，樂門醉
4　見。墮自相同相勳習章
5　我見過故，以分別心名
6　法寂静。大慧

（後缺）

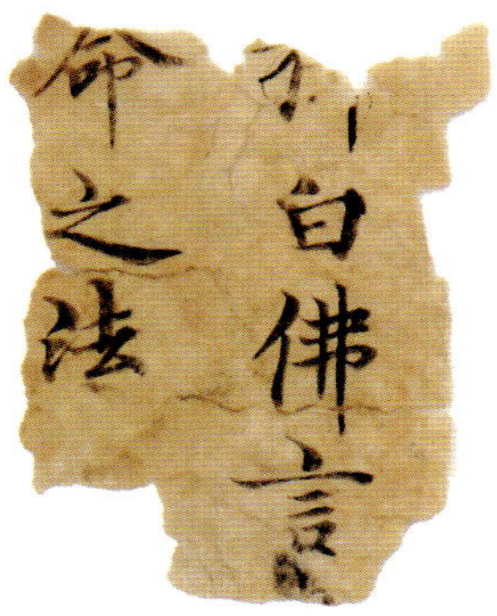

2002TJI:019c

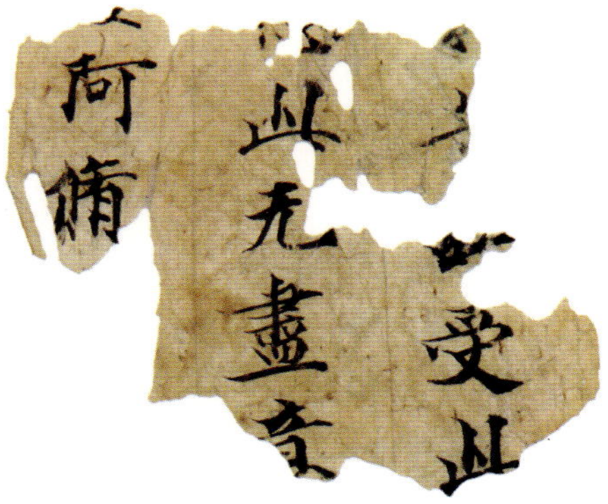

2002TJI:023

二〇　佛頂尊勝陀羅尼經

唐佛陀波利譯，本編號包括三殘片，三殘片字體接近，此爲第三片。中華大藏經第二〇冊，三二二頁上欄；大正新脩大藏經第一九冊，第三五〇頁中欄。根據書法風格推斷，本件當屬於唐西州時期寫本。

（前缺）

1 □釋白佛言：「□□

2 □命之法。」

（後缺）

二一　妙法蓮華經卷七觀世音菩薩普門品第二五

後秦鳩摩羅什譯，或爲添品妙法蓮華經卷七觀世音菩薩普門品第二四，隋闍那崛多譯。中華大藏經第一五冊，五八九頁下欄、八二四頁中欄；大正新脩大藏經第九冊，五七頁中欄至下欄、一九二頁中欄。根據書法風格推斷，本件當屬於唐西州時期寫本。

（前缺）

1 □我等故，受此□

2 □愍此无盡意□

3 □婆、阿脩□

（後缺）

2002TJI:043 背面

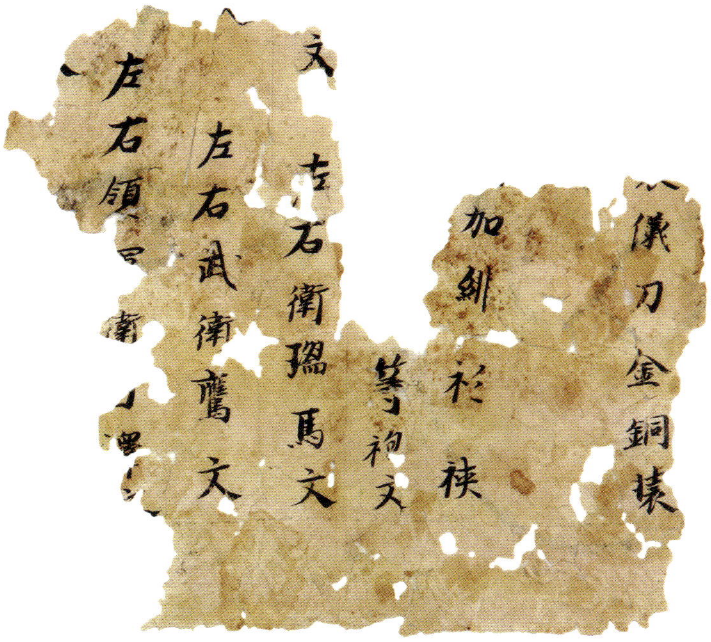

2002TJI:043

二二　唐開元二十五年（七三七）禮部式（？）

黄麻紙，行間有烏絲欄。殘卷背面以墨綫縱向勾勒一幅佛弟子的白描像。文書内容是關於唐代十六衛軍將之異文袍圖案，以及與朝會儀仗相關的「儀刀」、「緋衫袂」等制度的記録，可能爲唐開元二十五年的禮部式殘卷，或爲監門宿衛式。參見雷聞吐魯番新出土唐開元禮部式殘卷考釋，文物二〇〇七年第二期。

（前缺）

1　[裝]儀刀金銅裝

2

3　□加緋衫袂

4　等袍文

5　[文]左右衛瑞馬文

6　[文]左右武衛鷹文

7　左右領軍衛[白][澤][文]

8　[文]

（後缺）

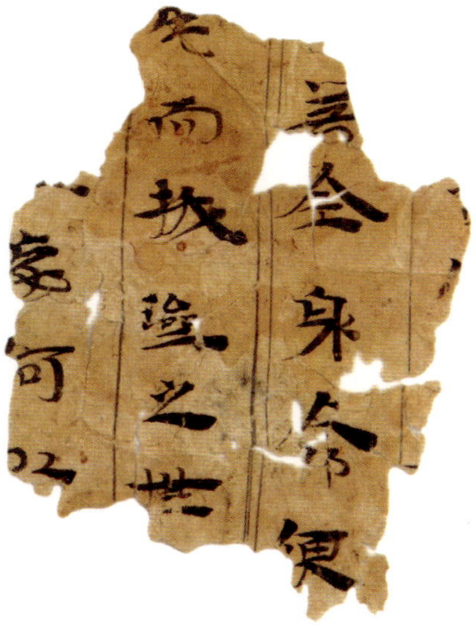

2002TJI:022c

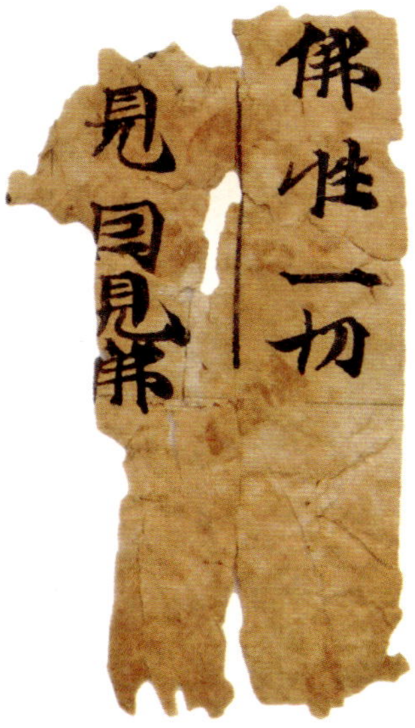

2002TJI:021c

二三　大般涅槃經（北本）卷七如來性品第四之四

北涼曇無讖譯，或爲大般涅槃經（南本）卷七邪正品第九，劉宋釋慧嚴等譯。本編號包括四殘片，其中第一片無字，第四片有兩個殘字，無法識别，不録，此爲第三片。中華大藏經第一四冊，六九頁中欄、五三二頁中欄；大正新脩大藏經第一二冊，四〇五頁上欄、六四五頁下欄至六四六頁上欄。根據書法風格推斷，本件當屬於高昌國時期寫本。

（前缺）

1 □佛性？一切

2 □見。因見佛

3 □□

（後缺）

二四　妙法蓮華經卷二譬喻品第三

後秦鳩摩羅什譯，中華大藏經第一五冊，五二二頁上欄；大正新脩大藏經第九冊，一三頁上欄。本編號包括三殘片，第一、三片字體相近，此爲第三片。根據書法風格推斷，本件當屬於高昌國時期寫本。

（前缺）

1 □□□

2 □？若全身命，便□

3 □宅而拔濟之。世□

4 □□妄，何以□

（後缺）

2002TJI:025

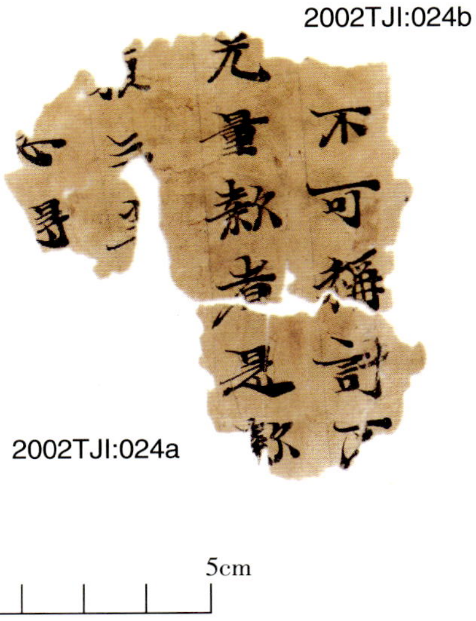

二五　大般涅槃經（北本）卷三一師子吼菩薩品第一一之五

北涼曇無讖譯，或爲大般涅槃經（南本）卷二九師子吼菩薩品之五，劉宋釋慧嚴等譯。本件由二殘片綴合而成。中華大藏經第一四冊，三四七頁上欄、八二七頁下欄；大正新脩大藏經第一二冊，五四九頁下欄、七九五頁中欄。根據書法風格推斷，本件當屬於高昌國時期寫本。

（前缺）

1 □，不可稱計，不□

2 □无量報者，是報□

3 □藐三菩□

4 □必得□

（後缺）

二六　般若經卷首

根據書法風格推斷，本件當屬於唐西州時期寫本。

1 □般若經卷弟（第）□

（後缺）

2002TJI:026

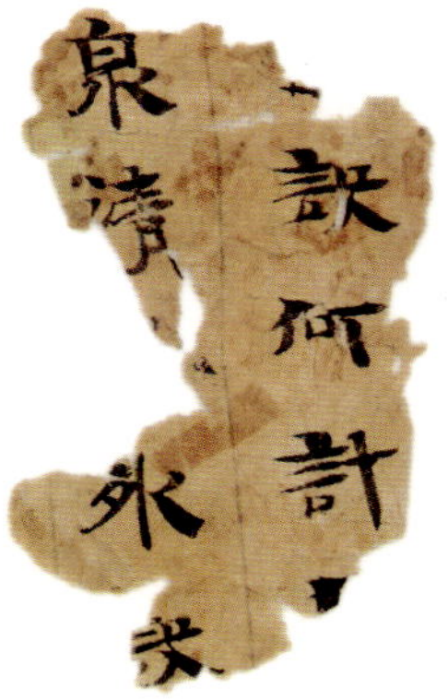

2002TJI:028a

二七　大般涅槃經卷首

根據書法風格推斷，本件當屬於唐西州時期寫本。

1 大般涅槃經卷□

（後缺）

二八　大般涅槃經（北本）卷一六梵行品第八之二

北涼曇無讖譯，或爲大般涅槃經（南本）卷一四梵行品第二〇之一，劉宋釋慧嚴等譯。本編號包括三殘片，此爲第一片。中華大藏經第一二冊，一七一頁中欄、六三八頁中欄；大正新脩大藏經第一二冊，四五七頁下欄、七〇〇頁上欄。根據書法風格推斷，本件當屬於高昌國時期寫本。

（前缺）

1 □當設何計？尼□

2 □泉清□，外設□

（後缺）

2002TJI:029

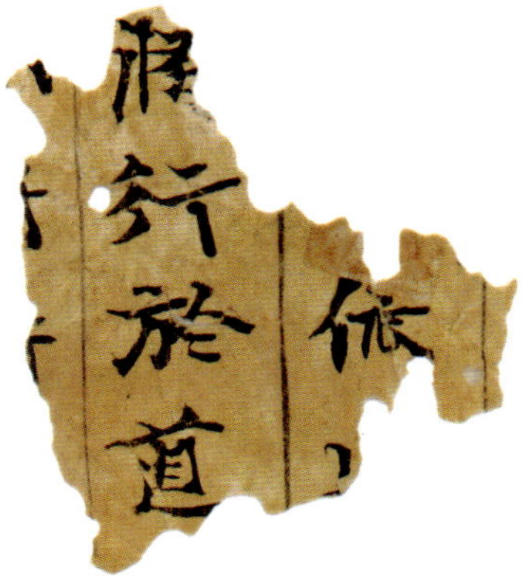

2002TJI:028b

二九　妙法蓮華經卷二譬喻品第三

後秦鳩摩羅什譯，本編號包括三殘片，此爲第二片。中華大藏經第一五冊，五二五頁中欄；大正新脩大藏經第九冊，一五頁上欄至中欄。根據書法風格推斷，本件當屬於高昌國時期寫本。

（前缺）

1 ［ ］依止［ ］

2 ［ ］。脩行於道，［ ］

3 ［ ］□□□［ ］

（後缺）

三〇　阿彌陀經義述

唐釋慧淨述，中華大藏經未收。大正新脩大藏經第三七冊，三〇七頁下欄。根據書法風格推斷，本件當屬於唐西州時期寫本。

（前缺）

1 ［ ］清淨佛土，可謂

2 ［ ］建立諸法者也。

3 ［ ］提者也。皎三明以

4 ［ ］□□方，美勝因

5 ［ ］□，□稱□□。［ ］阿

6 ［ ］爲［ ］

（後缺）

2002TJI:030b

2002TJI:030a

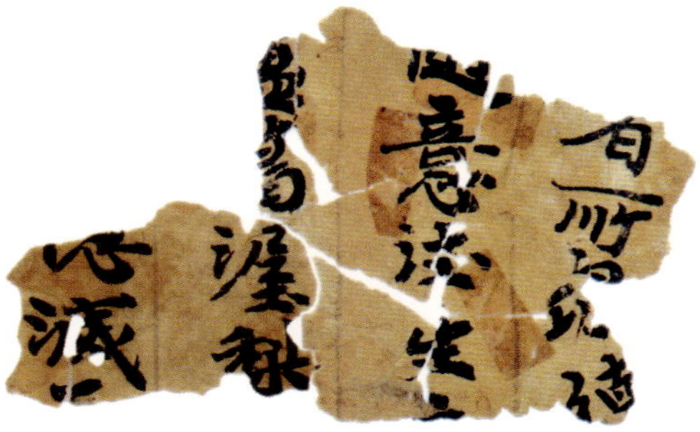

2002TJI:030c　2002TJI:033

三一　十方千五百佛名經

本件包括四殘片，字體相同，第一片僅存「住」字，不録；其餘三片爲佛名經。中華大藏經未收。大正新脩大藏經第一四冊，三一六頁上欄。根據書法風格推斷，本件當屬於高昌國時期寫本。

（前缺）

1　□□［　］者，所得功德［　］
2　億［　］隨意往生，不［　］
3　不［　］虛藹渥梨，［　］
4　［　］隱滅五［　］

（後缺）

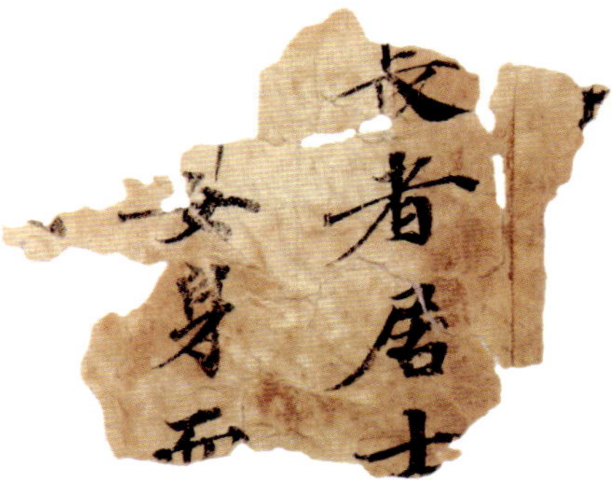

2002TJI:037b

0　5cm

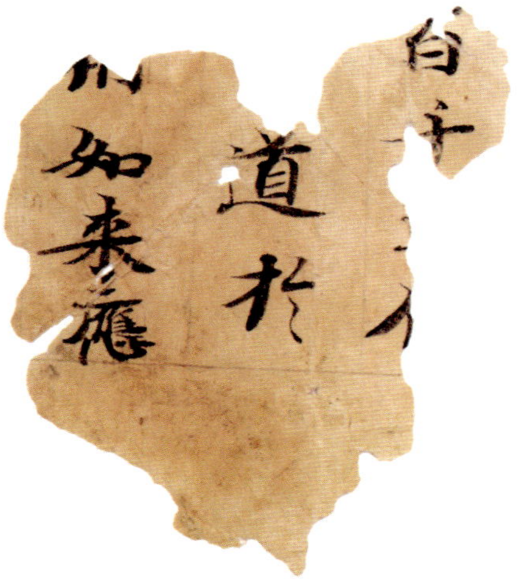

2002TJI:037c

三二　妙法蓮華經卷七觀世音菩薩普門品第二五

後秦鳩摩羅什譯，本編號包括三殘片，此爲第二片。中華大藏經第一五冊，五八九頁下欄；大正新脩大藏經第九冊，五七頁中欄。根據書法風格推斷，本件當屬於唐西州時期寫本。

（前缺）

1 □

2 長者、居士

3 □女身而

4 □

（後缺）

三三　妙法蓮華經卷四勸持品第一三

後秦鳩摩羅什譯，或爲添品妙法蓮華經卷四勸持品第一二，隋闍那崛多譯。本編號包括三殘片，此爲第三片。中華大藏經第一五冊，五五六頁中欄、七八九頁中欄；大正新脩大藏經第九冊，三六頁上欄、一七〇頁下欄。根據書法風格推斷，本件當屬於唐西州時期寫本。

（前缺）

1 百千萬億

2 道。於

3 相如來應

（後缺）

2002TJI:038a

2002TJI:016 背面

三四　大般涅槃經（北本）卷三一師子吼菩薩品第一一之五

北涼曇無讖譯，該編號包括三殘片，此爲第一片。中華大藏經第一四冊，三四七頁中欄；大正新脩大藏經第一二冊，五四九頁下欄。根據書法風格推斷，本件當屬於高昌國時期寫本。

（前缺）

1 □[

2 何復得[

3 果報无[

（後缺）

三五　佛典殘片

正面爲阿毗曇心論卷三寫本（一七號）。

（前缺）

1]□斷□[

2]□視□□□□度[

3]退轉之意□□[

4]□□[

（後缺）

2002TJI:019a

2002TJI:019b

三六　佛典殘片

本編號包括三殘片，字體接近，此爲第一、二片。

（一）

（前缺）

1 有□

（後缺）

（二）

（前缺）

1 □果相□

2 □説

（後缺）

2002TJI:020a

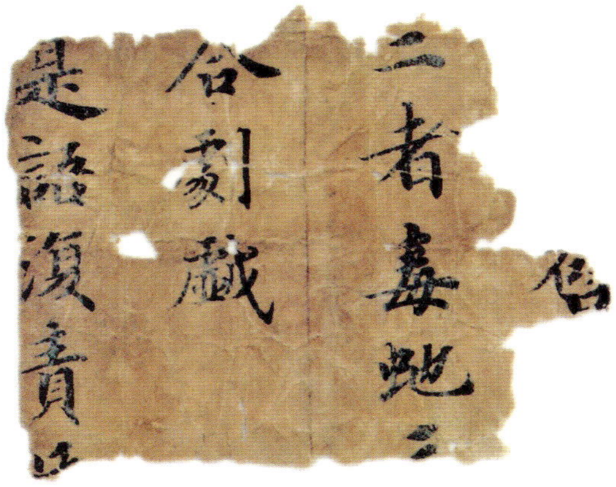

2002TJI:020b

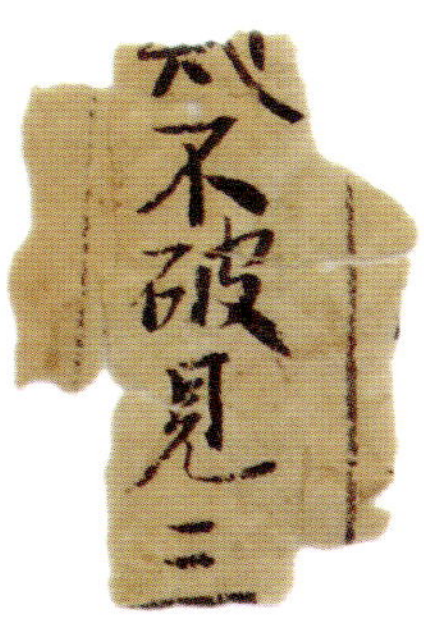

2002TJI:021b

三七　佛典殘片

本編號共二殘片，字體相同，疑爲同一部經典。

（一）

（前缺）

1 ▭[王]▭

2 ▭復承▭

3 ▭[國]王▭

（後缺）

（二）

（前缺）

1 ▭□▭

2 ▭二者毒虵□▭

3 ▭合劇戲

4 ▭是語復責□▭

（後缺）

三八　佛典殘片

本編號包括四殘片，其中第一片無字、第四片有兩個殘字，無法識别，不録，此爲第二片。從殘存的文字信息看，似爲律典。

（前缺）

1 ▭[戒]不破見三▭

（後缺）

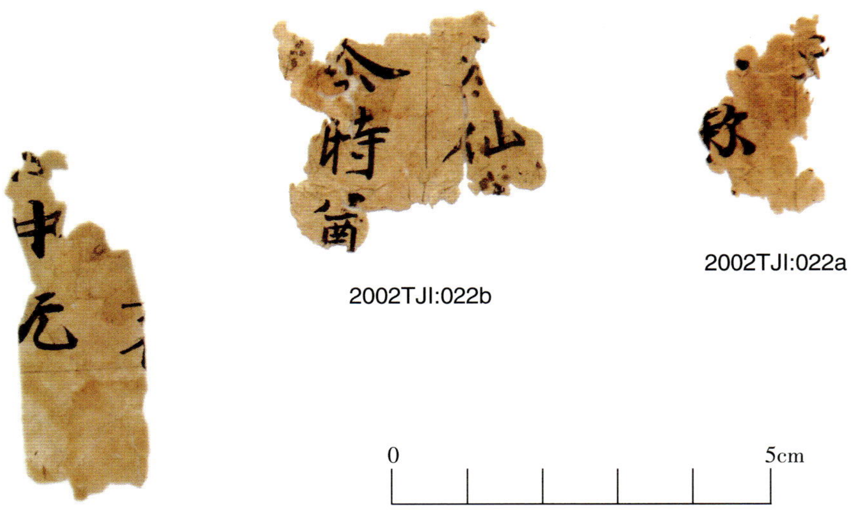

2002TJI:022b

2002TJI:022a

2002TJI:028c

三九　佛典殘片

本編號包括三殘片，第二、三片字體相近，第三片已比定爲妙法蓮華經（二四號），此爲第一、二片。

（一）

（前缺）

1 ［　］□［　］

2 ［　］□報［　］

（後缺）

（二）

（前缺）

1 ［　］□仙□［　］

2 ［　］尒時尊［　］

（後缺）

四〇　佛典殘片

本編號包括三殘片，此爲第三片。

（前缺）

1 ［　］□

2 ［　］□中无

（後缺）

四一　佛典殘片

本編號包括三殘片，字體各異。

（一）

（前缺）

1 一［　］

2 已［　］

3 □［　］

（後缺）

（二）

（前缺）

1 ［　］明衆經

（後缺）

（三）

（前缺）

1 ［　］□知帝□［　］

（後缺）

四二　佛典殘片

本編號包括二殘片，字體不同。

（一）

（前缺）

1 ［　］□[願]［　］

2 ［　］□萬歲□［　］

3 ［　］□□此天第一［　］

4 ［　］□［　］

（後缺）

（二）

（前缺）

1 純[陁]［　］

2 [定][受]［　］

（後缺）

2002TJI:031a

2002TJI:031b

2002TJI:031c

2002TJI:034a

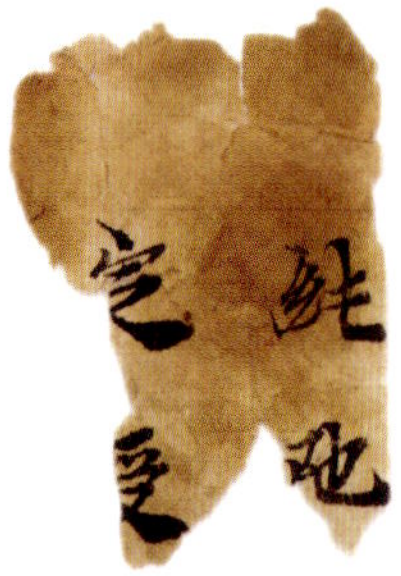
2002TJI:034b

四三 佛典殘片

本編號包括二殘片，字體相同。

2002TJI:035a

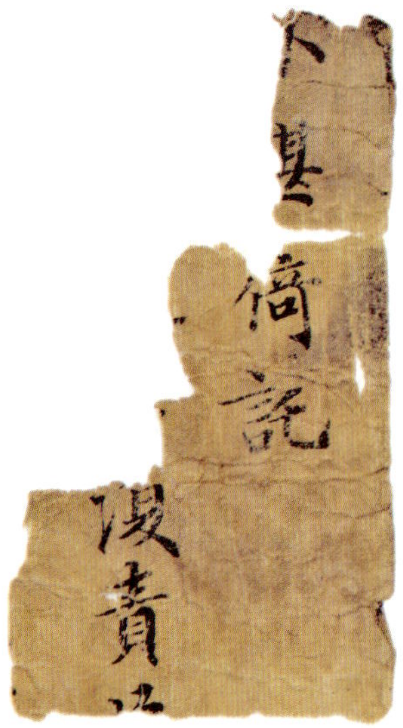

2002TJI:035b

（一）

（前缺）

1 □

2 散乱

3 □佛道

4 □□

（後缺）

（二）

（前缺）

1 不堪倚託

2 □□復責□

（後缺）

四四 佛典殘片

本編號包括三殘片，第二、三片字體接近，第一片字體與第二、三片有明顯差異。

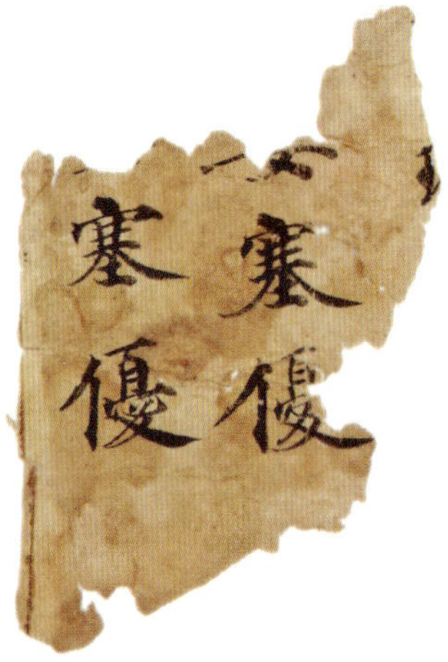

2002TJI:036a

2002TJI:036b

2002TJI:036c

（一）

（前缺）

1 □

2 婆塞優

3 塞優

（後缺）

（二）

（前缺）

1 梵音

2 愛清浄□

（後缺）

（三）

（前缺）

1 詰因

2 見

（後缺）

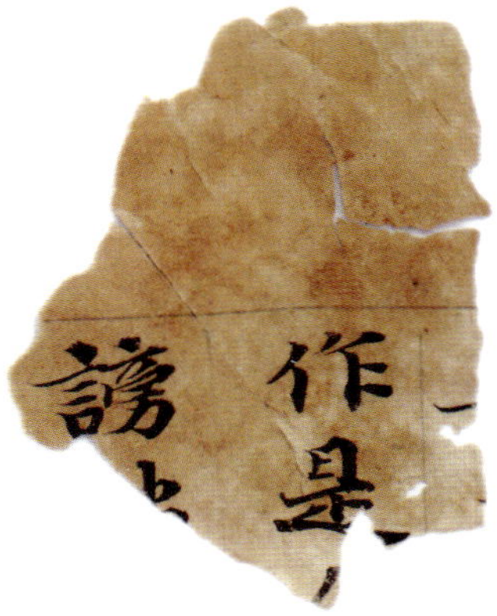
2002TJI:037a

2002TJI:038b

2002TJI:038c

四五　佛典殘片

本編號包括三殘片，此爲第一片。

（前缺）

1 □

2 作是□

3 謗□

（後缺）

四六　佛典殘片

本編號包括三殘片，此爲第二、三片。

（一）

（前缺）

1 比丘尼優

2 比丘尼優

（後缺）

（二）

（前缺）

1 佛

2 □

（後缺）

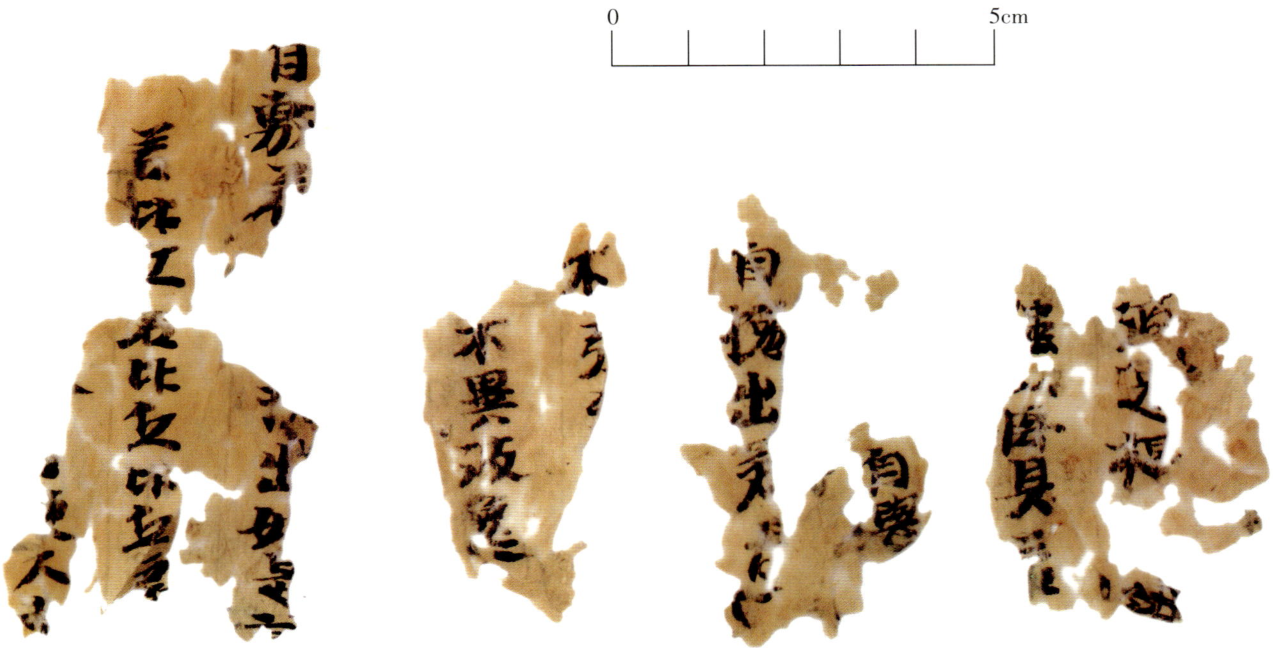

2002TJI:039d　2002TJI:039c　2002TJI:039b　2002TJI:039a

四七　佛典殘片

本編號包括四殘片，字體相同，當屬同一寫本。

（一）

（前缺）

1 □

2 須□想□□

3 □□卧具□

（後缺）

（二）

（前缺）

1 自舉

2 自拋出若□

（後缺）

（三）

（前缺）

1 不引□

2 不異没逸

（後缺）

（四）

（前缺）

1 自敷若□□□出如是言

2 若比丘若比丘比丘□

3 □□□□人□

（後缺）

2002TJI:040

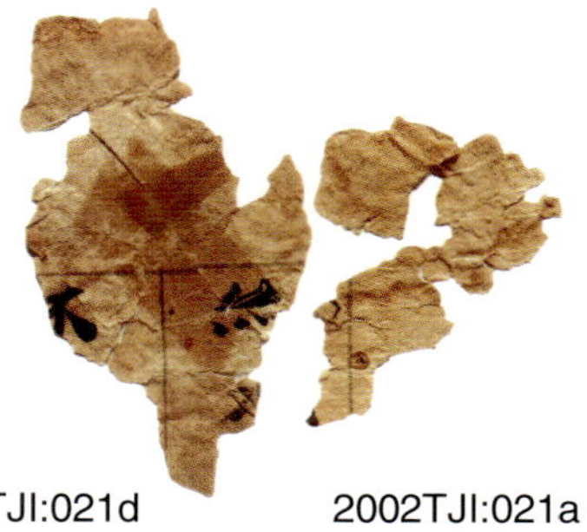
2002TJI:021d 2002TJI:021a

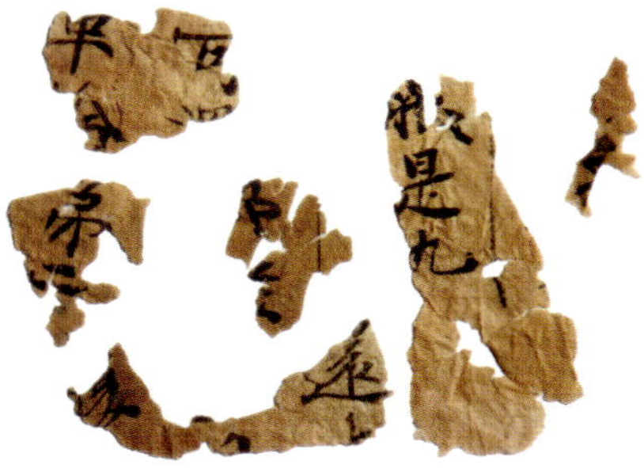
2002TZJI:032

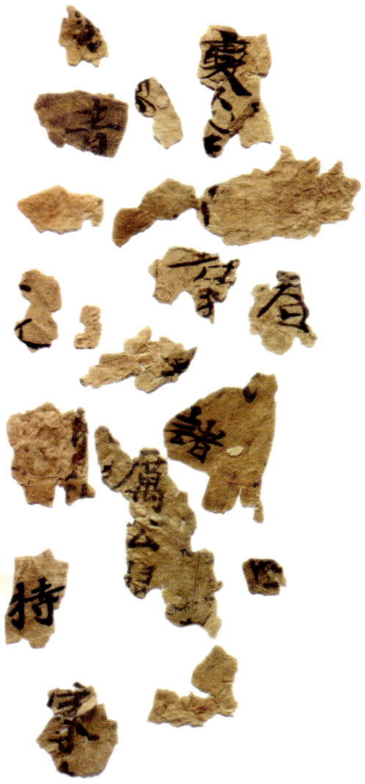
2002TJI:027

四八 佛典殘片若干

2002TJI:041 背面

2002TJI:041

四九 回鶻文文書殘片

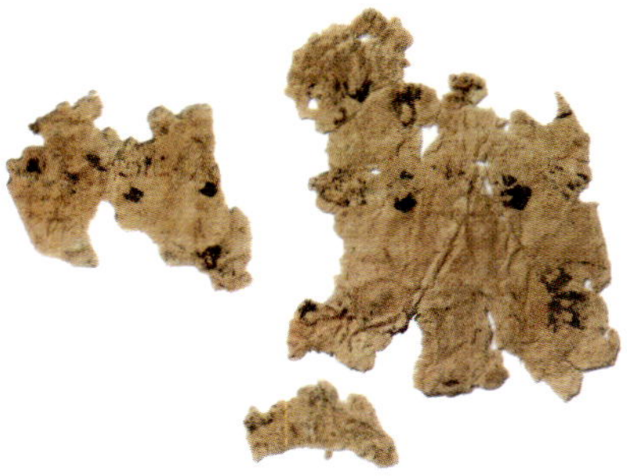
2002TJI:042 背面

2002TJI:042

五〇 婆羅謎文文書殘片

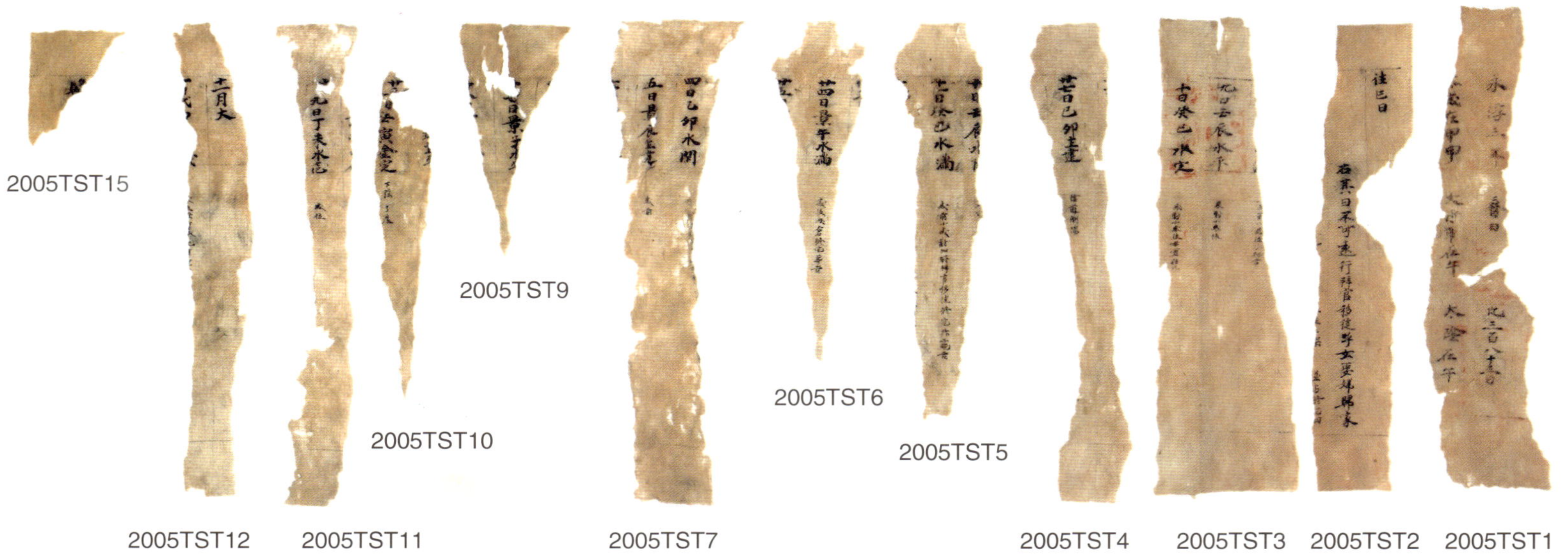

唐永淳三年曆日殘卷全貌

二〇〇五年徵集臺藏塔出土文書

本批文書一九九六年由臺藏塔遺址旁居民於塔東壁上方洞内發現，並在二〇〇五年上交吐魯番地區文物局保存。據當事人回憶，文書殘片在原洞内捲成一卷，保存期間未經擾亂，應爲同一時期文書，其中有唐永淳三年（六八四）曆日，可以推斷均係唐代文書。本批文書按初步整理和分類結果順序編號。

曆日上的印文殘迹

一　唐永淳三年（六八四）曆日

本組曆日爲黄麻紙，楷書精寫，有欄格。較爲完整的殘片高大約在28.2–28.8cm之間。2005TST1有印三方，2005TST3有印兩方，殘印尺寸爲5.5×5.1cm（横殘），印文模糊難辨。寫本避「丙」諱爲「景」。2005TST1上題有「永淳三年曆日」。唐代無永淳三年，永淳二年（六八三）十二月高宗改元弘道，當月高宗崩，中宗繼位，改元嗣聖，故永淳三年曆日應是高宗改元前已頒下之曆日。其他十一件殘片據字體和格式亦屬永淳三年曆日，今據該年朔閏排列，最後一件存字太少，單列。寫本天頭約3.5cm，地脚約3.7cm，上欄版心高約5.7cm，中欄版心高約1.8cm，下欄版心高約14.0cm。參見陳昊吐魯番臺藏塔新出唐代曆日文書研究，敦煌吐魯番研究第一〇卷（二〇〇七年）。

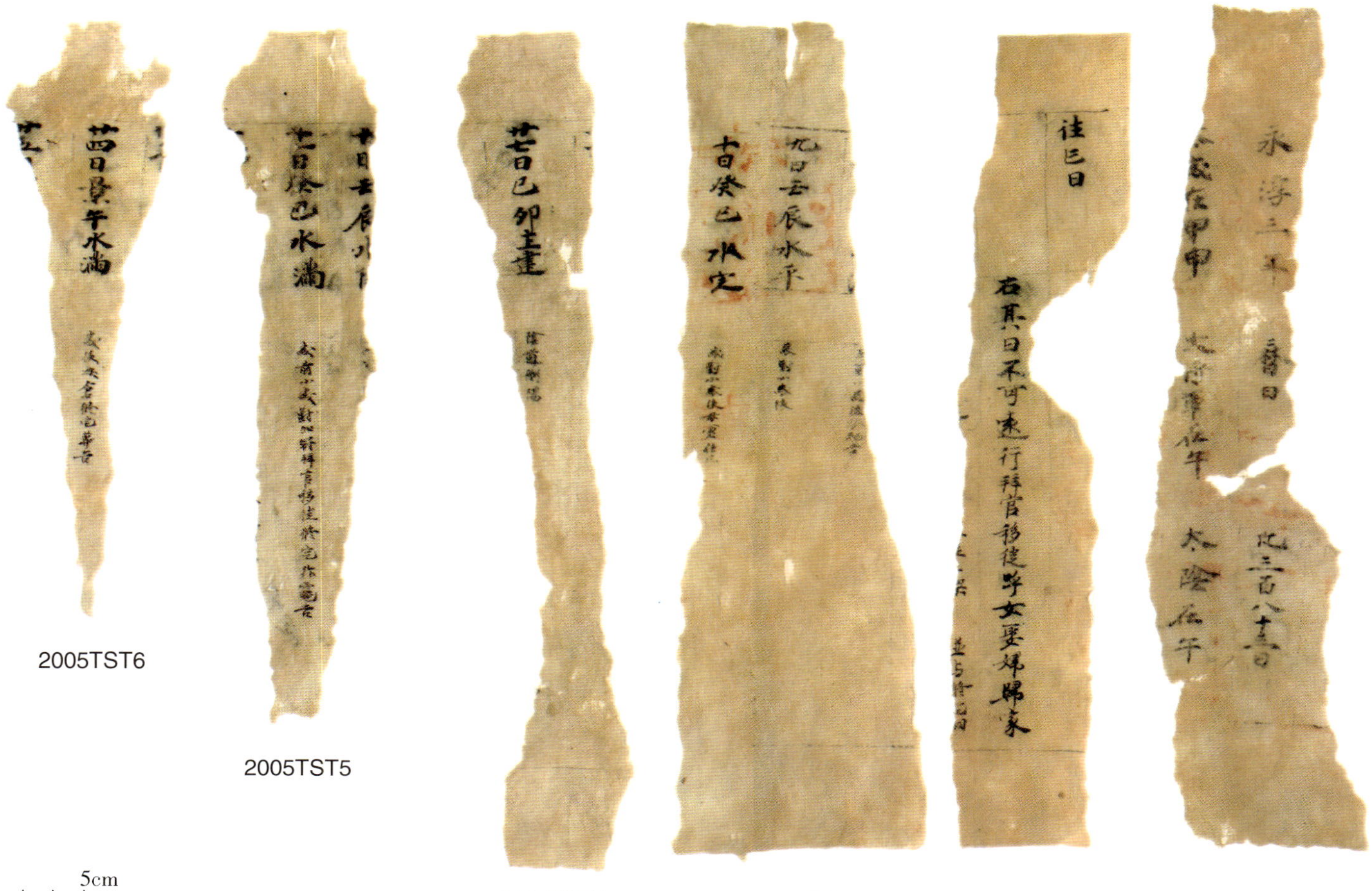

2005TST6　2005TST5　2005TST4　2005TST3　2005TST2　2005TST1

0　5cm

永淳三年　曆日　凡三百八十三日
太歲在甲申　大將軍在午　太陰在午

往亡日
右其日不可遠行拜官移徙呼女娶婦歸家
□□上梁　並与修宅同

木滿　歲對小歲後祭祀吉
九日壬辰水平　歲對小歲後
十日癸巳水定　歲對小歲後母倉往亡

廿六
廿七日己卯土建　陰道衝陽

十日壬辰水除　歲□□□
十一日癸巳水滿　歲前小歲對加冠拜官移徙修宅作竈吉
十二

廿三日
廿四日景午水滿　歲後母倉修宅葬吉
廿五日

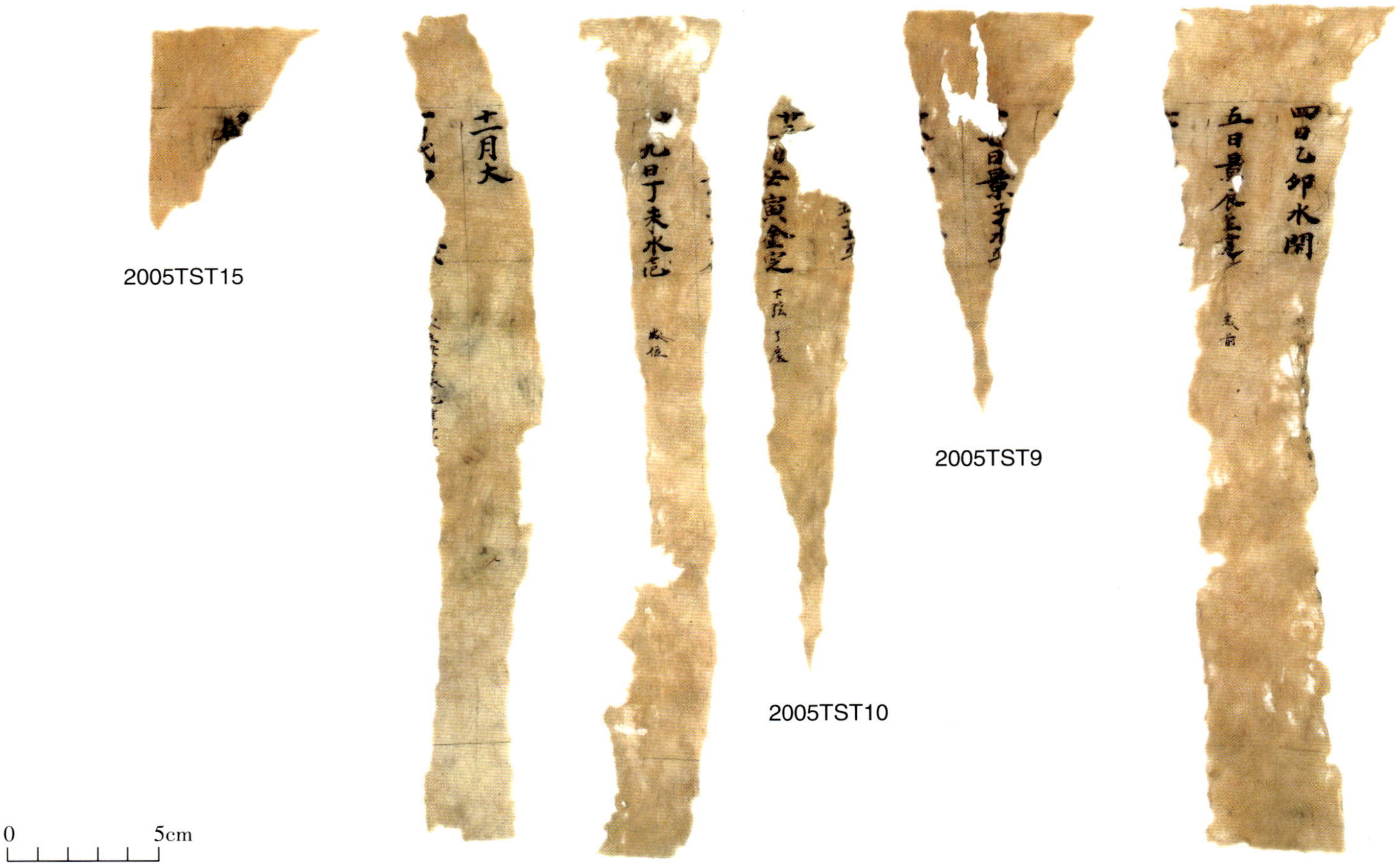

2005TST15　2005TST12　2005TST11　2005TST10　2005TST9　2005TST7

0　5cm

四日乙卯水閉　歲[ ]
五日景辰土建　歲前
[六][日][ ]　[ ]

[廿][ ]　[ ]
[廿]七日景子水[平]　[ ]
[廿][八][日][丁][ ]　[ ]

[ ][丑][土][平]
廿三日壬寅金定　下弦　了戾

[ ][丙][午][水][破]
[廿]九日丁未水危　歲位

十一月大
一[日][戊][申][□][成]　[歲][位][母][倉][祭][祀][解][除][吉]

（前缺）
1 [巽][ ]
（後缺）

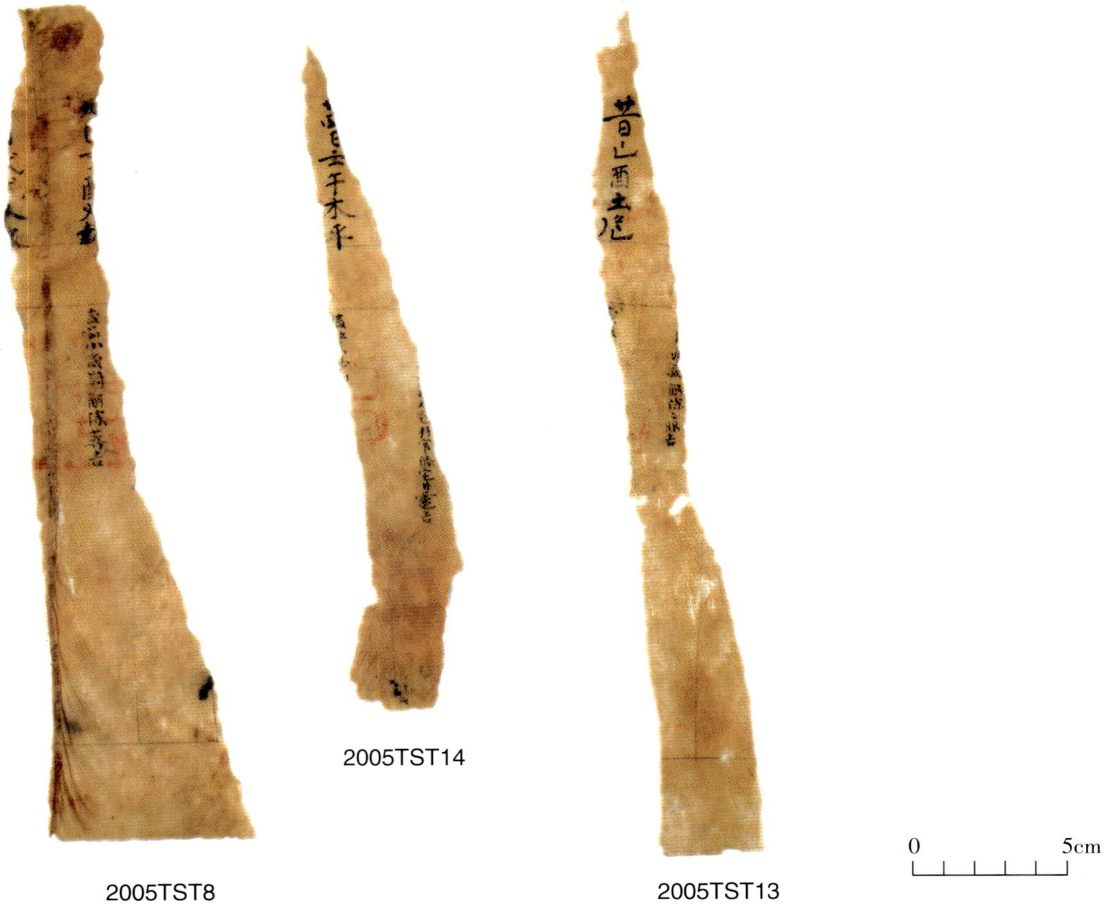

2005TST8　2005TST14　2005TST13

二　唐永淳二年（六八三）曆日

本組寫本爲黄麻紙，楷書精寫，有烏欄格，與同時出土的永淳三年（六八四）曆日寫本相比，字體略有差異，而且欄格長短不同。但因形制基本相似，故亦應爲唐代官頒曆日，推測可能是永淳二年正月、二月、三月曆日的殘片，今據星命月排定三殘片順序。三殘片均有印記，2005TST8 鈐在紙縫上，模糊難辨。此組曆日文書天頭約 3.2cm，地脚約 3.3cm，上欄版心高 4.9cm，中欄版心高約 2.1cm，下欄版心高約 14.9cm。參見陳昊吐魯番臺藏塔新出唐代曆日文書研究，敦煌吐魯番研究第一〇卷（二〇〇七年）。

（前缺）
歲後療病解除々服吉
廿一日己酉土危　歲後
（後缺）

（前缺）
□□加冠拜官修宅井竈吉
廿四日壬午木平　歲位天恩□
（後缺）

（前缺）
九日丁酉火執　歲前小歲對解除葬吉
戊戌木破
（後缺）

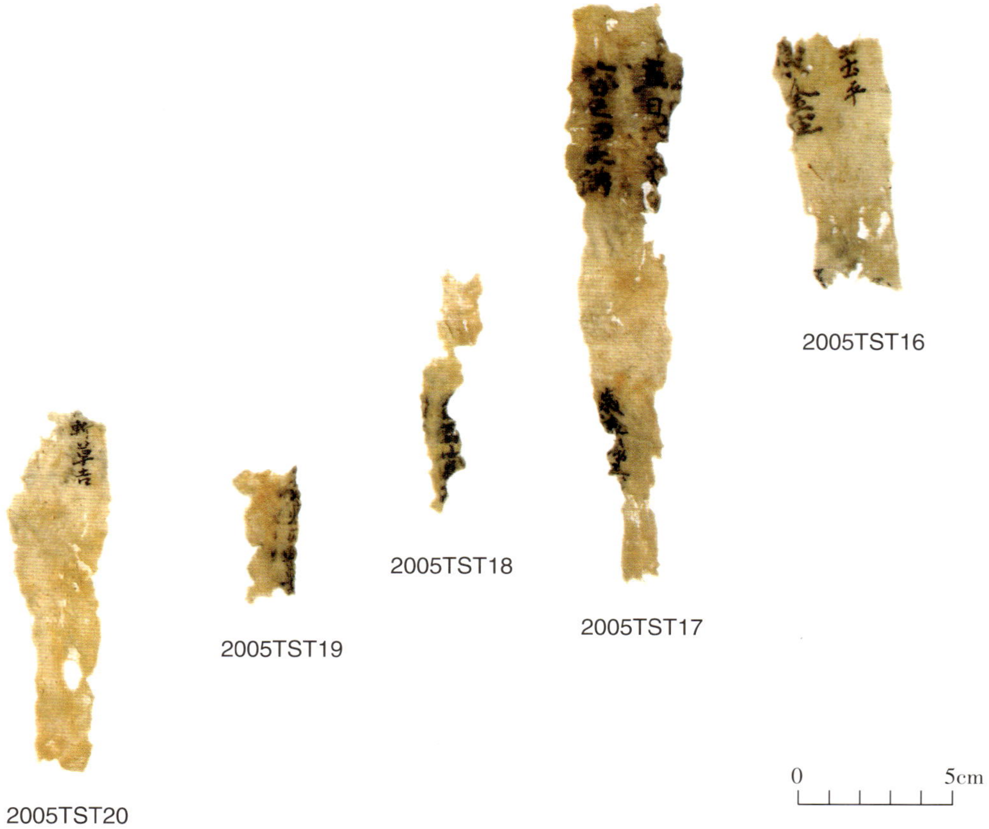

2005TST16　2005TST17　2005TST18　2005TST19　2005TST20

三　唐曆日殘片

本組文書爲曆日殘片，紙質、書法與永淳三年（六八四）曆日相比略差，無欄格，推測原爲三欄書寫，所存文字大多爲曆注的内容，其中2005TST26可能在文書的最後。另有2005TST22、2005TST23兩殘片，疑亦爲本組曆日，文字殘缺不可識。對比永淳三年曆日寫本，此組或爲官頒曆日之地方抄本。參見陳昊吐魯番臺藏塔新出唐代曆日文書研究，敦煌吐魯番研究第一〇卷（二〇〇七年）。

（一）

（前缺）

1 ▯丑土平　□▯

2 ▯壬寅金定　□▯

（後缺）

（二）

（前缺）

1 五日戊子火除　▯

2 六日己丑火满　歲後歸忌▯

（後缺）

（三）

（前缺）

1 ▯歲對小歲▯

（後缺）

（四）

（前缺）

1 ▯□□療病斬草吉

（後缺）

（五）

（前缺）

1 ▯□斬草吉

（後缺）

2005TST26 2005TST25 2005TST24 2005TST23 2005TST22 2005TST21

（六）

（前缺）

1 □後

2 □葬吉

（後缺）

（七）

（前缺）

1 □

（後缺）

（八）

（前缺）

1 □□□

（後缺）

（九）

（前缺）

1 □□去服其葬日得斬草啓殯

（後缺）

（一〇）

（前缺）

1 □加冠拜官移徙葬吉

2 完堤防塞穴吉

（後缺）

（一一）

（前缺）

1 曆生□玄彦寫并校

2 曆生李玄逸再校

3 曆生　　三校

（後缺）

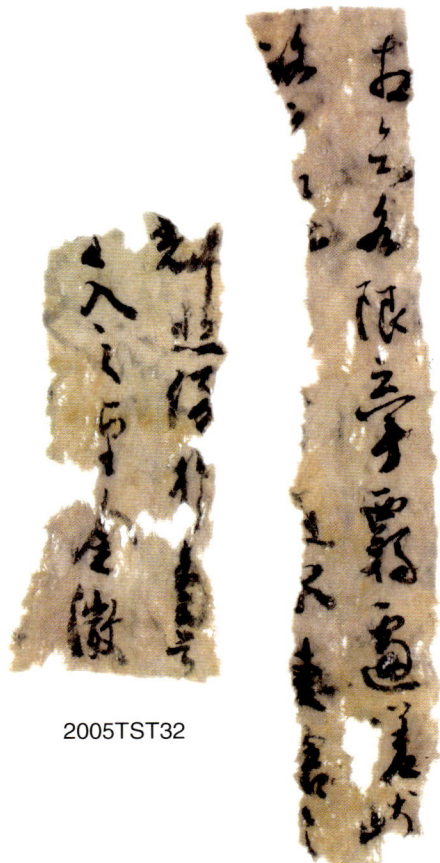

2005TST27

2005TST28

2005TST29

2005TST30

2005TST31

2005TST32

0 5cm

四　文書殘片

（前缺）

1 　大行皇帝□[　]

2 [　]□訖擬[　]

（後缺）

五　唐書信

本組寫本兩殘片字體、内容較爲接近，但難以排定其順序，據其内容疑爲唐書信殘片。又一殘片，字體相類，附後。

（一）

（前缺）

1 [　]泫何已，努力努力，善仕官[　]

2 [　]□□□□□□□[　]

（後缺）

（二）

（前缺）

1 [　]直即似慈

2 [　]□□□

（後缺）

六　唐書信

本組寫本兩殘片字體接近，内容相關，但難以排定其順序，據其内容疑爲唐書信殘片。

（一）

（前缺）

1 相知，各限牽羈，遽嗟歧

2 路，□□[　]不凄愴□

（後缺）

（二）

（前缺）

1 [　]輝悲傷於自号[　]

2 [　]□入之望金微[　]

（後缺）

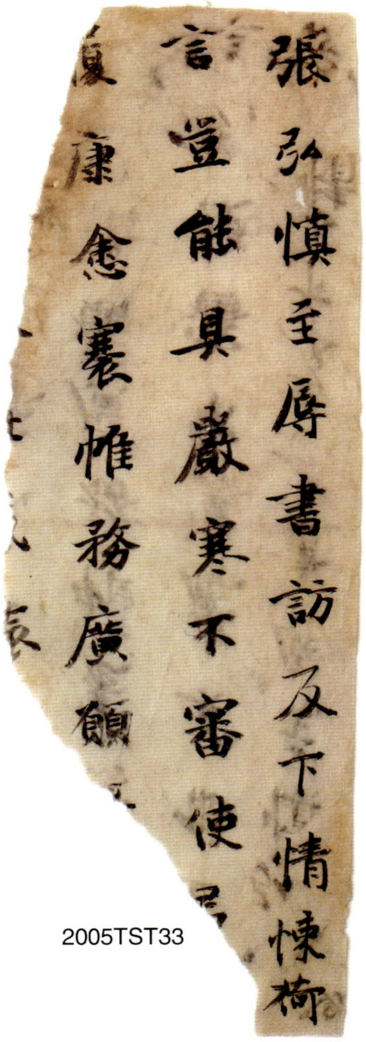

2005TST33

2005TST52

七　唐書信

1 張弘慎至，辱書訪及，下情悚荷，

2 言豈能具。嚴寒，不審使君□

3 履康悆，褰帷務廣，顒□□□

4 □□□□旅□

（後缺）

八　唐西州某司帳簿

（前缺）

1 一 當州□

2 一 當州庫内器仗仰舊數□

3 一 當州死官馬牛驢皮肉錢□

4 一 當州應納官總錢已上□

（後缺）

2005TST34

2005TST37

2005TST38

2005TST51

九　文書殘片

（前缺）

1 □卌二日日別訁□

2 □□素來一束亦無，每須用錢□□

（後缺）

一〇　唐書信

本組寫本據其内容疑爲書信殘片。

（一）

（前缺）

1 □□□□

2 □不得，女兒等再拜。妹々□□

3 姊々夫定。

（後缺）

（二）

（前缺）

1 □□報□□

（後缺）

（三）

（前缺）

1 救□□□□

2 急，不得怪之。六哥此□□

（後缺）

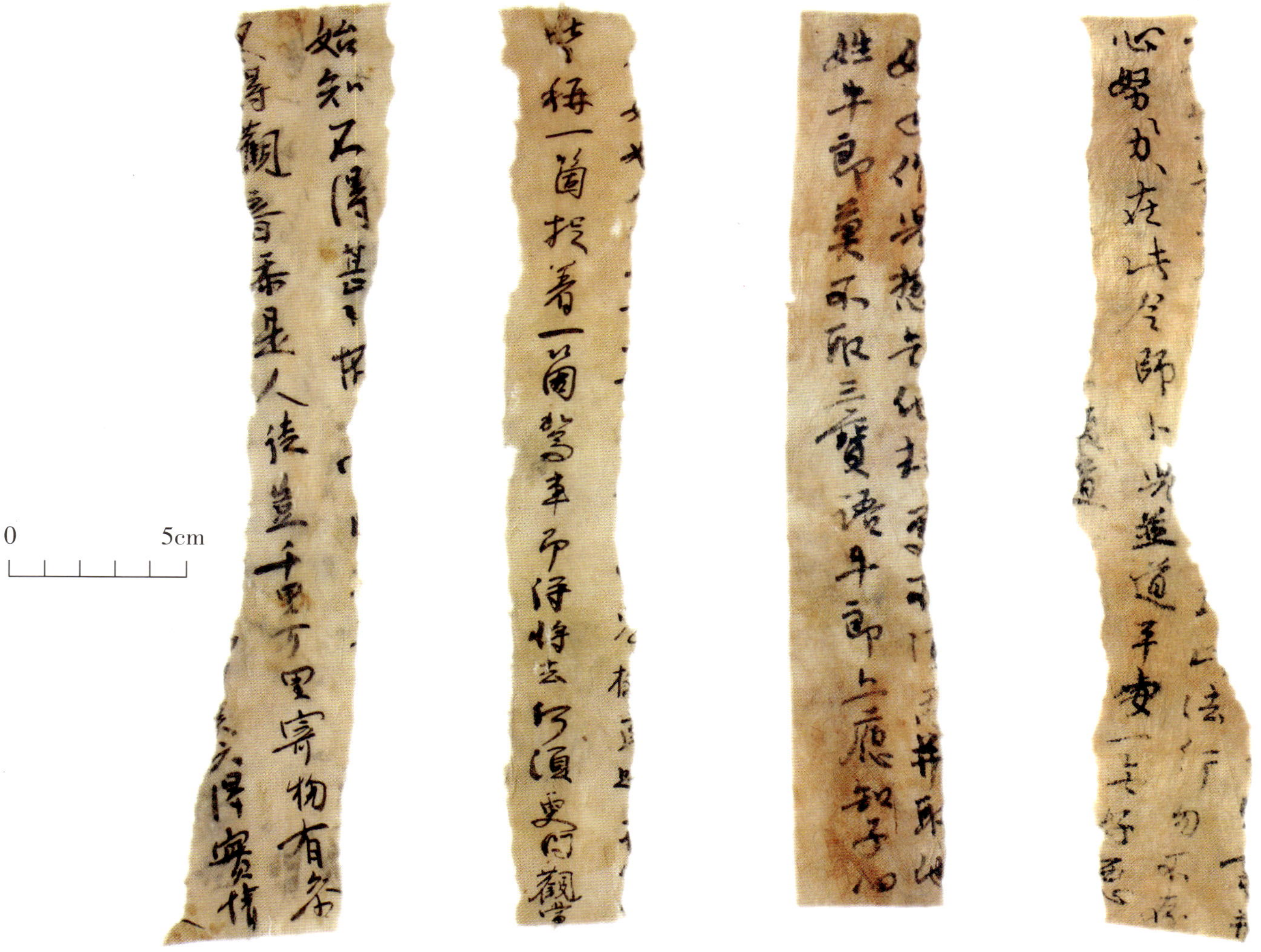

2005TST50　2005TST49　2005TST40　2005TST39

一一　唐書信

（一）

（前缺）

1 [　　]□□□□

2 □□□□[　　]□此法行，勿不存

3 心，努力努力，在此令師、卜兒並道平安，一無好惡

4 [　　]義道[　　]

（後缺）

（二）

（前缺）

1 如女作兒，總乞他知，更不須忍，并取他

2 姓。牛郎莫不取三寶語，牛郎亦應知子細。

（後缺）

（三）

（前缺）

1 □□□□□[　　]□□□□□□

2 皆稱一箇，捉着一箇，駕車即得將去，何須更問，觀當

（後缺）

（四）

（前缺）

1 始知不得，甚怪甚怪[　　]

2 不得，觀音忝是人徒，豈千里万里寄物，有參

3 [　　]□□□□得實情

4 [　　]□

（後缺）

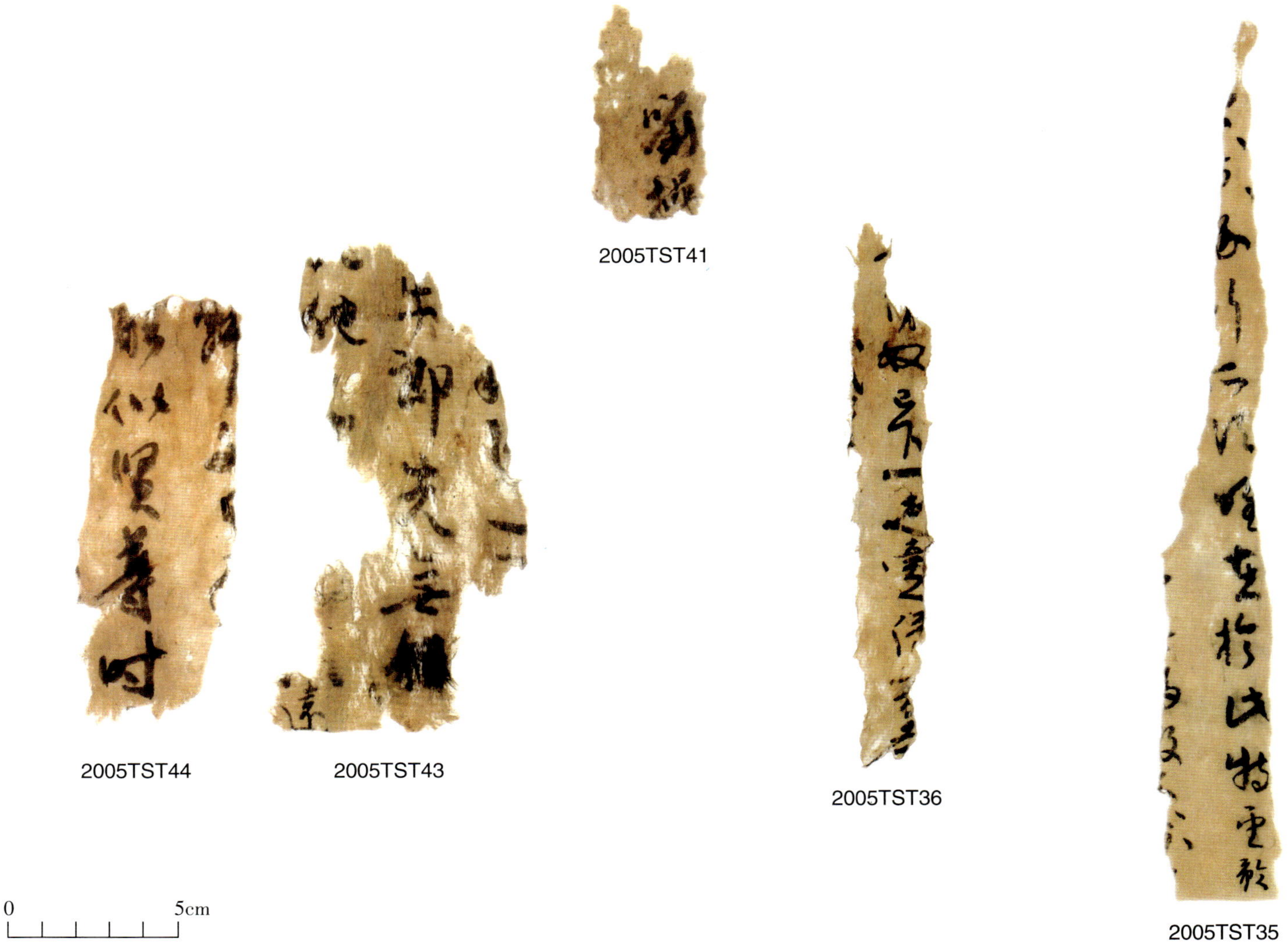

一二 唐書信

（一）

（前缺）

1 □□緣行所須，唯在於此，特望矜

2 ［ ］□□□□□

（後缺）

（二）

（前缺）

1 ［ ］□□奴已下一疋壹□□□［ ］

2 ［ ］□□□［ ］

（後缺）

一三 唐書信

本組寫本殘片字體相近，故歸爲一組。

（一）

（前缺）

1 劉操［ ］

（後缺）

（二）

（前缺）

1 ［ ］□□□［ ］

2 ［ ］牛郎先無□［ ］

3 ［ ］□馳［ ］□遠［ ］

（後缺）

（三）

（前缺）

1 ［ ］□□□□

2 ［ ］□似賢尊，吋（叫）［ ］

（後缺）

一四　唐咸亨元年（六七〇）後西州倉曹文案爲公廨本錢及奴婢自贖價事

本件文書背面無字，正面行間的墨迹或因文書交由吐魯番地區文物局保管之前曾被水浸泡而漫漶所致。原件紙極薄，第七行文字處略有撕裂、扭曲。年代當在高宗咸亨元年（六七〇）以後。

2005TST54

1 倉曹
2 公廨正本社本并　勑借本
3 右件本去咸亨元年以前，並補長頭捉
4 錢，府史檢知。須差征行，闕人，無情願捉
5 錢，府史即差行案。府史捉錢，一季迴易，
6 次第轉行，季滿与替。
7 別本及奴婢自贖價
8 右檢案内上　　　　□放出
9 賣水磑□
10 分六分□

（後缺）

2005TST53

2005TST47

2005TST42

2005TST48

2005TST45

2005TST46

一五 文書殘片若干

二〇〇六年徵集吐魯番出土文獻

徵集文書係由一收藏家捐贈吐魯番博物館。其中包括三隻紙鞋及百餘件文書殘片。紙鞋由吐魯番地區文物局技術人員拆出四組北涼及唐代文書；其他文書由收藏者夾入玻璃板中，次序已經紊亂，從若干紙鞋鞋樣可區分出幾組麴氏高昌及唐西州文書，其他殘片則無法歸組。據文書形制及內容，本批文書當係歷年吐魯番地區墓葬所出而流散在外者。以下大體依年代及分組順序排列，其中許多殘片已相互綴合，所得成組或單片文書計六十五件（組）。此外，其中尚混有和田地區所出唐代文書。又有三件木簡，兩件爲婆羅謎文，一件爲藏文。

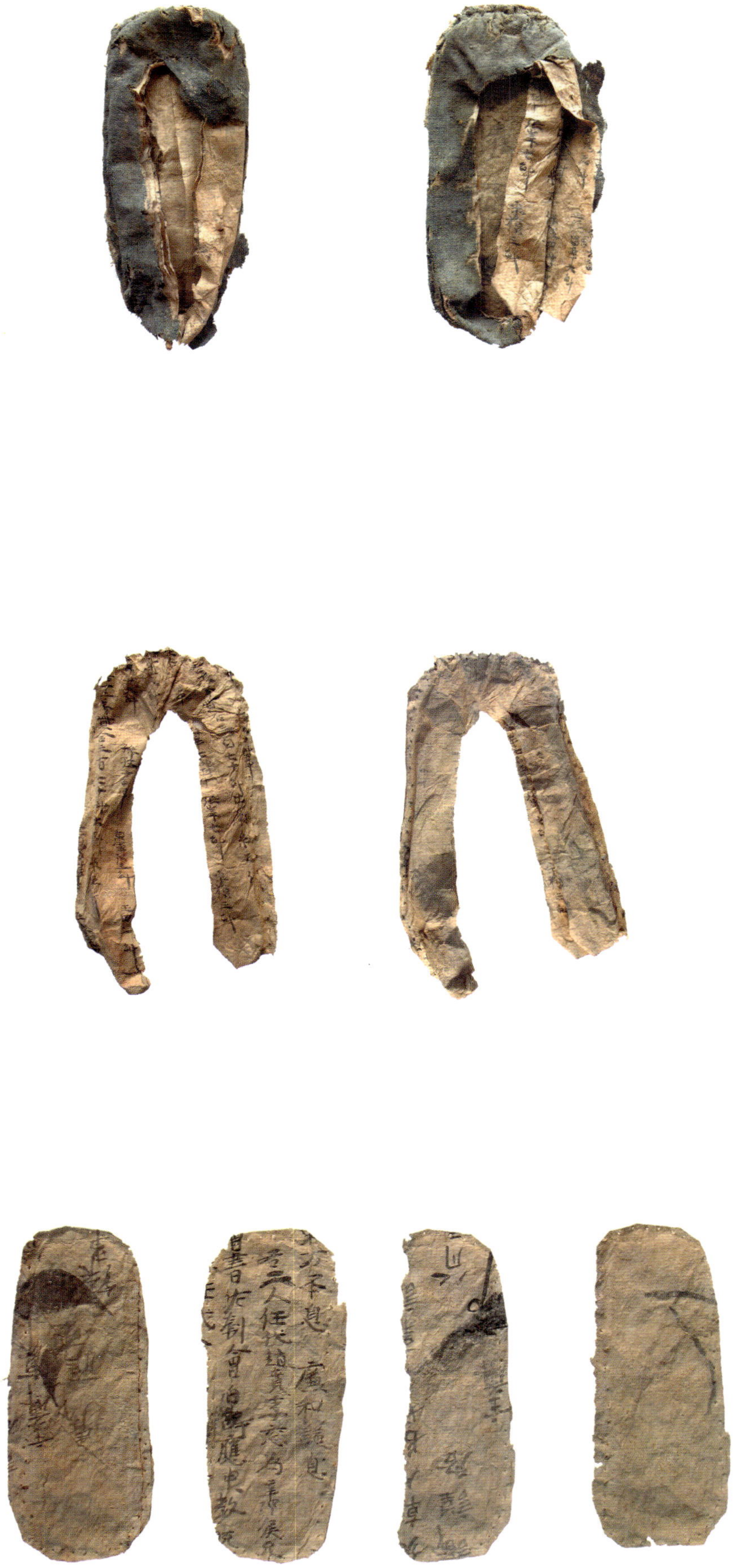

紙鞋原貌、拆揭及拆後形狀

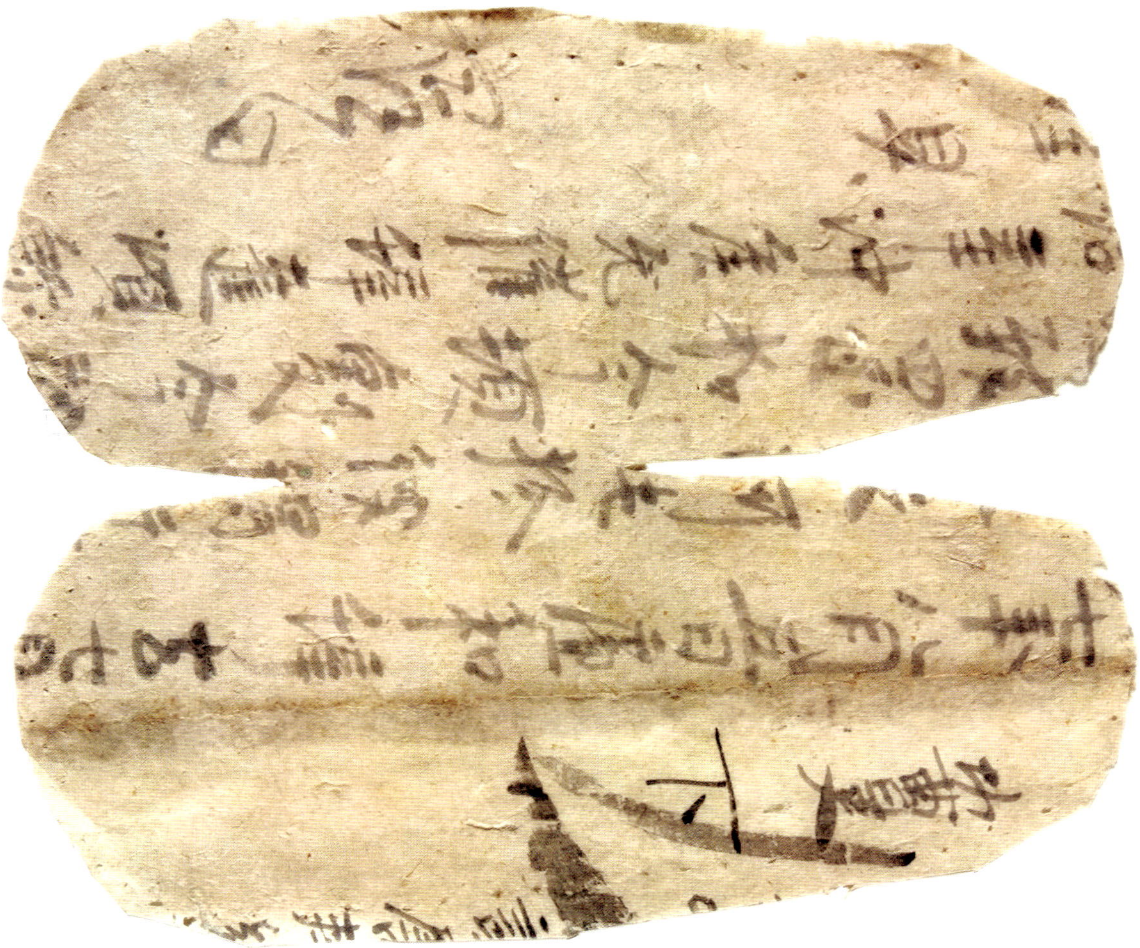

2006TZJI:182

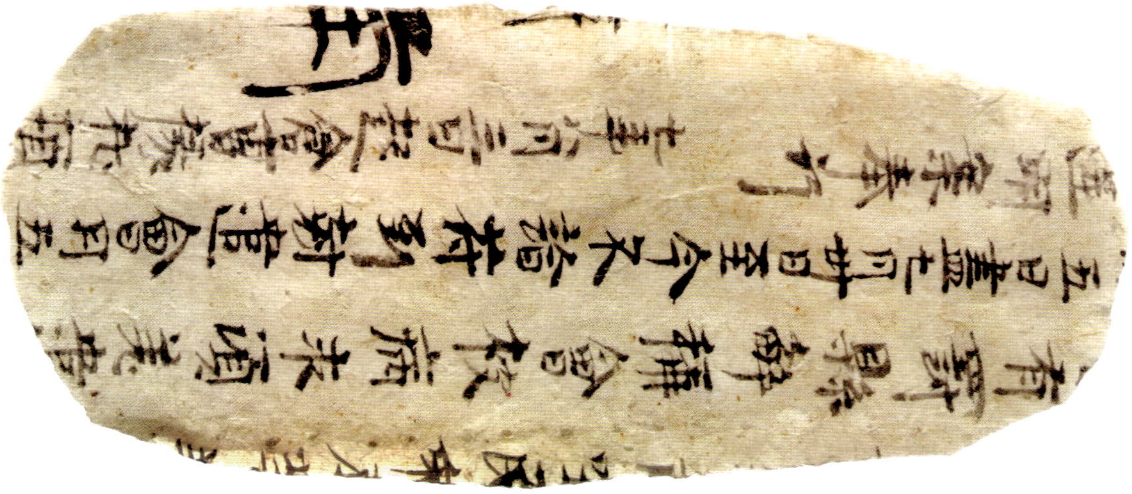

2006TZJI:183

一　北涼承平（？）七年八月三日高昌郡倉曹掾杜頊符爲宋平差遣事

以下六件文書揭自一雙紙鞋，從紙樣銜接看，皆無可能綴合，但文字内容多相關聯，簽署官員亦有重複，可以看作同一官署保存的相關文書。參見孟憲實吐魯番新出一組北涼文書的初步研究，西域歷史語言研究所集刊第一輯（二〇〇七年）。

本件文書有「縣解稱」字樣，是某縣的官文書，故本文書是對縣解的回應。倉曹係高昌郡級衙署，故此杜頊爲高昌郡倉曹掾。「宋平」應即第四件文書中「宋万平」之雙名單稱。文書中的「七年」，視高昌郡諸年號及文書所見交河形勢，以北涼承平七年（四四九）最有可能。

（前缺）

1 ［　］前坐民宋平□差［　］
2 ［　］□有罰，縣解稱，會被病，求須差遣，［　］
3 ［　］五日，盡七月卅日，至今不詣，苻（符）到剋遣，會月五［　］
4 ［　］違，明案奉行。
5 　　七年八月三日起倉曹掾杜頊［　］
6 　主薄（簿）　　肅

（後缺）

二　北涼承平（？）七年八月五日高昌廉和辭爲診病事

本件由兩件文書構成，紙縫前兩行屬於另一件官文書的尾部，並有勾勒。功曹史「下」，又見第五件、第六件文書。三行以下爲廉和辭，其中辛沖、侯允又見第四件文書；廉和又見第三件文書，即第四件所見廉和謙之雙名單稱。

（前缺）

1 ［　］□□□諸屬勑，紀□［　］
2 　　功曹史　下

---

3 ［　］□七年八月五日廉和辭：去七月［　］
4 ［　］□交河屯，於彼得□［　］
5 ［　］致還，如今頓劇。今□［　］
6 ［　］知辛沖、侯允催辭達，煩診［　］
7 ［　］辭具。
8 　　即日白

（後缺）

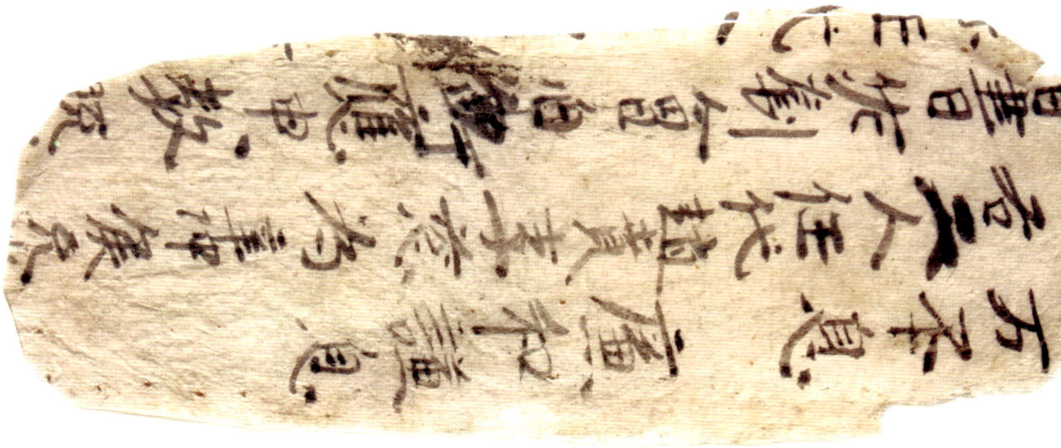

2006TZJI:166

2006TZJI:165

三　北涼承平（?）七年八月高昌某人啓爲廉和得病以他人替代事

本件文書是對上件北涼承平（?）七年八月五日高昌廉和辭爲診病事的回覆。劉會爲某曹書佐，又見第四件、第六件文書。主簿勸、廷掾應均見第五件文書。簽名部分有粗筆勾勒。廷掾的存在證明本件文書屬於高昌郡某縣。

1 □曹書佐劉會白：廉和辭如□□

2 □七月廿日交河屯，於彼得病，求診實□

3 □實信病，催督事要，請以同軍人□□

4 □事諸屬勅，紀識謹啓。

5 主薄（簿）勸　八月□

6 廷掾應　録事□

四　北涼高昌某人啓爲宋万平息、廉和謙息替代事

本件文書似是對上件北涼承平（?）七年八月高昌某人啓爲廉和得病以他人替代事的回覆。因宋万平與廉和謙生病不能前往服役，其子輩同時被遣。「解」字旁有墨迹，當爲粗筆勾勒尾部。

1 宋万平息　廉和謙息

2 右二人任代趙貢、李慈，爲辛沖、侯允□□

3 □曹書佐劉會白，解應申，教脱□□

4 □□任代□□

（後缺）

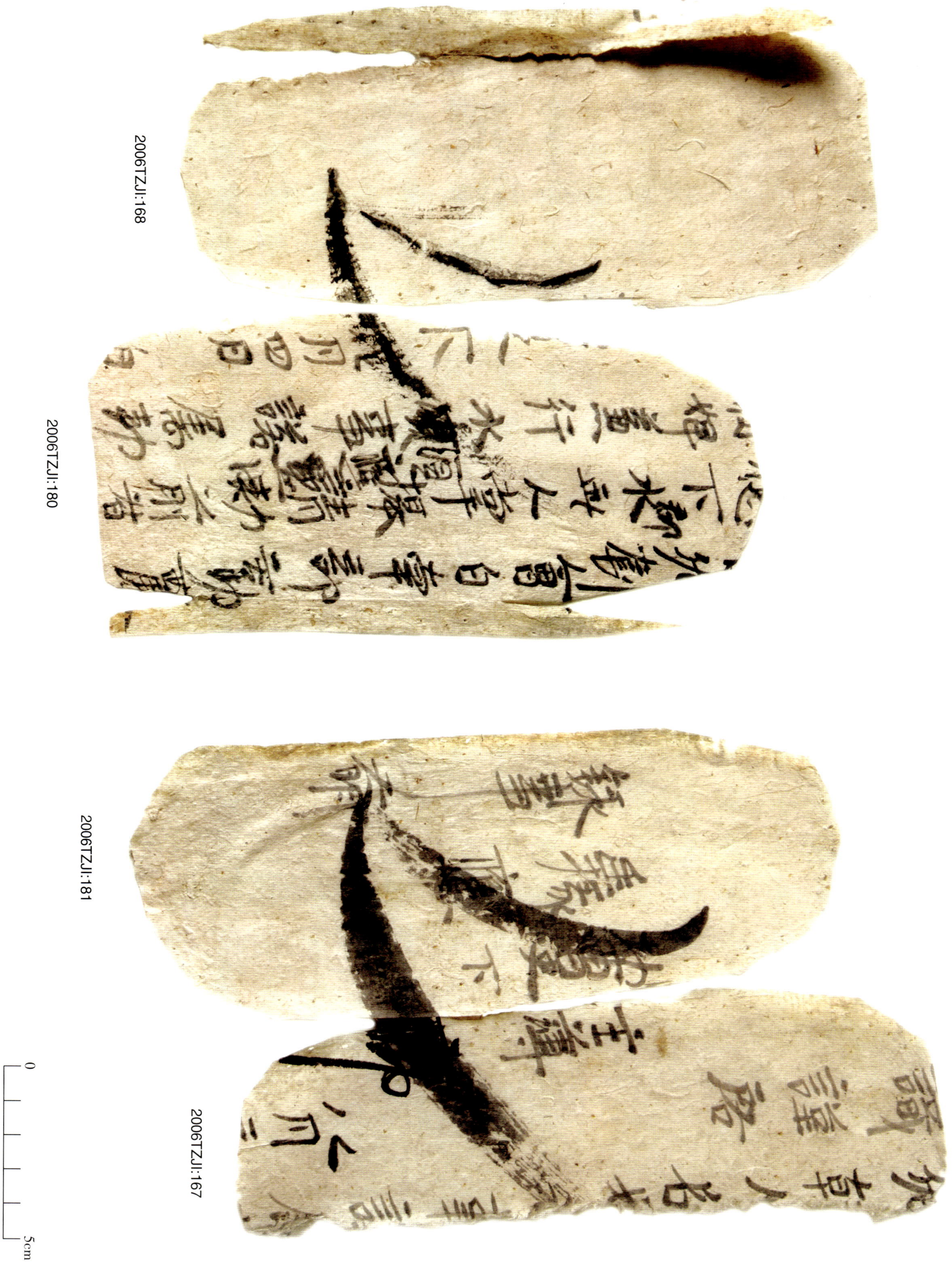

2006TZJI:168

2006TZJI:180

2006TZJI:181

2006TZJI:167

五　|北涼高昌符尾

本件文書屬於官文書的尾部，有粗筆勾勒。主簿|勸、功曹史|下、廷掾|應俱見於前。録事|脅首見，不知和第三件文書中的録事是否爲同一人。

（前缺）

1 □佐𠦝□人名如右，事諸屬勑，□

2 □識謹啓。　　八月二□

3 　　主薄（簿）　　|勸

4 　　功曹史　|下

5 　　廷掾　|應

6 　　録事　　|脅

六　|北涼高昌某人啓爲攝行水事

本件文書中的書佐|劉會、功曹史|下俱見於前。簽名部分有粗筆勾勒。

（前缺）

1 □書佐|劉會白：南部勸農

2 □聽下郡，水無人掌攝，請勑前督

3 □□婢兼行水，須應還付〔一〕，事諸属勑，

4 　□曹史|下　八月四日　白

（餘白）

注釋

〔一〕「水」字之後有一字被塗去，「須應還付」四字係加寫在兩行之間。

紙縫押署

2006TZJI:173

2006TZJI:185

2006TZJI:190

七　北涼高昌計貲出獻絲帳

本組文書拆自一雙紙鞋，皆爲鞋面，計十件。通過核實文書各單元的總户數，知六片文書可綴合。其中 2006TZJI:173 與 2006TZJI:172 之間是紙縫，背面有「李欽」二字押署。拆自同鞋的官文書，有「七年八月」字樣，據研究當爲北涼承平七年（四四九）文書。孫孜又見高昌郡功曹下田地縣符爲以孫孜補孝廉事（75TKM96:31<b>，吐魯番出土文書壹，四一頁），或爲同一人。本組文書與此前吐魯番出土的北涼貲簿關係密切。其所記每個徵收單元的末尾或兩行之間空白處，都有朱書人名，據其中人名前的「除」字，知其爲復除的人户。本組文書的絶大多數人名上有朱筆塗抹痕迹。趙相受、張宴、孔奣、王圓、張士奴、隗登、雷持等人名上無朱筆塗抹痕迹，而名下有墨筆勾畫符號。無法綴合的四件殘片（2006TZJI:174、2006TZJI:175、2006TZJI:187、2006TZJI:188）附後。參見裴成國吐魯番新出北涼計貲、計口出絲帳研究，中華文史論叢二〇〇七年第四輯。

（一）

（前缺）

1 右八家貲
2 李謐六十六斛
3 嚴經十六斛
4 貫先五斛　趙定六斛
5 宋充七十四斛五斗　李慎十九斛　成麴安十二斛
6 索盧法生十二斛　韓相十三斛　張宴二斛乙
7 除宋充、李慎、蘇□[一]
8 □□□□□斛出獻糸(絲)五斤
9 王寧八十三斛　嚴祛六十斛　王萁十七斛五斗
10 西郭奴十七斛五斗　宋越十二斛　張遠安十一斛　張仁子十一斛
11 □□十斛五斗　趙相受十斛五斗乙索君明廿六斛　趙士進九斛
12 　張清九斛　嚴延十四斛　劉奴朴三斛
13 □□□廿斛五斗　嚴邏七斛五斗　許通十二斛　李弘長六斛
14 張撫三斛　李奣十斛　除嚴祛、張遠安、許通
15 右廿二家貲合三百七十斛出獻糸(絲)五斤
16 杜司馬祠百五十三斛　六斛
17 孫國長六斛　王模六斛　路晁六斛　范周會五十九斛
18 □□十八斛　荆佛須十一斛　張玄通四斛五斗　宋棱四斛五斗
19 □□□斛五斗　令狐男四斛五斗　田槃安六斛　成崇安四斛五斗

注釋

[一] 本件文書每個單元末尾擇空白處書寫的「除」及人名係朱書。

2006TZJI:189

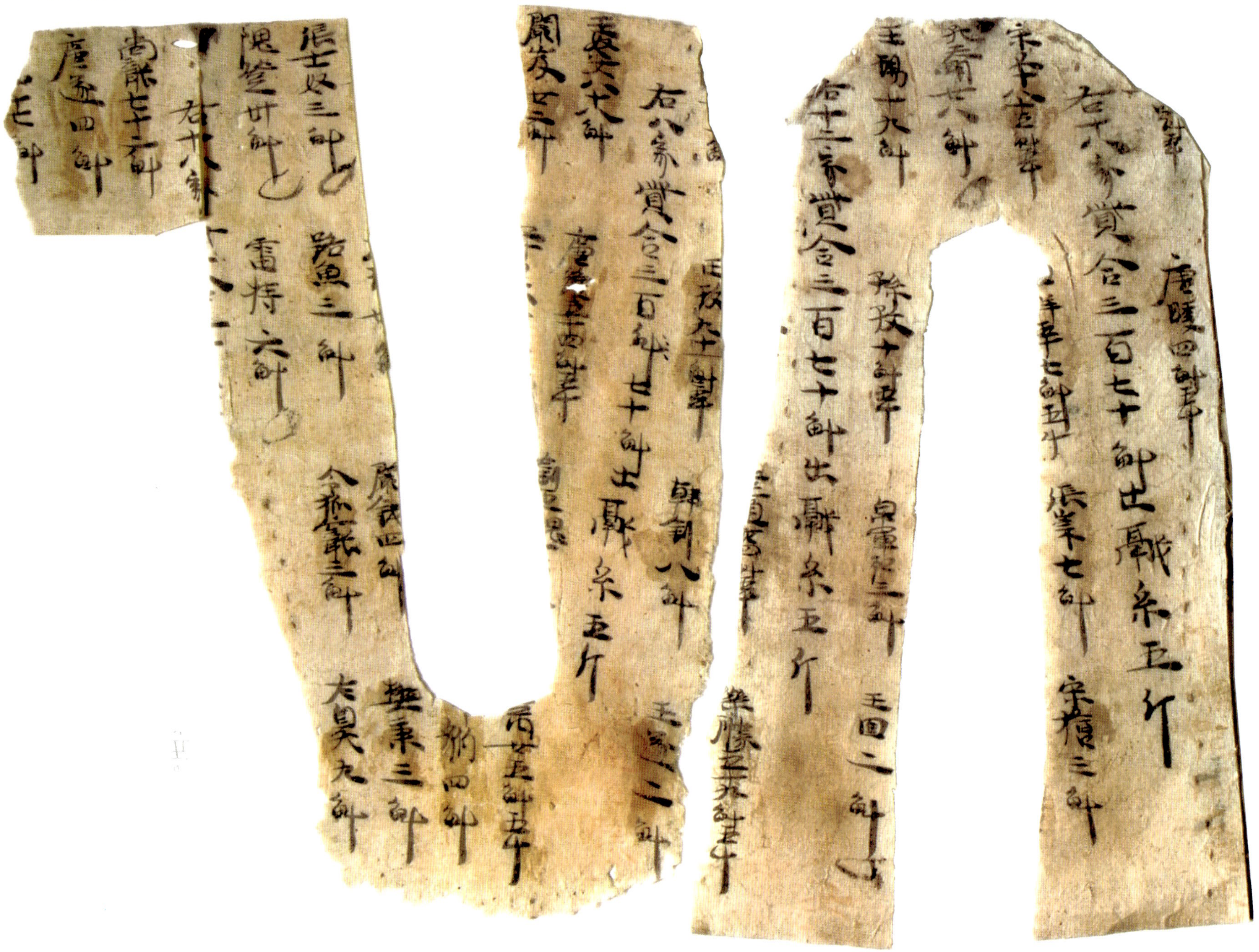

2006TZJI:174

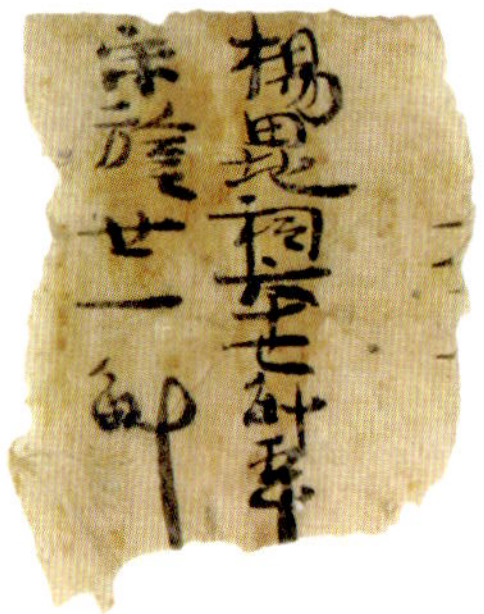

2006TZJI:175

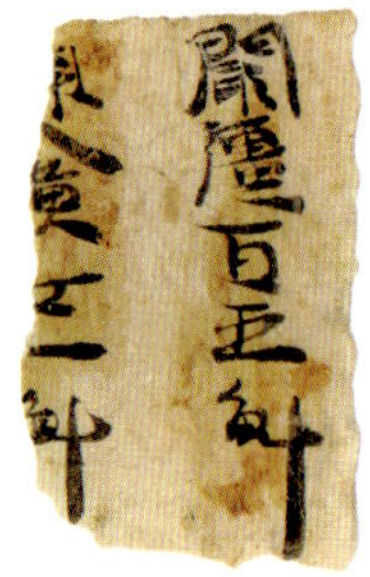

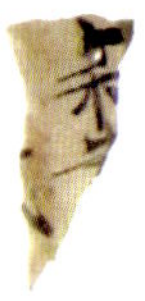

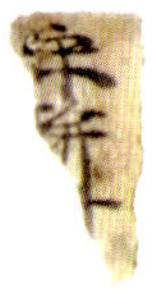

2006TZJI:187　2006TZJI:188

2006TZJI:186

2006TZJI:172

20 □四斛五斗　唐暖四斛五斗　除□□、范周會、宋□

21 右十八家貲合三百七十斛出獻糸(絲)五斤

22 宋平八十五斛五斗　□□五十七斛五斗　張崇七斛　宋獪三斛

23 孔奇廿八斛乙

24 王瑒十九斛　孫孜十斛五斗　帛軍弘三斛　王圓二斛乙

25 右十二家貲合三百七十斛出獻糸(絲)五斤　除□□、□□安

26 范通□四斛五斗　樂勝五十九斛五斗

27 □斛　田玫九十一斛五斗　韓釗八斛　王遂二斛

28 右八家貲合三百七十斛出獻糸(絲)五斤　除范□、樂勝

29 王奴安八十八斛　廉德五十四斛五斗　劉□□　□□廿五斛五斗

30 闞岌廿二斛　□□　□豹四斛

31 □□□斛　闞錢四斛　樊秉三斛

32 張士奴三斛乙　路魚三斛　令狐寵三斛　左臭九斛

33 隗登卅斛乙　雷持六斛乙

34 右十八家貲合三百

35 尚能七十二斛

36 廉遂四斛

37 □□十七斛

（後缺）

（李欽）

（二）

（前缺）

1 □□□

2 楊田地祠六十七斛五斗

3 宋旌々廿一斛

（後缺）

（三）

（前缺）

1 闞彊百五斛

2 麴□廣廿一斛

（後缺）

（四）

（前缺）

1 宋琎廿

（後缺）

（五）

（前缺）

1 和□

2 □□

（後缺）

八　北涼高昌計口出絲帳

本組文書拆自一雙紙鞋，該紙鞋拆下的另一些官文書，據考爲北涼承平七年（四四九）文書，故本組文書亦屬北涼時期。共五個殘片，可以綴合爲三件文書。其中2006TZJI:170拆自左鞋，2006TZJI:179來自右鞋。總計處有朱筆勾勒。2006TZJI:169拆自左鞋底。2006TZJI:178＋2006TZJI:177分别拆自右鞋底邊和右鞋底。參見裴成國吐魯番新出北涼計貲、計口出絲帳研究，中華文史論叢二〇〇七年第四輯。

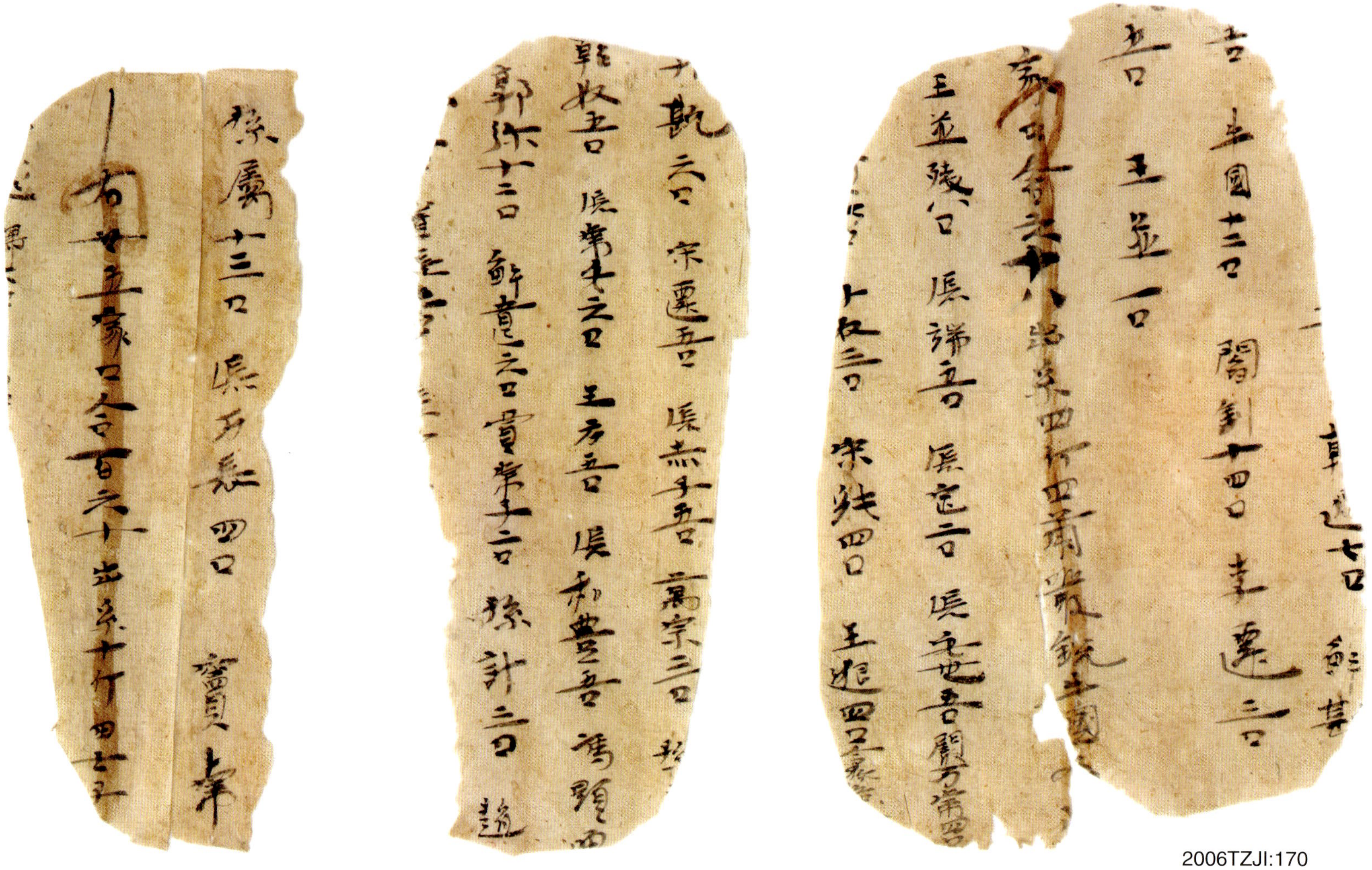

2006TZJI:177　2006TZJI:178　2006TZJI:169　2006TZJI:179　2006TZJI:170

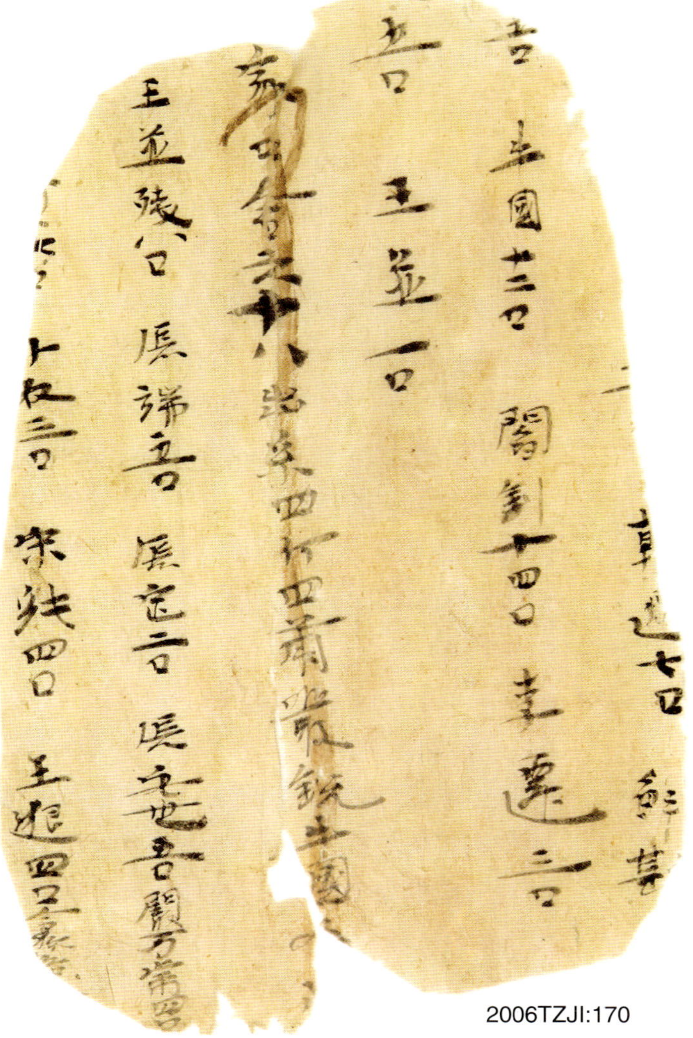

2006TZJI:170

2006TZJI:179

（一）

（前缺）

1 □　□韓通七口　解勘□

2 □五口　牛國十二口　閻釗十四口　李遷三口

3 □五口　王並一口

4 □家口合六十八出糸（絲）四斤四兩嚴鋭、牛國入□[一]

5 □王並殘八口　張端五口　張定二口　張安世五口　闞万虎四口

6 □□五口　□奴三口　宋純四口　王邈四口　令狐□

（後缺）

注釋

[一] 此行文字上有朱筆勾勒。

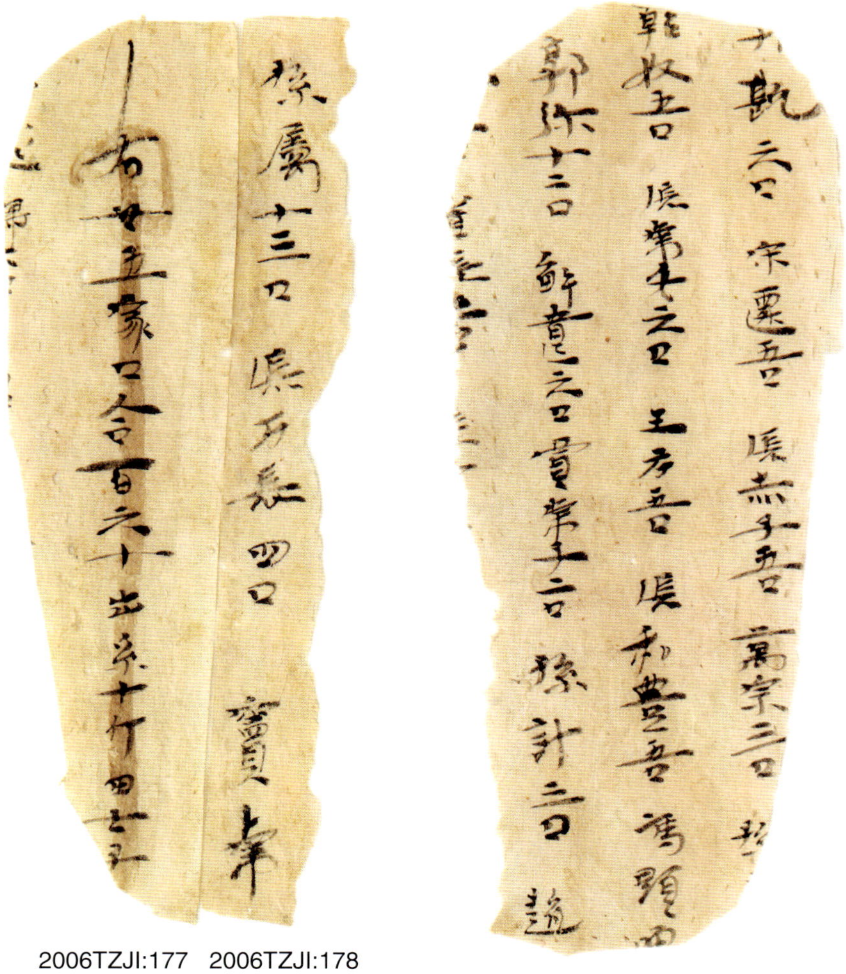

2006TZJI:177　2006TZJI:178　2006TZJI:169

0　5cm

（二）

（前缺）

1 □甑六口　宋遷五口　張赤子五口　萬宗三口　孫□

2 乾奴五口　張虎安六口　王方五口　張和豊五口　馮顯通

3 郭弥十二口　解遺六口　賈虎子二口　孫計三口　趙

4 □□　趙亮二口　□□

（後缺）

（三）

（前缺）

1 孫屬十三口　張万長四口　竇虎

2 ——右廿五家口合百六十出糸(絲)十斤田七子[一]

3 □□□六口

（後缺）

注釋

[一] 此行文字上有朱筆勾勒。

九　麴氏高昌延昌四年（五六四）閏月十一日某人辭爲入養事

本件文書由五殘片組成，上下文字有關聯，但不能直接綴合。首行有延昌四年（五六四）紀年，末有「令」字判署，爲麴氏高昌國時期批准入養的殘狀。

1 延昌四年甲申歲閏月十一日［　　］
2 □辭：子以昔□不幸，□［　　］
3 □之短非一，□□湯藥之□，［　　］

（中缺）

4 ［　　］唯有［　　］
5 ［　　］□賜聽［　　］
6 ［　　］□膚死［　　］

（中缺）

7 ［　　］家
8 ［　　］□傳
9 令　聽［　　］入養

（後缺）

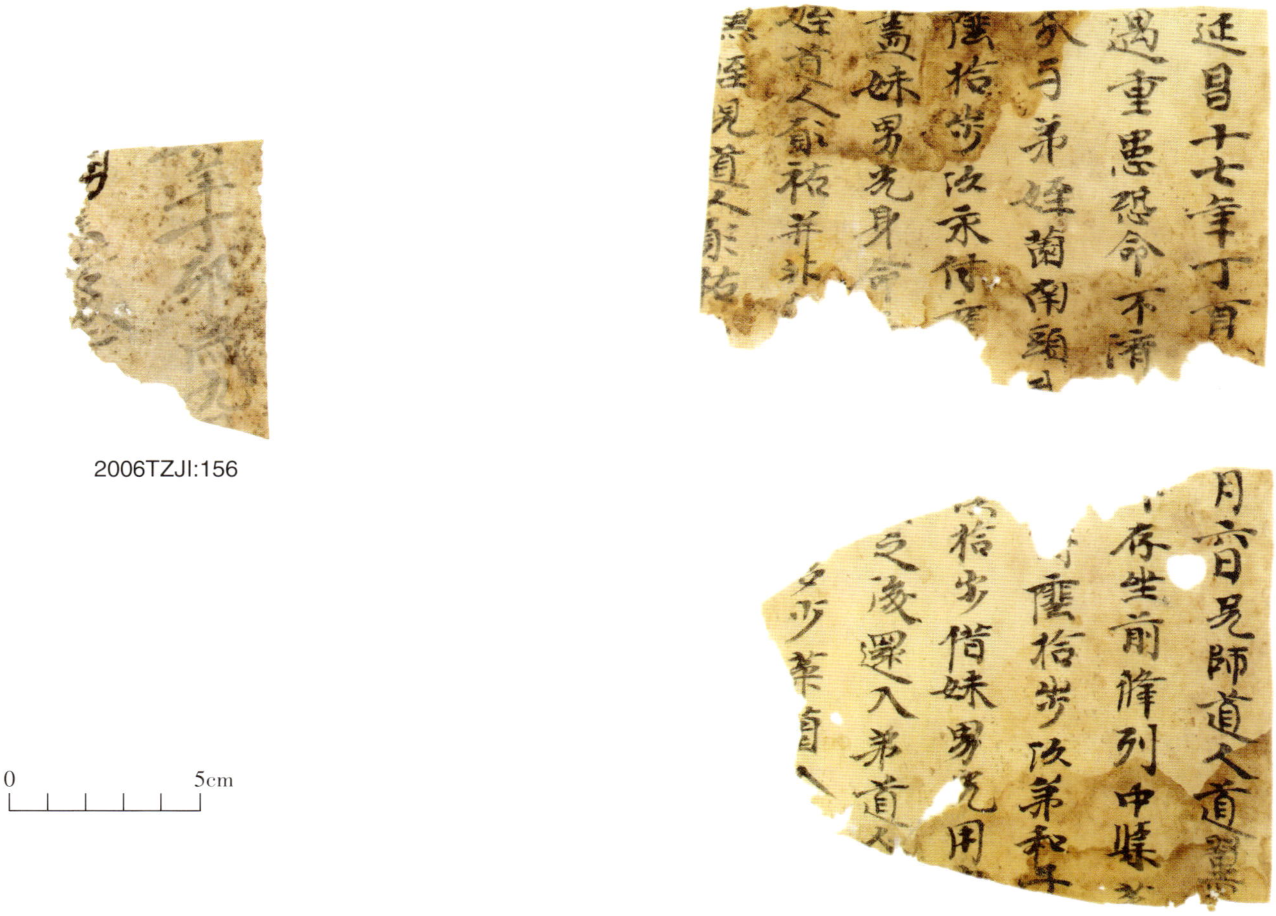

2006TZJI:143

2006TZJI:156

0 5cm

2006TZJI:144

一〇 麴氏高昌延昌十七年（五七七）某月六日道人道翼遺書

本件文書由上、下兩殘片組成，字體相同，文字内容大致可接續，但不能直接綴合，首行有延昌十七年（五七七）紀年，屬麴氏高昌國時期遺書。據王素麴氏高昌曆法初探，本年閏九月或閏十月。參見陳國棟麴氏高昌遺言文書試析，魏晋南北朝隋唐史資料第二三輯（二〇〇七年）；姚崇新在宗教與世俗之間：從新出吐魯番文書看高昌國僧尼的社會角色，西域研究二〇〇八年第一期。

1 延昌十七年丁酉歲□□月六日兄師道人道翼[ ]
2 遇重患，恐命不濟，[ ]□存坐前條列中渠菜[ ]
3 分与弟姪。薗南頭貳[ ]付陸拾步，次弟和子[ ]
4 陸拾步，次永付陸[ ]陸拾步，借妹男光用，□[ ]
5 盡妹男光身命□[ ]□之後，還入弟道人[ ]
6 姪道人願祐并北□[ ]多少菜薗入[ ]
7 翼，姪兒道人願祐[ ]

（後缺）

一一 麴氏高昌延和六年（六〇七）九月文書

由麴氏高昌國諸王六年爲丁卯歲紀年者，可推算本件文書爲延和六年（六〇七）。其性質不明，或爲契劵。

（前缺）

1 [ ]六年丁卯歲九月[ ]
2 [ ]□□善奴二[ ]

（後缺）

2006TZJI:140

2006TZJI:135

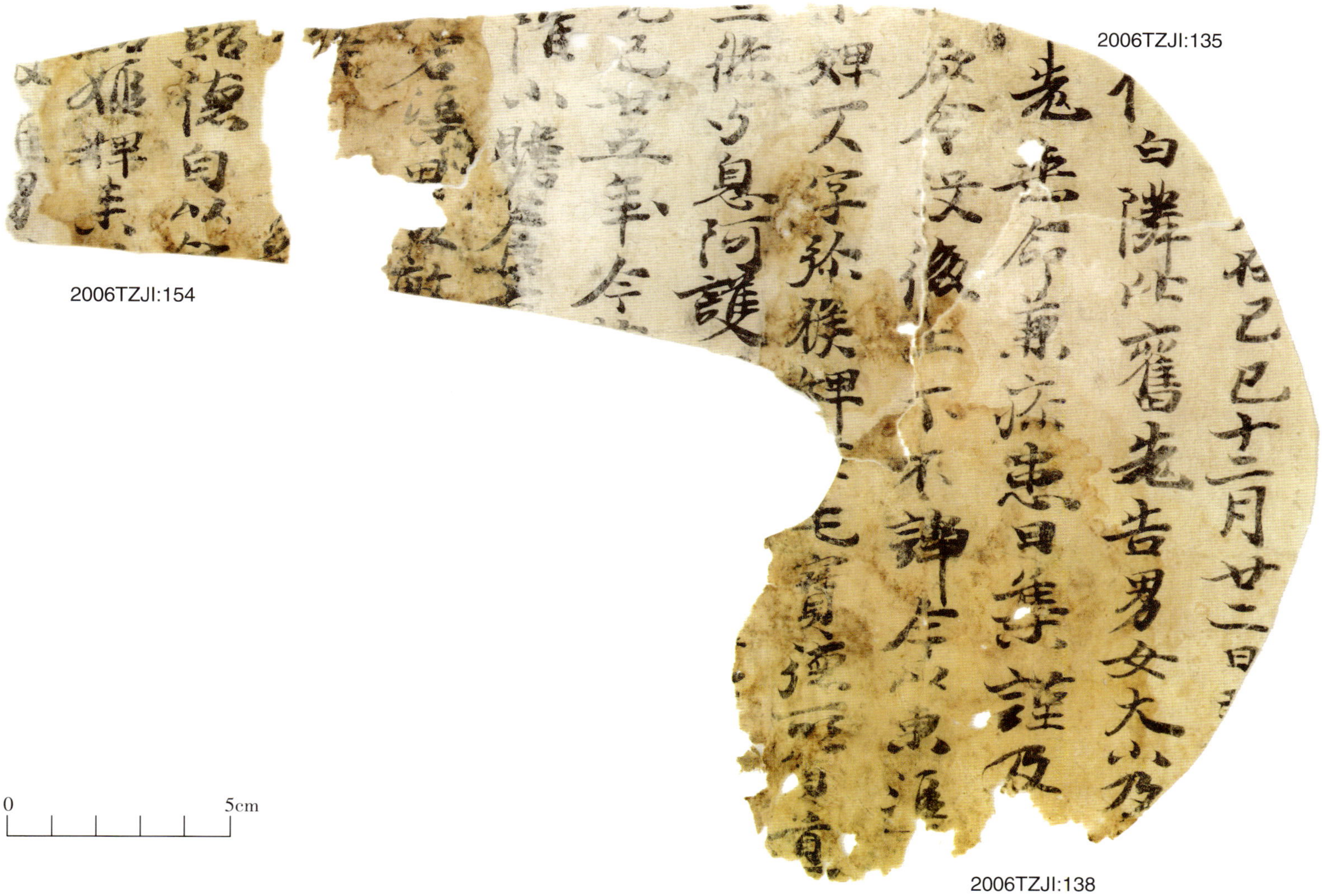

2006TZJI:154

2006TZJI:138

一二　麴氏高昌延和八年（六〇九）十二月二十二日紹德遺書

本件文書由四殘片組成，可直接綴合，綴合後共十三行。己巳當爲麴氏高昌延和八年（六〇九），文書中提到的「乙巳廿五年」爲高昌延昌二十五年（五八五）。參見凍國棟麴氏高昌遺言文書試析，魏晉南北朝隋唐史資料第二三輯（二〇〇七年）。

1 歲在己巳十二月廿二日□
2 仏白隣比舊老，告男女大小及
3 年老悉命，兼疹患日集，謹及
4 □欲令没後上下不諍。今以東渠
5 小婢一人字弥猴，婢□毛，寳德所買，道
6 三條与息阿護□
7 乙巳廿五年今□
8 隆小瞻（贍）養存
9 □宕渠田五畝
10 □　紹
11 紹德自以□
12 □姬婢來□
13 □□姬男
（後缺）

2006TZJI:109

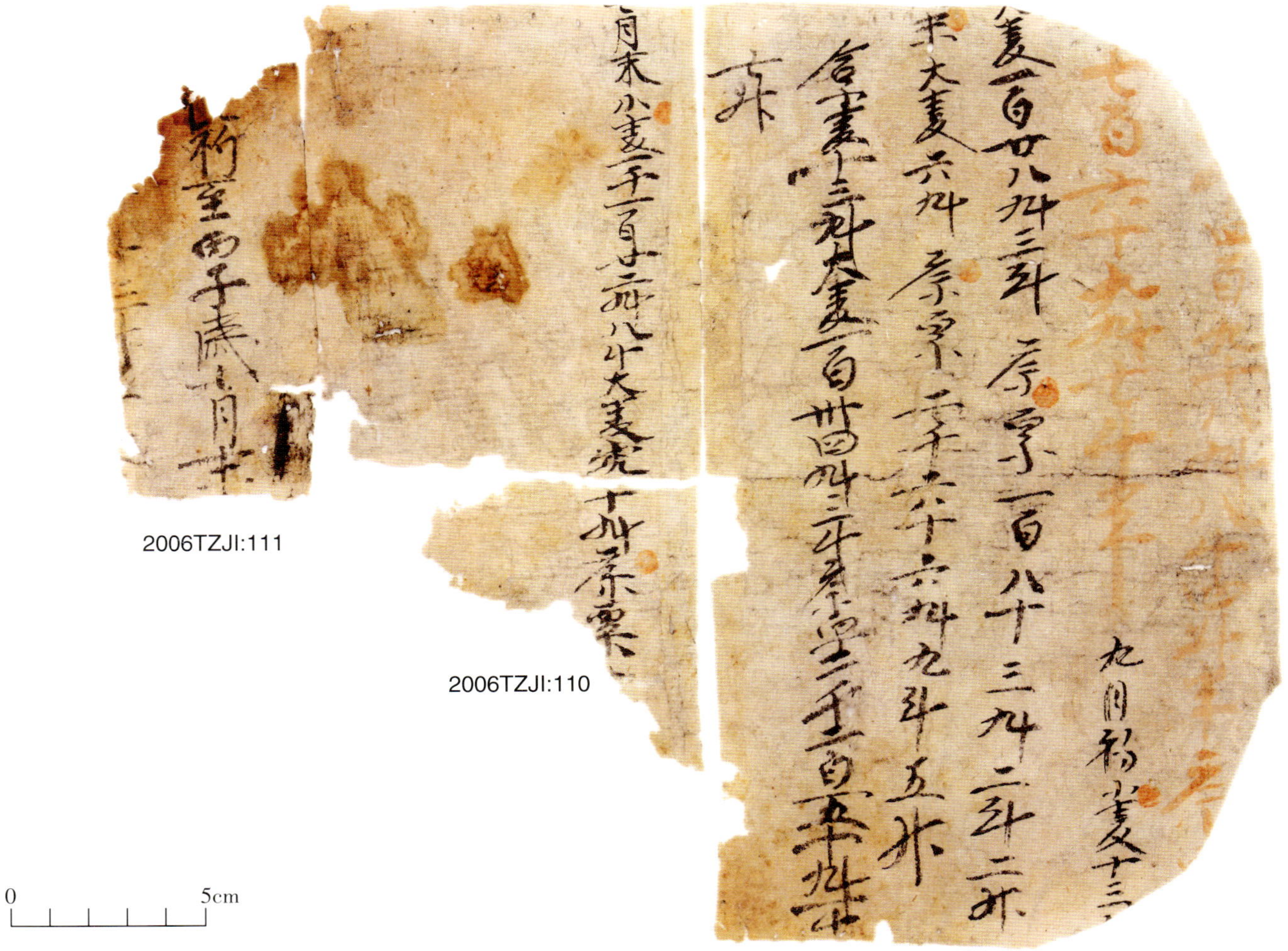

2006TZJI:111

2006TZJI:110

2006TZJI:108

一三 麴氏高昌義和二至三年（六一五—六一六）斛斗帳

本件文書由四殘片粘接而成，現已脱落，分别編號，綴合後尺寸爲25.6×29cm。内容爲斛斗帳，第一行及第二行上半部爲朱書，月份及部分糧食名稱右側有朱點，背面塗墨。有丙子歲紀年，與麴氏高昌國末期張延懷等斛斗帳同組，推測丙子爲義和三年（六一六）。所記帳曆爲「□□□初至丙子歲七月末」，推測爲義和二年九月初至三年七月末之斛斗帳。

（前缺）

1 □□□四百九十八㪷（斛）八斗四升半，床粟□

2 □七百六十九㪷七斗半。九月初，小麥十三㪷

3 □大麥一百卄八㪷三斗，床粟一百八十三㪷二斗二升。

4 □末，大麥六㪷。床粟二千六十六㪷九斗五升，

5 合小麥十三㪷，大麥一百卌四㪷三斗，床粟二千二百五十㪷

一斗

6 七升。

---

7 □七月末，小麥一千一百卄二㪷八斗，大麥究（九）十㪷，床粟□

（中留白）

---

8 □□初至丙子歲七月末□

9 □㪷三斗一□□

（後缺）

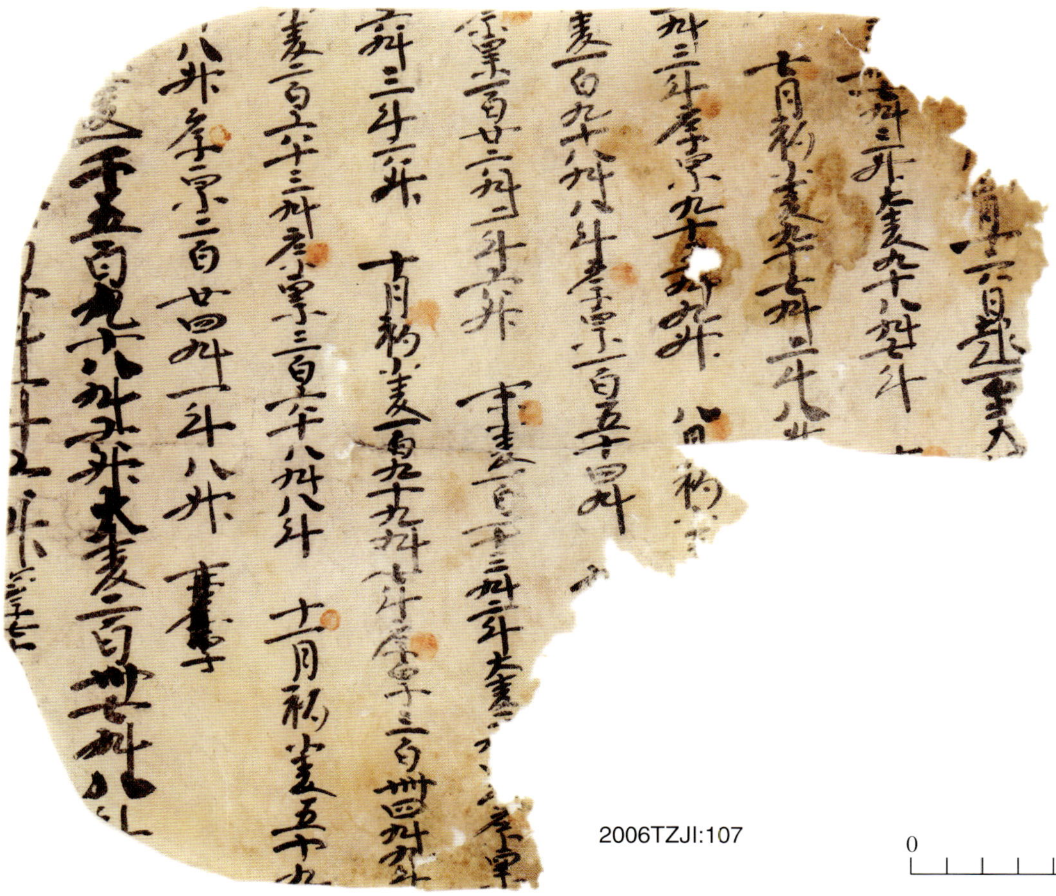

2006TZJI:107

0 5cm

一四 麴氏高昌斛斗帳

本件文書内容爲斛斗帳，月份及「床」字右側有朱點，且帳目數額較大，故推測爲記載財政收入的官文書。文書中無紀年，但或與2006TZJI:108等麴氏高昌義和二至三年（六一五—六一六）斛斗帳同組，據此，本件文書年代應爲義和二、三年或前後。

（前缺）

1 ［　］□□月十六日起，至大□［　］

2 ［　］麥□七九（斛）三升，大麥九十八㪷七斗。末［　］

3 ［　］□　七月初，小麥九十七㪷二斗八升。［　］

4 ［　］□㪷三斗，床粟九十五㪷九升。八月初，小麥［　］

5 ［　］麥一百九十八㪷八斗，床粟一百五十四㪷。九月初［　］

6 ［　］床粟一百廿六㪷二斗六升。末，小麥一百一十三㪷二斗，大麥二㪷四斗。床粟［　］

7 ［　］六㪷三斗六升。十月初，小麥一百九十九㪷七斗，床粟三百卌四㪷九斗［　］

8 ［　］小麥二百六十三㪷，床粟三百六十八㪷八斗。十一月初，小麥五十九［　］

9 ［　］斗八升，床粟二百廿四㪷一斗八升。末，床粟〔一〕［　］

10 ［　］小麥一千五百九十八㪷六升，大麥二百卌七㪷八斗［　］

11 ［　］□六百□㪷一斗六升欠床七十［　］

（後缺）

注釋

〔一〕「末床粟」三字在文書上被塗去。

2006TZJI:088

2006TZJI:085

一五　麴氏高昌斛斗帳

本件文書由兩殘片粘接而成，内容連續，中折後兩側殘痕吻合，背後皆塗墨。現文書已綴合，綴合後尺寸爲22.5×55.6cm。内容爲斛斗帳，第八、九行及十六、十七、二十二行爲朱書，另外，每行的月份及「床」字右側有朱點。無紀年，與麴氏高昌義和二至三年（六一五—六一六）斛斗帳等同組，本件文書年代亦應爲義和二、三年或其前後。

（前缺）

1 十七㪷（斛）七斗九升。十二月初，

2 □百七十㪷八斗七升半，

3 九十三□。末，小麥五百卌七㪷四斗三升半，

4 □床粟五百□□㪷三斗六升。二月初，大麥三斗

5 四㪷一斗七升半，床粟□百七十六㪷五斗。末，小麥八百五

6 斗九升半，大麥八斗，床粟六百五十五㪷三斗。三月初，

7 □斗小麥一千九十七㪷五斗八升，床粟一千九十一㪷五斗

8 合大麥三㪷一斗，小麥三千一十三㪷八升半，床

9 千七百九十㪷七斗五升半。

10 □小麥六百五十二㪷九斗八升，床粟柒伯（佰）六十九㪷一斗

11 □十三㪷八斗七升半，大麥廿五㪷七斗半，床粟□

12 百一十一㪷八斗二升半，大麥卌九㪷九斗，床粟六百一十七㪷八斗

13 百一十五㪷五斗，小麥一千五百八十三㪷一斗半升，床粟一千一百五十三

14 九十八㪷八斗半，小麥七百卌一㪷六斗三升半，床粟五百六十五㪷九斗

15 麥三百一㪷八斗半，小麥一千三百□十□㪷四斗二升半，床粟三百一十

16 合大麥五百九十□㪷二斗半，小麥六千四百

---

17 千四百卌七㪷一斗。

18 㪷四斗七升，床粟二百五十七㪷二斗四

19 升，床粟二百廿九㪷九斗□

20 百廿三㪷二斗半升，大麥二百□

21 五升，床粟四百九十七㪷四斗。末，□

22 麥九百七十㪷

（後缺）

2006TZJI:078

2006TZJI:089

一六　麴氏高昌斛斗帳

本件文書由兩殘片綴合而成，綴合後尺寸爲20.8×36.3cm。内容爲斛斗帳，在每筆的計量單元末右側有朱點。無紀年，與麴氏高昌義和二至三年（六一五—六一六）斛斗帳等同組，本件文書年代亦應爲義和二、三年或其前後。

（前缺）

1 [　　]升，大麥六十㪷（斛）[　　]
2 [　　]百六十三㪷一斗，大麥□[　　]初，小麥二百卅㪷，大麥[　　]
3 [　　]小麥三百五十九㪷[　　]□。十月初，小麥五百九十七[　　]
4 [　　]麥一百七十[　　]斗三升，大麥一百卌八㪷五斗七升[　　]
5 [　　]六百卅三㪷[　　]㪷八斗半。末，小麥七百九㪷五斗[　　]
6 [　　]百七十二㪷二[　　]麥一百七十八㪷二升半，小麥九百七[　　]
7 [　　]□。末，小麥九[　　]大麥二百七十七㪷六斗。案從□[　　]
8 [　　]□計得小麥六千[　　]升半，大麥一千四百九十六㪷二斗九升[　　]
9 [　　]小麥一千七㪷九斗六升[　　]㪷一斗貳昇（升）半。末，小麥九百□[　　]
10 [　　]二月初，小麥九百九□[　　]半，大麥卅三㪷九斗。末，小麥[　　]
11 [　　]三斗，大麥六十一㪷[　　]粟一百六十五㪷二斗。三月初，[　　]
12 [　　]六斗二升，大麥二百七十六㪷三斗[　　]粟一千三百九十八㪷五斗八升半[　　]
13 [　　]斗九升，大麥卅㪷，床粟八百□□斗七升。合小麥六千一百□[　　]
14 [　　]五百一十一㪷四斗二升半，床粟二千四百五十二㪷五斗五升[　　]
15 [　　]三百八十五㪷五斗，大麥六㪷八斗半，床[　　]
16 [　　]斗七升半。末，小麥八百六十五㪷□斗[　　]
17 [　　]半，床粟八百八十一㪷[　　]
18 [　　]升，大麥六十九㪷[　　]
19 [　　]□八百九□[　　]

（後缺）

2006TZJI:077

2006TZJI:087

一七　麴氏高昌張延懷等納斛斗帳

本件文書由兩殘片綴合而成，綴合後尺寸爲21.6×37.1cm。内容爲斛斗帳，無紀年。張延懷又見唐張延懷等名籍（68TAM103:20/1<b>，吐魯番出土文書貳，一三二頁），可能爲同一人，該墓文書年代爲麴氏高昌國末期至唐貞觀初年，據此推斷本件文書年代應爲義和三年（六一六）前後。

（前缺）

1 ［　］昇(升)，張延懷壹斛(斛)［　］

2 ［　］□叁兜(斗)，左師壹斛，善富［　］

3 ［　］昇，張善祐(九)究兜，麴懷悅壹斛壹兜［　］

4 ［　］成□壹斛究兜究昇，憧海師陸兜究昇，康□［　］

5 ［　］壹斛，令狐元海大麥肆兜柒昇。呂胡兒壹斛貳兜［　］

6 ［　］兜壹昇，氾智儁肆兜，張願保捌兜究昇，智賢師伍兜□［　］

7 ［　］貳斛肆兜，令狐元海陸□［　］昇，主簿寶厠叁斛捌兜，趙□［　］

8 ［　］昇，竺客兒壹斛陸兜，□［　］叁兜，鄭元祐壹斛捌兜捌昇，□［　］

9 ［　］□洛忠究兜，安客兒□［　］□壹斛貳兜，袁武祐肆兜陸昇，［　］

10 ［　］斛捌兜，康相蜜□［　］□壹兜，歡兒壹斛捌昇［　］

11 ［　］□隆陸兜貳昇，□［　］兜，畦康憙捌兜，趙善憙陸兜［　］

12 ［　］斛貳兜，趙長［　］□，嚴善富叁兜，左崇祐究兜半，張［　］

13 ［　］□，馮阿相子［　］悅師壹斛貳兜貳昇，法儁師□［　］

14 ［　］兜，又宋［　］兜，田善得叁兜，茂沙陸兜，□［　］

15 ［　］叁斛肆兜［　］□伍兜，赤獪伍兜，董善伯貳□［　］

16 ［　］受壹斛貳兜半［　］昇，白弟々陸兜捌昇［　］

17 ［　］□□陸兜［　］張財祐麥陸□［　］

（後缺）

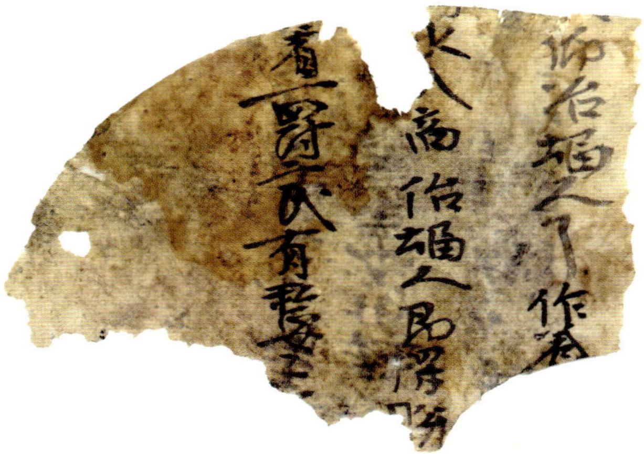

2006TZJI:130a

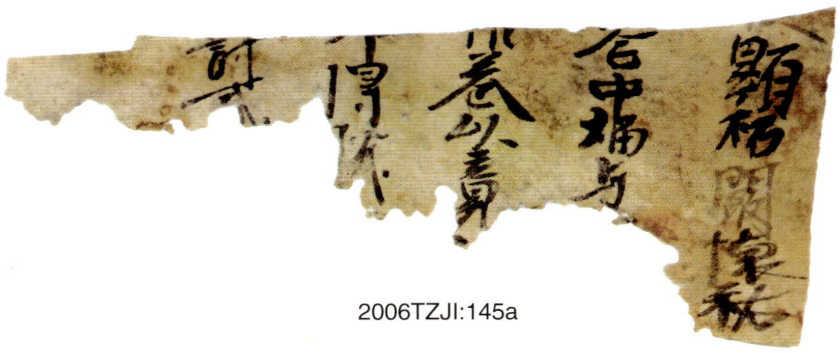

2006TZJI:145a

0　5cm

2006TZJI:130a 背面

2006TZJI:145a 背面

一八　麴氏高昌張顯祐等雇人作塪殘券

本件文書之闞懷祐見於高昌武城塪作額名籍（四）（60TAM339:50-1/4，吐魯番出土文書壹，三九八頁），同墓所出文書有高昌延和十九年（六二〇）紀年，當爲同一人，本件文書之年代應相近。背塗墨。

（前缺）

1 □張顯祐、闞懷祐□

2 □□合中塪与□

3 □作卷(券)以竟□□

4 □即得脱□

5 □罰貳□

（餘白）

一九　麴氏高昌雇人作塪殘券

本件文書推測年代應與麴氏高昌張顯祐等雇人作塪殘券相近。背塗墨。

（前缺）

1 □仰治塪人了。作卷(券)□

2 □□水入商(墑)，治塪人即得脱□

3 □□者一罰二。民有私要，々行□

（餘白）

2006TZJI:148

2006TZJI:146

2006TZJI:149

二〇 麴氏高昌殘券

（前缺）

1 □八日入□

2 □□歲租麥□□

3 □錢□□

（後缺）

二一 麴氏高昌殘券

本件文書爲殘契尾，紙背塗墨。

（前缺）

1 □□□□

2 □之後各不得□

3 □□二主各自□

（後缺）

二二 麴氏高昌租床條記

本件文書或爲官文書，紙背塗墨。

（前缺）

1 □租床翟瑩珎肆兜(斗)，參軍□

2 □□氾住、阿趙

（餘白）

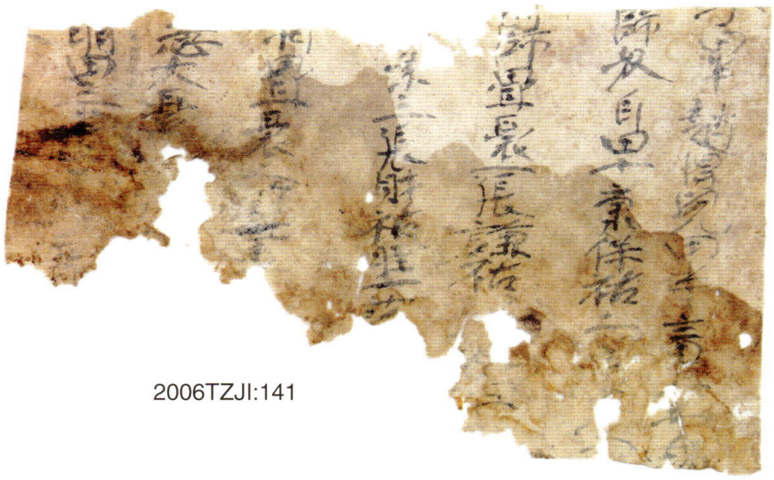
2006TZJI:141

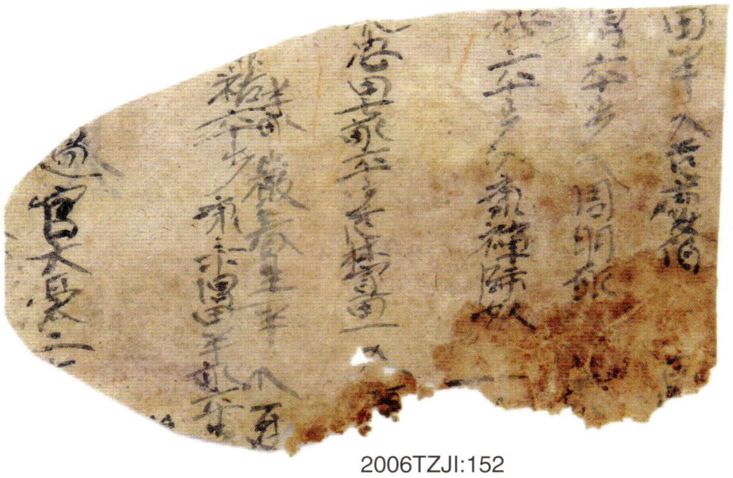
2006TZJI:152

0　5cm

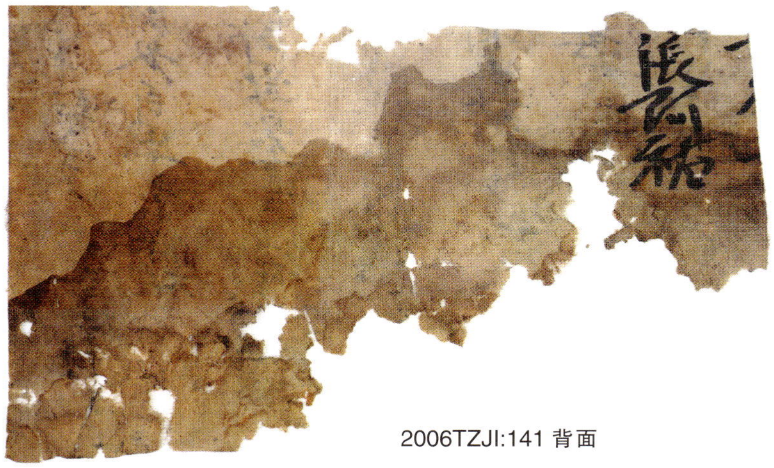
2006TZJI:141 背面

2006TZJI:152 背面

二三　麴氏高昌范慶伯等田籍

本件文書背書「見」字，無法確認是否相關。其中康禪師見於高昌重光三年（六二二）條列虎牙氾某等傳供食帳（二）（66TAM50：9<b>，吐魯番出土文書壹，三七七頁）。

（前缺）

1　□田半，入范慶伯　范□

2　□得六十步，入周明願　□

3　□六十步，入康禪師奴[一]　□

4　□忠田七畝六十步、范林宣田一，入夏□

5　□謙祐半畝六十步、嚴春生一半、康參得田半畝六十步，入夏□

6　□

7　□過官大囊二十□

8　□

（後缺）

注釋

[一]「奴」字下空格後有一横綫。

二四　麴氏高昌趙得兒等田籍

本件文書背有兩行字。第二行可辨「張阿祐」三字。

（前缺）

1　□田半，趙得兒田半，□□□□

2　□師奴自田十，康保祐二□□□

3　□阿師疊囊一，張謙祐□□□

4　□索三，張財祐□一，范□

5　□相疊囊二□□

6　□大囊□

7　□明田三□□□

（後缺）

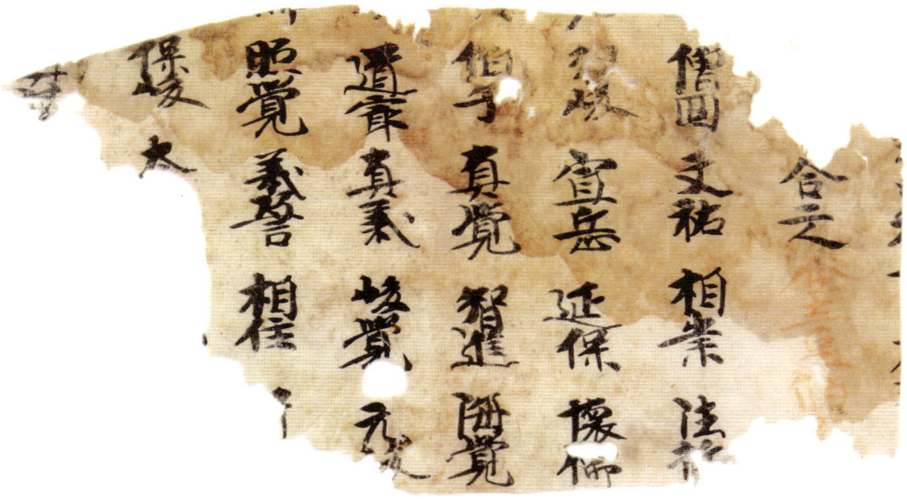

2006TZJI:134

2006TZJI:153

二五　麴氏高昌僧回等名籍

本件文書文中「合壹佰」爲朱書。按，本文書與高昌僧僧義等僧尼財物疏（72TAM169:82/1-17<a>，吐魯番出土文書壹，二〇九—二一七頁）格式相同。

（一）

（前缺）

1 ［　］□□□□［　］
2 ［　］合二人合壹佰［　］
3 ［　］僧回　文祐　相崇　法□［　］
4 ［　］□　智峻　宣岳　延保　懷儒［　］
5 ［　］□　伯子　真覺　智進　海覺［　］
6 ［　］□　道最　真義　峻覺　元峻［　］
7 ［　］□　照覺　義晉　相住［　］
8 ［　］保峻　太［　］
9 ［　］□□［　］

（後缺）

（二）

（前缺）

1 ［　］□都　惠奄　僧勗
2 ［　］寶嵩　道胤　法願　圓應
3 ［　］道儒　道儁　道太　道行
4 ［　］□　玄祐　法教　梵住
5 ［　］覺　海相　僧印　慈惠
6 ［　］□遠　明遠　元訓　善相
7 ［　］□　海業　延伯　善覺
8 ［　］峻悅　憧喜　玄貴
9 ［　］道定　法歡　曇祐
10 ［　］□

（後缺）

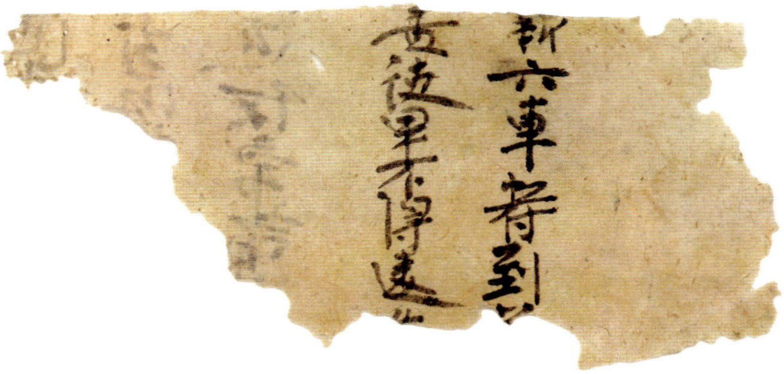
2006TZJI:128

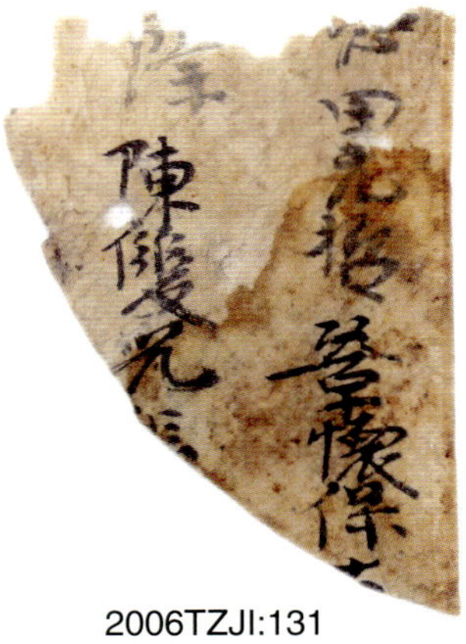
2006TZJI:131

2006TZJI:128 背面

二六　麴氏高昌殘名籍

（前缺）

1 ［　］□　田元哲　鞏懷保　□［　］

2 ［　］除　陳雙兒　張［　］

（後缺）

二七　麴氏高昌符爲納薪事

本件文書係納薪文書，由文中「符到」、「責使」，推知當爲官文書。

1 ［　］薪六車，苻(符)到□［　］

2 ［　］責使早不得遠□［　］

（餘白）

二八　麴氏高昌殘文書

本件書於上件文書背面，内容或爲匹帛供常誦記録。

（前缺）

1 ［　］氾□［　］

2 ［　］可資［　］

3 ［　］匹供常誦□［　］

（餘白）

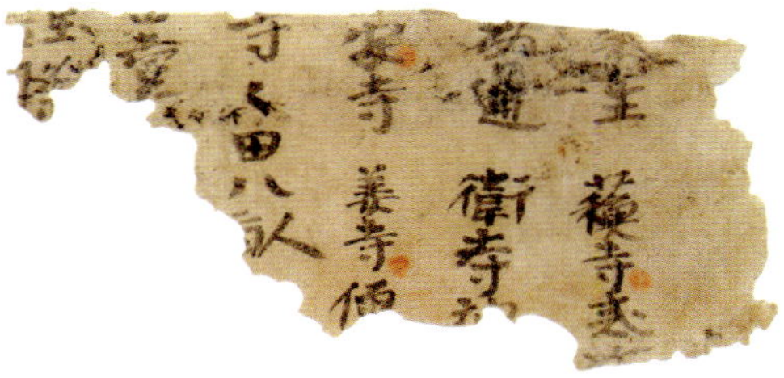

2006TZJI:126

2006TZJI:127

2006TZJI:118

二九 麴氏高昌蘇寺等寺田籍

本件文書一些寺名旁有朱點。

（前缺）

1 [ ]義主　蘇寺戒□[ ]
2 [ ]功通　衛寺神[ ]
3 [ ]安寺　姜寺僧[ ]
4 [ ]寺々田八畝[ ]
5 [ ]田壹[ ]
6 [ ]謹條[ ]

（後缺）

三〇 麴氏高昌某年作醬券

本件文書的同類文書見高昌延壽九年（六三二）范阿僚舉錢作醬券（69TAM140:18/2，吐魯番出土文書貳，一九七頁），據此擬題。

（前缺）

1 [ ]甜醬，若到十月□[ ]
2 □酒一升，若家主東西行使不□[ ]
3 不上，聽拙家才（財），入□□□[ ]

（後缺）

三一 唐西州高昌縣辭

本件文書末有「仁義」判署。仁義又見唐貞觀十九年（六四五）里正趙延洛等牒之判署（72TAM150:41<a>，吐魯番出土文書叁，二一頁，其中「義」未作釋文）。疑仁義時任高昌縣令或縣丞。本件文書距貞觀十九年（六四五）不遠，同爲唐高昌縣官文書。

（前缺）

1 [ ]□□□[ ]
2 [ ]鄉人麴武運邊
3 [ ]辭。
4 [ ]出賣。仁義示
5 　十九日

（後缺）

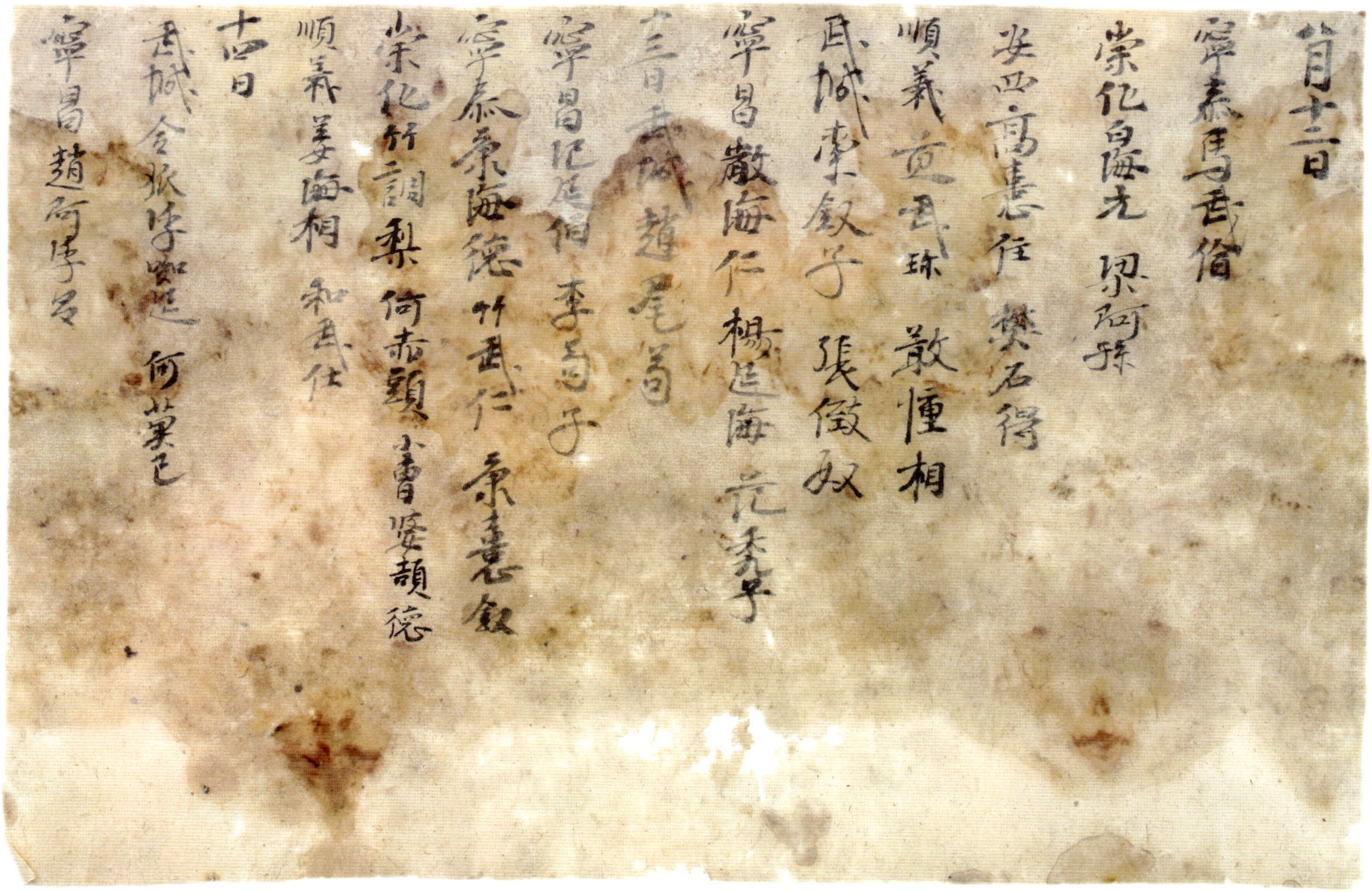

2006TZJI:086

0　5cm

三二　唐某年八月西州高昌縣寧泰等鄉名籍

本件文書據鄉名判斷，當屬於唐西州高昌縣文書。康海德見於唐康海德殘文書（73TAM501:109/5-9，吐魯番出土文書叁，三九九頁），本墓出土紀年文書最早爲垂拱年間（六八五—六八八），最晚爲武周聖曆元年（六九八），無明確紀年者有高宗時文書；姜海相見於唐何好忍等匠人名籍（64TKM1:28<b>，吐魯番出土文書貳，一一頁），本墓出土紀年文書最晚者爲貞觀十四年（六四〇）；和武仕見於唐焦延隆等居宅間架簿（三）（72TAM152:33<b>，吐魯番出土文書貳，一四九頁），本墓出土紀年文書最晚者爲貞觀十九年（六四五）；據此判斷，本件文書接近唐太宗、高宗時期。

（前缺）

1 八月十二日
2 寧泰馬武倫
3 崇化白海元　梁阿孫
4 安西高意住　樊石得
5 順義范武珎　嚴幢相
6 武城索釵子　張傚奴
7 寧昌嚴海仁　楊延海　范秃子
8 十三日武城趙尾苟
9 寧昌氾延伯　李苟子
10 寧泰康海德　竹武仁　康憙釵
11 崇化竹調梨　何赤頭　小曹婆頡德
12 順義姜海相　和武仕
13 十四日
14 武城令狐浮咖延　何莫己
15 寧昌趙阿浮多

（後缺）

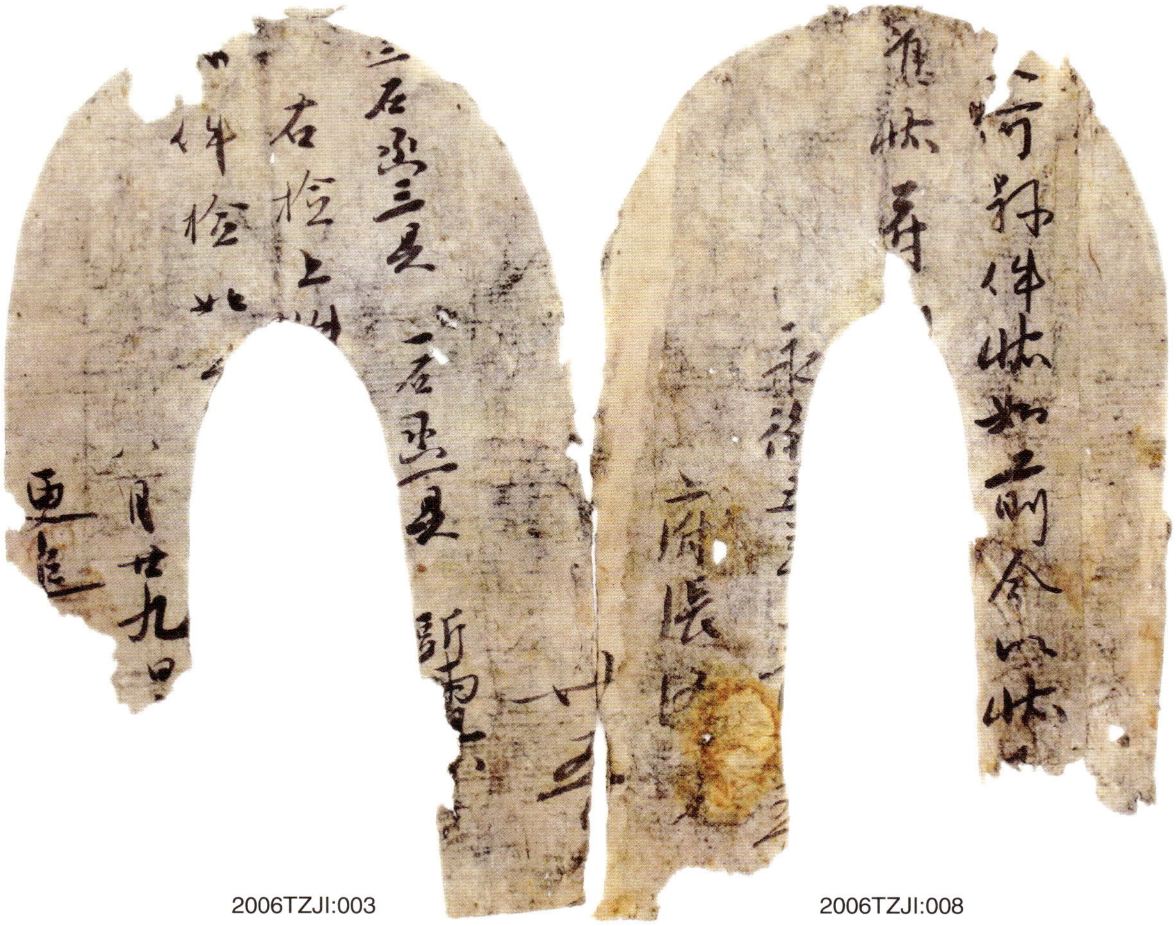

2006TZJI:003　2006TZJI:008

0　5cm

三三　唐永徽五年（六五五）安西都護府符下交河縣爲檢函斵等事

本件文書由兩殘片綴合。與唐永徽五年至六年（六五四—六五五）安西都護府案卷爲安門等事雖内容無關，但作爲一組鞋面剪出。背面全部塗墨，爲鞋面的最外層。文書爲唐永徽五年交河縣府張洛的牒文。張洛又見唐永徽元年（六五〇）安西都護府承敕下交河縣符（73TAM221:61<a>，吐魯番出土文書叁，三一一頁），時任「史」。與唐貞觀廿二年（六四八）安西都護府承敕下交河縣符爲處分三衛犯私罪納課違番事（73TAM221:58<a>，吐魯番出土文書叁，三〇五頁）中的「史張守洛」疑爲同一人。參見裴成國從高昌國到唐西州量制的變遷，敦煌吐魯番研究第一〇卷（二〇〇七年），雷聞關文與唐代地方政府内部的行政運作——以新獲吐魯番文書爲中心，中華文史論叢二〇〇七年第四輯。

□交何(河)縣件狀如前，今以狀牒，□
□准狀，符到□
永徽五年□
府張洛
廿五日
□三石函三具　一石函一具　斵(斗)兩具
右檢上件□
牒件檢如前，□
八月廿九日□□
更追□
（後缺）

2006TZJI:196　2006TZJI:197　2006TZJI:013　2006TZJI:001　2006TZJI:198a　2006TZJI:010　2006TZJI:015　2006TZJI:016　2006TZJI:017　2006TZJI:002　2006TZJI:009　2006TZJI:005　2006TZJI:195　2006TZJI:194a

唐永徽五年至六年安西都護府案卷爲安門等事殘卷全貌

三四　唐永徽五年至六年（六五四—六五五）安西都護府案卷爲安門等事

本組文書共十四件殘片，原當出自一雙鞋。依剪鞋樣時的折疊關係，可分爲兩組鞋面和兩組鞋底。第一組鞋面爲：2006TZJI:196＋2006TZJI:197、2006TZJI:009、2006TZJI:002；第二組鞋面爲：2006TZJI:013、2006TZJI:005、2006TZJI:016＋2006TZJI:017；第一組鞋底爲：2006TZJI:015、2006TZJI:195、2006TZJI:001；第二組鞋底爲：2006TZJI:010、2006TZJI:194a、2006TZJI:198a。

經過綴合，本組文書可以復原爲兩組，從内容來看，兩組前後相接，但中有缺文。第一組五件：2006TZJI:196、2006TZJI:197、2006TZJI:013、2006TZJI:001、2006TZJI:198a。本組共用紙三幅，其中B紙完整，長38cm，紙縫背押「悦」字。第一四行的「録事麴仕達勘同」爲朱書。B紙用印七方，六方完整，一方殘，印文爲「安西都護府之印」。第二組九件：2006TZJI:010、2006TZJI:015、2006TZJI:016＋2006TZJI:017、2006TZJI:002、2006TZJI:009、2006TZJI:005、2006TZJI:195、2006TZJI:194a。本組共用紙三幅，其中E、F完整，長38cm。在三幅紙的紙縫處，背均押「俊」字。D紙用印五方，三方完整，兩方殘，印文亦爲「安西都護府之印」。

文書爲唐永徽五年（六五四）至六年（六五五）安西都護府關於安門等事的案卷。文書中的隆悦，見唐永徽四年八月廿日史孟貞牒（2004TMM102:6背面）、唐某年安西都護府府陰河牒爲勘印事（2004TMM102:39等），又見唐龍朔三年（六六三）西州范歡進等送右果毅仗身錢抄（一、二）（60TAM338:32/6、60TAM338:32/7，吐魯番出土文書貳，二四五頁）。麴善積，亦見唐某年安西都護府府陰河牒爲勘印事，時任「參軍判倉曹」。仕悦，又見新出唐殘文書（2004TBM107:3-1），爲判署部分文字。此前吐魯番文書中仕悦凡三見，其一爲麴仕悦，見高昌延壽四年（六二七）閏四月威遠將軍麴仕悦奏記田畝作人文書（一、二）（72TAM155:58/1、2TAM155:58/2，吐魯番出土文書壹，四三五頁）；其二，大智度論卷二一尾題「西州司馬麴仕悦供養」（西域考古圖譜下佛典附録4-2＋旅順博物館藏LM20_1467_31_01綴合，旅順博物館藏新疆出土漢文佛經選粹，京都，法藏館，二〇〇六年，二〇九頁）；其三，姓氏不詳，見唐軍府關係文書背（大谷一三七八，大谷文書集成壹，四八頁）。參看雷聞關文與唐代地方政府内部的行政運作——以新獲吐魯番文書爲中心，中華文史論叢二〇〇七年第四輯。

背縫押署（「悦」字）

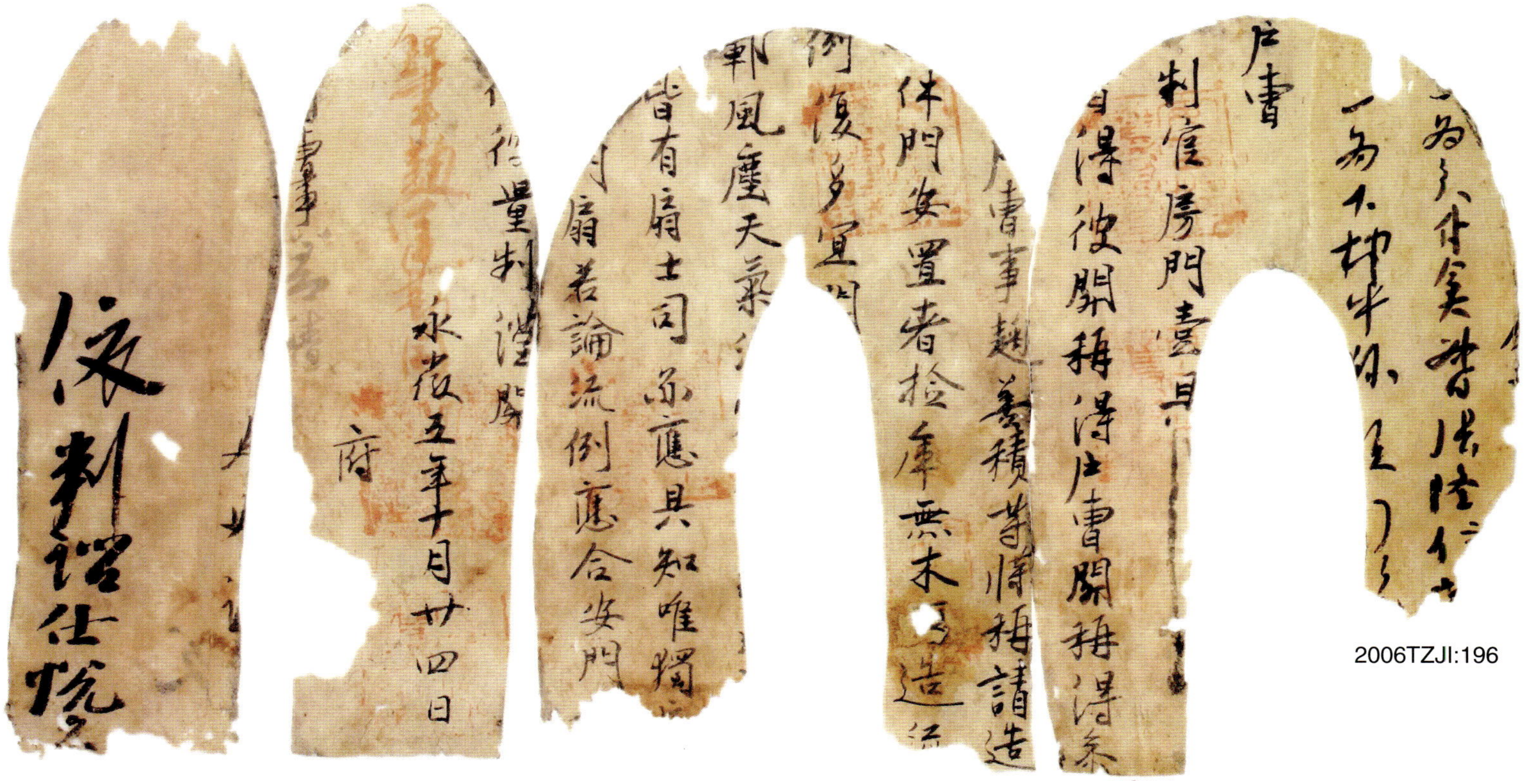

2006TZJI:196 2006TZJI:197 2006TZJI:013 2006TZJI:001 2006TZJI:198a

（前缺）

1 □□
2 一爲分付倉督張隆信□
3 一爲下柳中縣□□□
4 户曹
5 判官房門壹具——
6 □曹：得彼關稱：得户曹關稱，得參
7 □□户曹事麴善積等牒稱：請造
8 □件門安置者，檢庫無木可造，流
9 例復多，宜關
10 鄯風塵，天氣□□，□□□□
11 □皆有扇，士司亦應具知，唯獨户
12 □□門扇，若論流例，應合安門。□
13 □□彼量判。謹關。
14 録事麴仕達勘同。永徽五年十月廿四日
15 府
16 □曹事善積
17 史□□[一]

（中缺）

18 依判，諮。仕悦示。（悦）

「安西都護府之印」印文

注釋

[一] 此字餘左半的「言」字邊，草體。

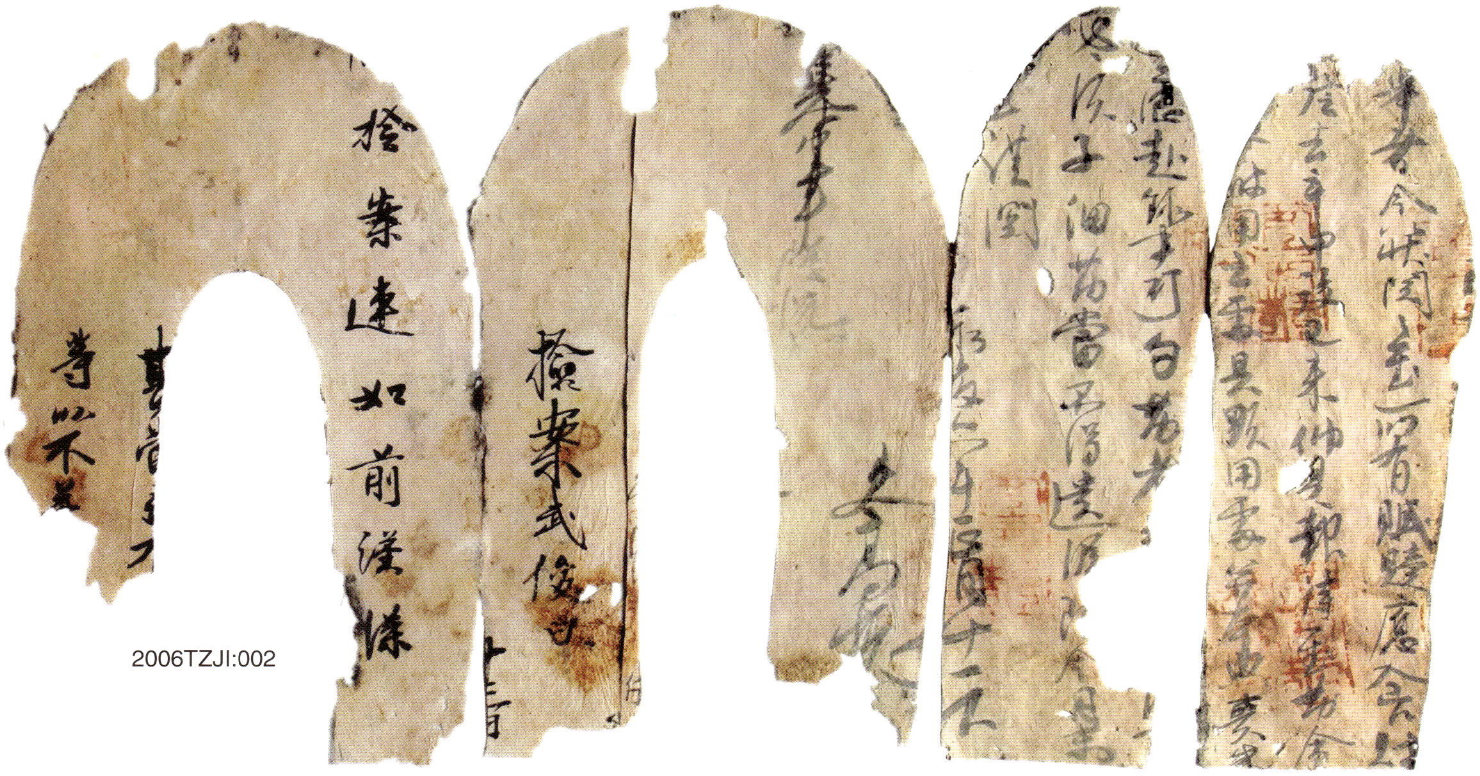

□□
牒舉者今以狀關，々至，所有贓贖應入官財
物從去年申後已來，仰具報，待至，勘會。
□□□破用之處，具顯用處，并本典賣□
□應赴録事司勾勘者，檢□□□□
必須子細勘當，不得遺漏。限今月末
□□，謹關。
永徽六年正月十二日
史高悊
參軍事隆悅

□□ 付

----------（俊）----------

檢案。武俊白
十三日
牒檢案連如前，謹牒。

勘當司検
等以不符

背縫押署（「俊」字）

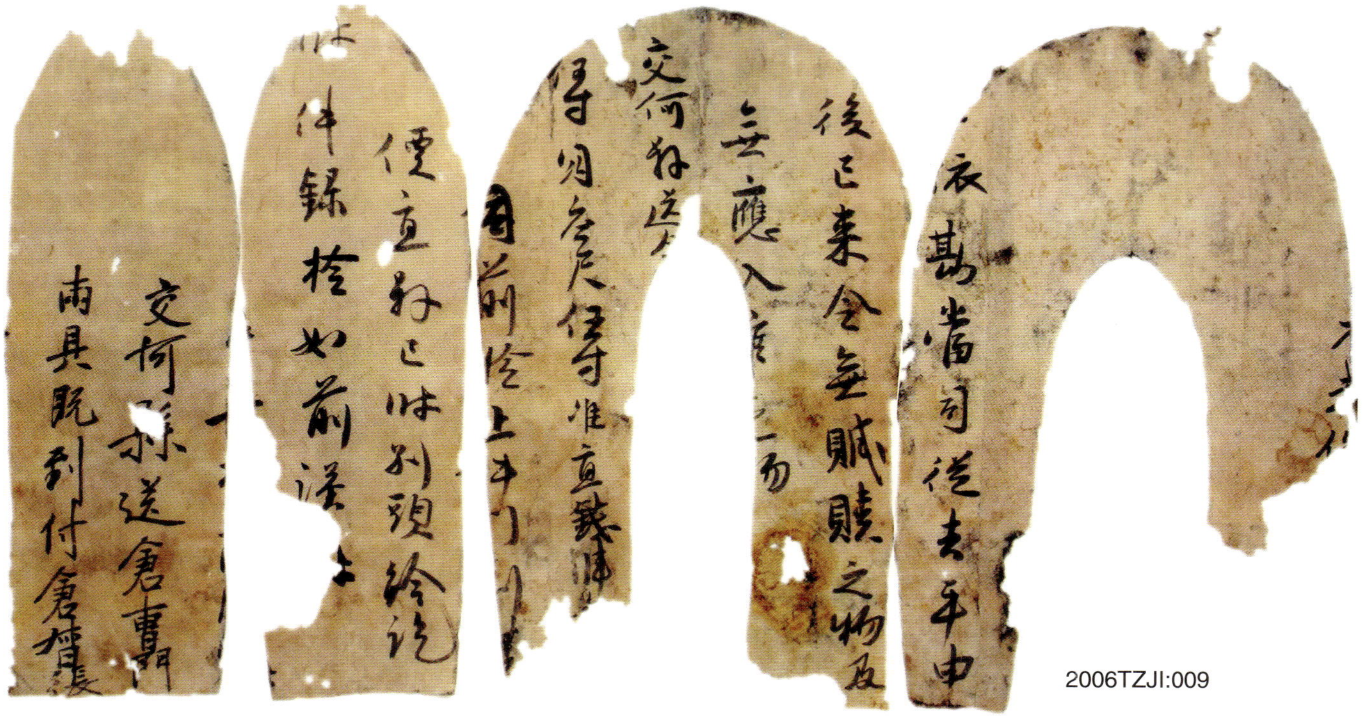

2006TZJI:194a　2006TZJI:195　2006TZJI:005　2006TZJI:009

0　5cm

37 檢 武俊

（中缺）

（俊）

38 □依勘當司從去年申

39 後已來，令(今)無贓贖之物及

40 無應入官之物。

41 交何(河)縣送倉

42 伍寸，闊叁尺伍寸，准直錢肆拾□

43 同前檢上件門到，其

44 價直，縣已牒別頭給訖。

45 牒件録檢如前，謹牒。

46

47 交何(河)縣送倉曹門

48 兩具，既到，付倉督張

（俊）

（後缺）

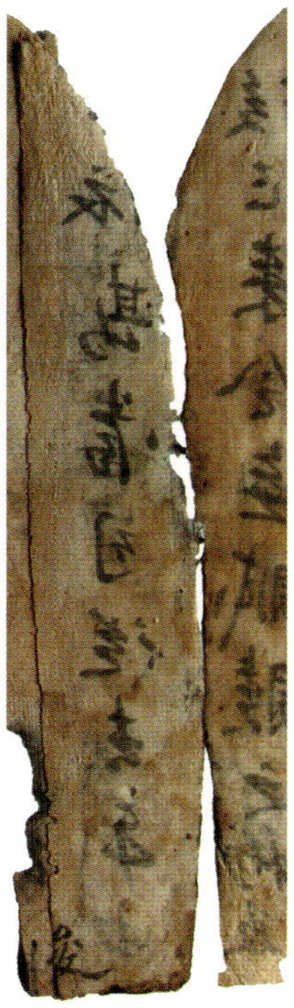

背縫押署(「俊」字)

唐龍朔二、三年西州都督府案卷爲安稽哥邏禄部落事殘卷全貌

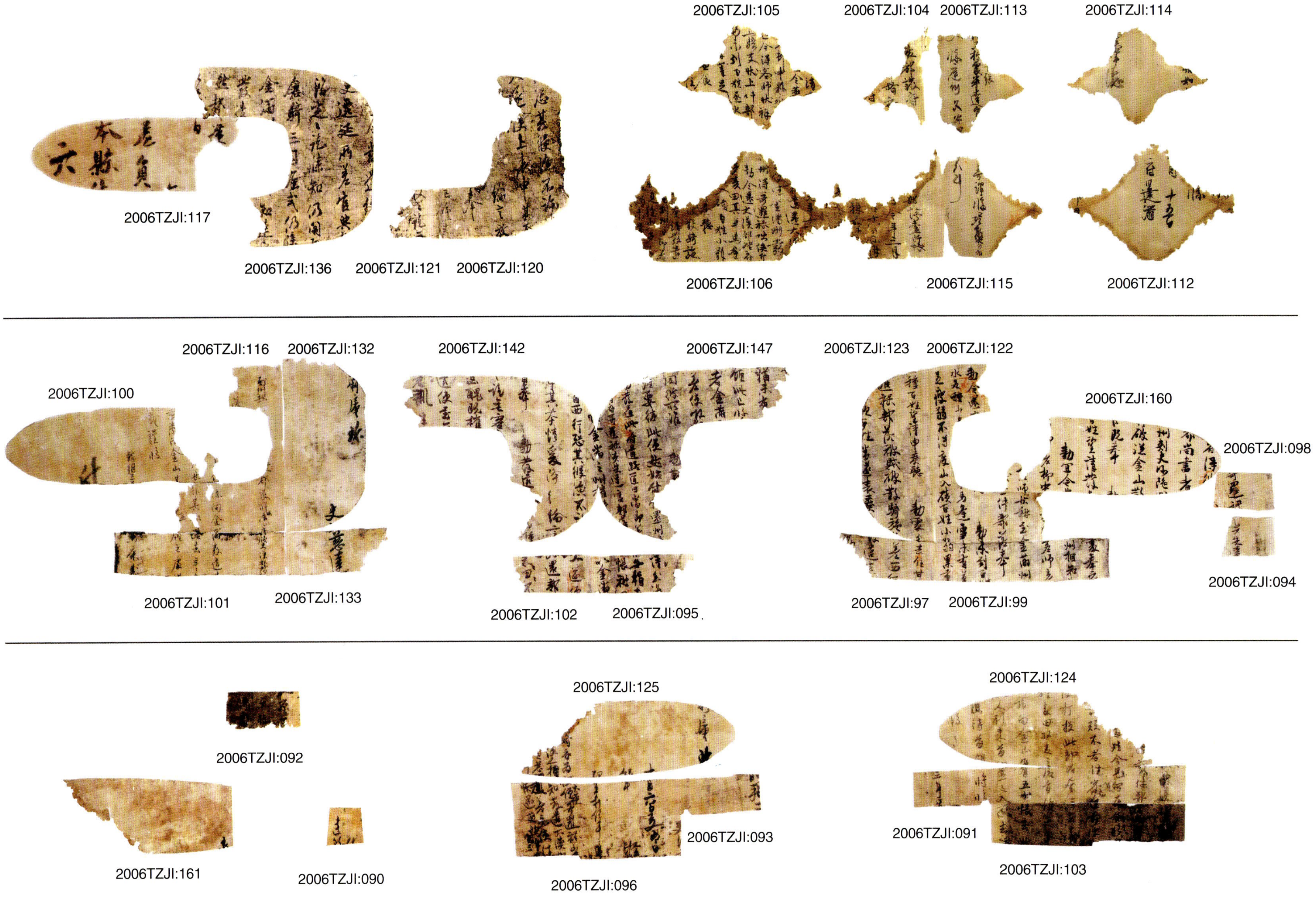

三五　唐龍朔二、三年（六六二、六六三）西州都督府案卷爲安稽哥邏祿部落事

本組文書原係拆自紙鞋，但原紙已有缺失。根據字體、紙質、文書形狀等因素，可以把這批文書殘片歸爲五組文書，而且原本大概屬於同一案卷。

第一組由 2006TZJI:114、2006TZJI:112、2006TZJI:113、2006TZJI:115、2006TZJI:104、2006TZJI:105、2006TZJI:106 組成，綴合後尺寸爲 29×39.7cm（高度爲推測）。前四個殘片和後三個殘片的紙已被後來喪葬時污染成各自相同的顏色，兩組的殘缺痕迹大致相同，如字面相對，前四片和後三片基本可以重疊。由此可以確定各殘片之間的順序，以及前四片在前，後三片在後的相互次序。兩者相交處爲紙縫，背有「㳽」字押署，字形和正面第九行朱筆所書「㳽」字完全一樣。後三件殘片上鈐有「燕然都護府之印」（5.3×5.3cm）。

第二組由 2006TZJI:120＋2006TZJI:121、2006TZJI:136＋2006TZJI:117 組成。除最後一片，它們原本都是鞋面的最外層，所以塗成黑色，從字體上看，是屬於一件文書，內容與上件也緊密相連，字體較大，應當是前面（第一組）的判文。根據字體，特别是這組文書的形狀與第三組第（1）部分的形狀大致可以對應折疊，我們把 2006TZJI:117 和 2006TZJI:136 綴合起來，「都護」二字可以連讀，2006TZJI:136「都」字的一竪可以在 2006TZJI:117 上看到。

第三組可以分爲三部分：（1）的主體是由 2006TZJI:160＋2006TZJI:122＋2006TZJI:123＋2006TZJI:099＋2006TZJI:097 五個殘片組成，綴合後尺寸：26.3×47.9cm。另外，2006TZJI:098、2006TZJI:094 兩個殘片上下相接，從內容和兩邊殘存的印痕看，或許可以接在（1）的開頭部分，這兩個殘片右側有一行空白，應爲紙邊，紙縫前面一紙已經脱落。本組文書爲鞋面、鞋底、鞋幫組成，但有缺失，從形狀上看，它和本組文書（3）的部分形狀完全對應，如果兩者文字相向對疊，恰好吻合。（2）由 2006TZJI:147＋2006TZJI:142、2006TZJI:095＋2006TZJI:102 四個殘片兩兩綴合而成，其中前兩殘片與後兩殘片上下並不能直接綴合，最窄處大約缺一字，綴合後尺寸爲 25.3×47.2cm。2006TZJI:147 和 2006TZJI:142 殘片是兩個鞋面，頭與頭相對，中間没有剪斷，以此爲中軸對折，可以確定兩者的相向對折關係。我們可以據其所存文字與第一組中相同的文字，確定（1）、（2）之間只殘三行文字，其中的字數可以大體復原出來。（3）由 2006TZJI:132＋2006TZJI:133＋2006TZJI:116＋2006TZJI:100＋2006TZJI:101 綴合而成，綴合後尺寸爲 27.1×47.3cm。本組文書的形狀與本組（1）可以完全對應折疊起來，因此，這組文書和（2）之間也應當缺少三行文字，從內容上判斷，也恰好合適。本組文書殘片以（2）的中間爲中縫，兩邊完全可以折疊起來，文字也基本上可以連綴起來。文書上鈐有朱文「西州都督府之印」（5.4×5.2cm），第一四、一五和二九、三〇行兩個紙縫的背面，皆有殘字押署及騎縫印「西州都督府之印」。

第四組和第五組是另一對形狀可以對折重疊的紙片，但從內容上看兩者之間有一定距離，中間的紙片已經佚失。四組由 2006TZJI:124＋2006TZJI:091＋2006TZJI:103 組成，綴合後尺寸爲 23.7×34.5cm。五組由 2006TZJI:125＋2006TZJI:093＋2006TZJI:096 綴合而成，綴合後尺寸爲 19.3×31.3cm。

2006TZJI:092 僅存幾個文字，所以未能和上述殘片綴合。此外，還有兩個小殘片没有能够繫入以上各組，2006TZJI:090 只存三個殘字，2006TZJI:161 存半個字。

參見榮新江《新出吐魯番文書所見唐龍朔年間哥邏祿部落破散問題》，《西域歷史語言研究所集刊》第一輯（二〇〇七年）。

2006TZJI:113

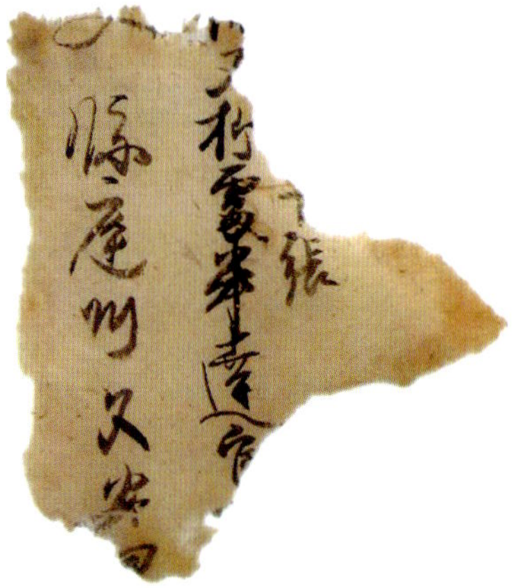

2006TZJI:114

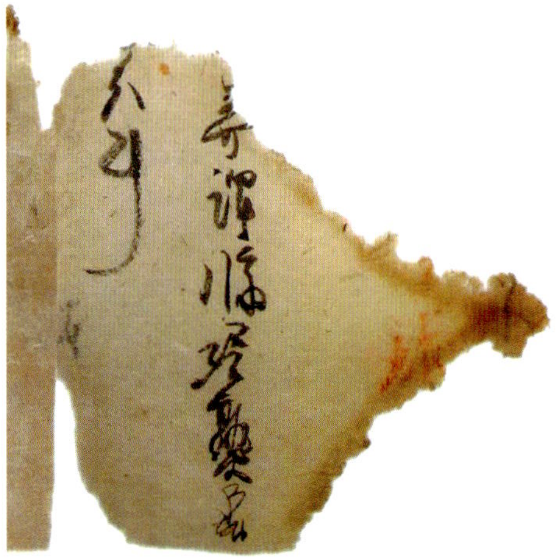

2006TZJI:115

2006TZJI:112

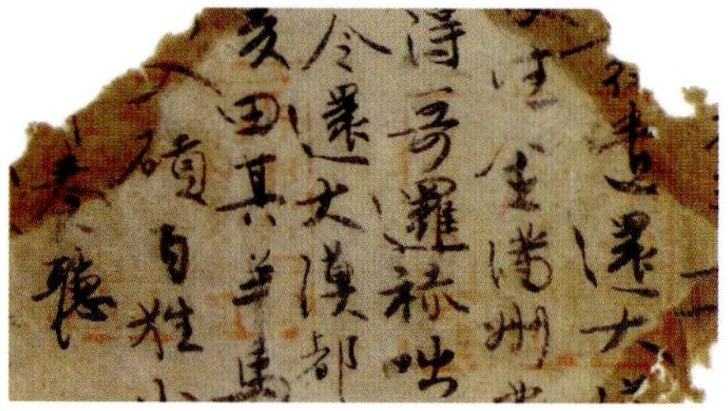

「燕然都護府之印」印文

「西州都督府之印」印文

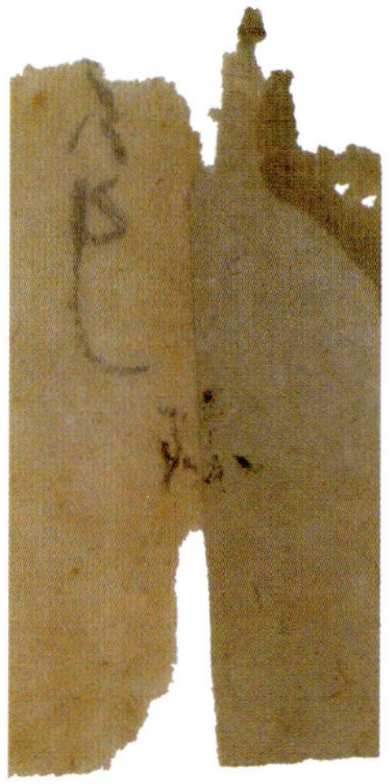

背縫押署(「玠」字)

（二）

（前缺）

1 ［　］□□［　］

2 ［　］狀如前［　　　］牒。

3 ［　］十月十五日

4 府白達端

5 □□參軍德

6 ［　　　］［　］

7 ［　］□日［　］

8 ［　］□□□

9 ［　］□□珎〔一〕［　］

10 ［　］十張

11 ［　］□□析處半達官□［　　］并譯牒泥熟□□

12 ［　］又牒庭州及安西［　　］分事

- - - - - - - - - - - - - - - - - - - -

（珎）

注釋

〔一〕「珎」字原爲朱書。

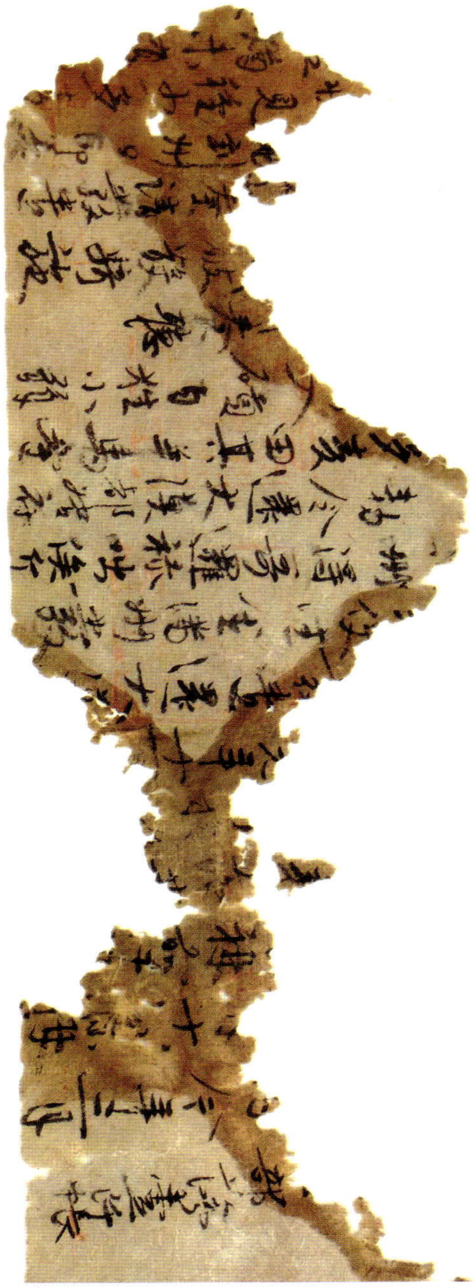

2006TZJI:106

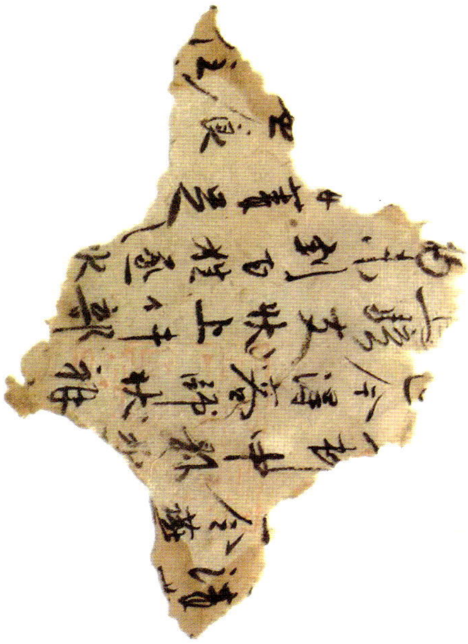

2006TZJI:105

2006TZJI:104

13 ［　］□□［　］
14 □然都護府［　］□部落壹阡帳
15 ［　］□督府［　］稱：今年三月
16 ［　］府［　］月十八日牒稱：
17 ［　］□稱：前件□□
18 ［　］部〔二〕落等，［　］
19 ［　］□於□［　］
20 ［　］望請發［　］元年十一月□
21 ［　］宜令燕［　］發遣還大漠□。
22 ［　］差柳中縣丞［　］充使往金滿州發
23 遣。今得客師狀稱：［　］滿州，得哥邏祿咄俟斤
24 烏騎支狀，上件部［　］勅令還大漠都督府，
25 勅未到，百姓逐水，［　］多麥田。其羊馬逢
26 ［　］□蓄足，［　］山人磧，百姓小弱
27 ［　］無食［　］申奏，聽
28 ［　］往甘［　］賊破散，騎施
29 ［　］表奏，請發遣
30 ［　］勅到州日，即差
31 ［　］狀，見種少多麥
32 ［　］□猶未有□□［　］

（後缺）

注釋

〔二〕此爲脱離本文之殘片，其字或爲「部」字，暫置於此。

0
5cm

2006TZJI:117

2006TZJI:136

2006TZJI:121

2006TZJI:120

（二）

（前缺）

1 ［　］□□□［　］
2 □恐其侵漁，不許□
3 人，遂便上表，申其本
4 ［　］綸言，放
5 ［　］奉
6 ［　］已種麥

7 ［　］收，々訖，無
8 ［　］□□□

（中缺兩行）

9 □首領發遣，使至［　］
10 更遷延，所差官典□
11 諮定，々訖牒知，仍關功、
12 倉、騎三司，准式仍牒
13 金滿州［　］相知，速即
14 發遣，［　］
15 然都護［　］
16 ［　］日
17 □［　］
18 ［　］差員□［　］
19 ［　］本縣□［　］
20 ［　］六［　］

（後缺）

2006TZJI:123

2006TZJI:122

2006TZJI:097

2006TZJI:099

2006TZJI:160

2006TZJI:094

2006TZJI:098

（三）

（前缺）

1 ［　］哥邏祿步失達［　　］

（中間接續不明）

2 ［　］府得□［　　］

3 ［　］都尚書省［　　］

4 ［　］州刺史沙陁□［　　］

5 ［　］□破，從金山散［　　］

6 ［　］□既奉　　勅［　　］

7 ［　］百姓望請發遣［　　］處。奉元［　　］

8 ［　］日　　勅，宜令燕［　］州相知，發［　　］

9 ［　］□，即差柳中□丞□客師充［　　］

10 ［　］客師狀稱：至金滿州，［　　］

11 ［　］狀，上件部落奉

12 勅令還大［　］府，［　］勅未到，百姓［　　］

13 水，各種少多［　］羊馬逢雪未有草［　　］

14 足，瘦弱不得度山入磧，百姓小弱累重，［　　］

（□，西州都督府之印）

15 □種，百姓望請申奏，聽　勅處分，去往甘州。

16 □邏祿部落被賊破散，驕施□差西行，［　　］

17 ［　］首領百姓當遂表奏請發遣□［　　］

18 ［　］勅［　　］

2006TZJI:142

2006TZJI:147

2006TZJI:102

2006TZJI:095

19 [ ]
20 [ ]
21 猶未有[ ]
22 領，此已牒金[ ]
23 者，金滿州[ ]
24 差使，牒□[ ]
25 同彼所，准　勅[　　　　]□其□[ ]
26 須要待此使，然始付使還州。牒至，請准
27 勅發遣，此府道路通日，當即差使安稽者。
28 [ ]督府哥邏祿步失達官部落□□帳被□
29 [ ]帖金滿之州權待[　　　]以金滿□
- -（□，西州都督府之印）
30 [ ]自西行，恐其侵漁，不許□人，遂使[ ]
31 □申其本情，爰降　綸〔一〕言，放還部□
32 □日奉　勅發遣，□□已種麥田，麥田不
33 收，々訖，無容□[ ]
34 □凶醜既摧，[ ]
35 發遣，使至，無[ ]
36 □慈訓往[ ]

注釋

〔一〕「綸」字上原寫一「糸」旁，即「綸」字半邊，忽意識到此字當平闕，故此住筆，空一格書寫。

2006TZJI:100

2006TZJI:101

2006TZJI:116

2006TZJI:132

2006TZJI:133

37 [　]
38 [　]
39 [　]
40 [　]判户曹珎
41 　　　　　　　　史□慈達[　]

（下有一行餘白）

42 西州都督□[　]燕然都護府牒〔一〕壹爲領大漠都督府[　]
43 部落[　]
44 [　]上件牒向金滿發遣，其[　]
45 [　]□狀報其部落去年爲[　]
46 [　]並悉向金山，其□□見無〔二〕□領之處，謹[　]
47 [　]請裁，謹牒。
48 　　　龍朔三年[　]典康義[　]
49 　　付[　]

（後缺）

注釋

〔一〕此字爲旁加之小字。

〔二〕此字爲旁加之小字。

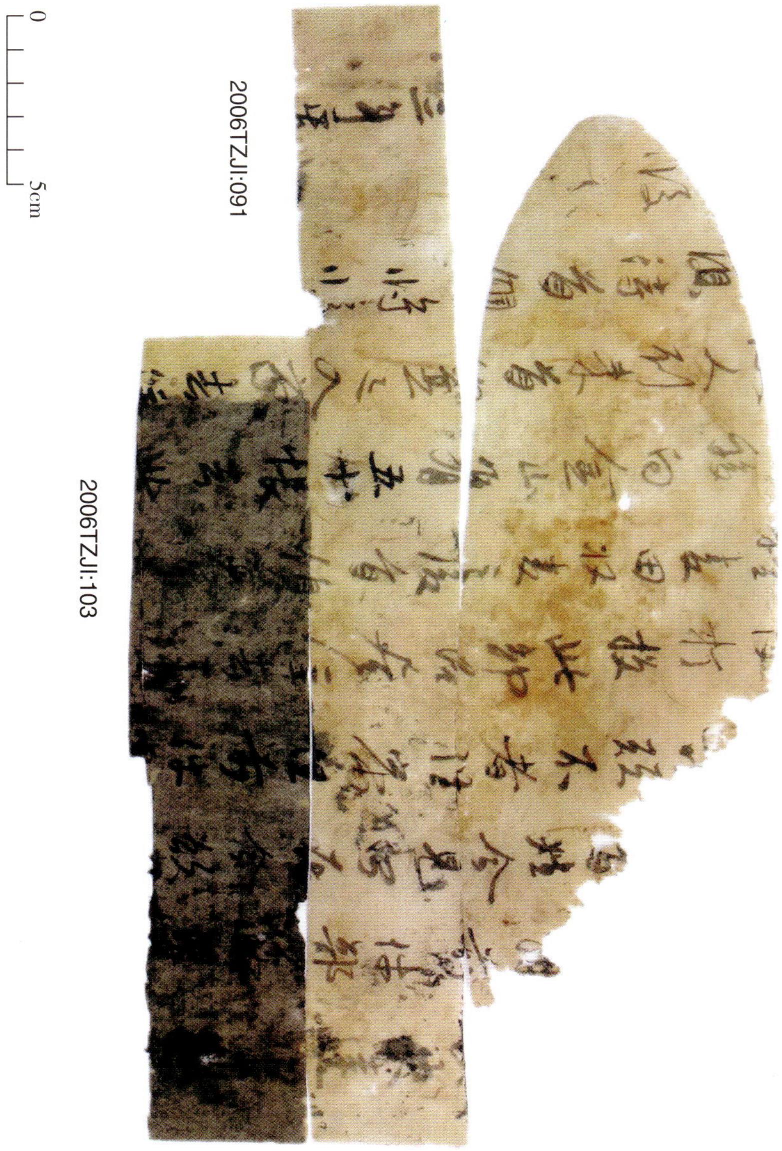

2006TZJI:091

2006TZJI:103

2006TZJI:124

（四）

（前缺）

[ ]步失達官部落[ ]
[ ]稱：前件部落□[ ]
[ ]百姓今見何在，今欲[ ]
[ ]所願不者，謹審，但前件部[ ]
[ ]後打投此部落居住，去年[ ]
[ ]種麥田，收麥之後，首領六人□[ ]
[ ]移向金山，唯有五十帳去，此[ ]
[ ]使人到來，首領並已入京去住，[ ]
[ ]須待首領□將，牒[ ]
[ ]牒。
[ ]三年正月[ ]

（後缺）

2006TZJI:161

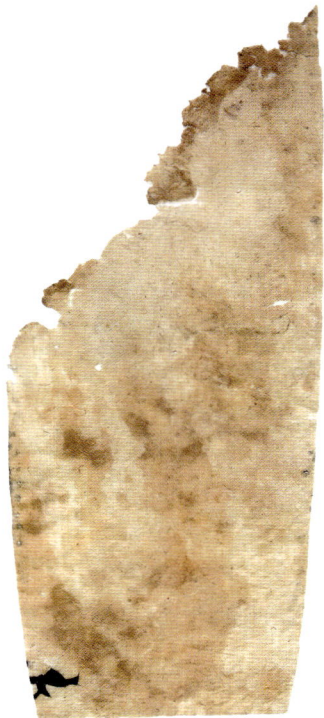

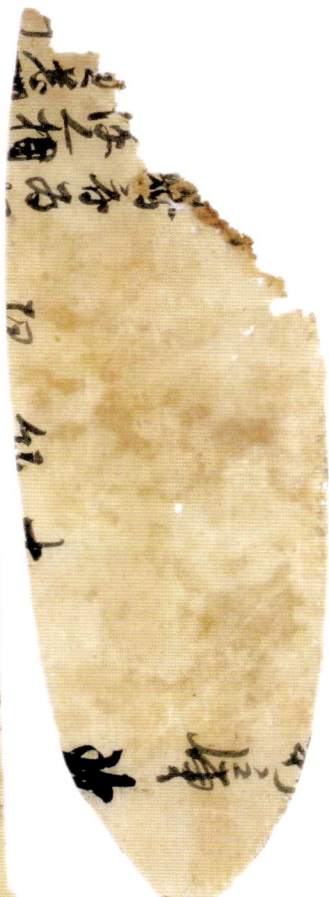

2006TZJI:125

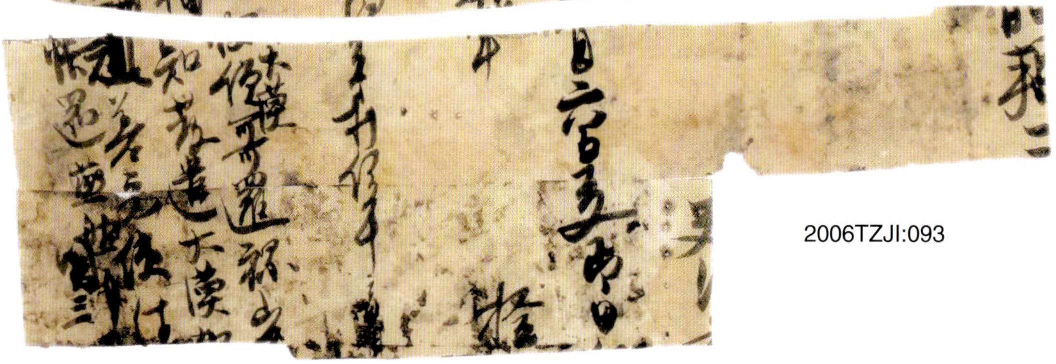

2006TZJI:096

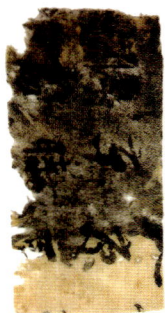

2006TZJI:093

2006TZJI:092

2006TZJI:090

（五）

（前缺）

龍朔三

判户曹　珎

史□慈

十月六日受，即日行

録事　　檢

功曹判録事　彦賓

都督府爲收領大漠〔一〕司邏祿步

使人相知發遣大漠都

□慈訓差充使往

阡帳還燕然三〔二〕□

（後缺）

注釋

〔一〕此兩字爲旁書小字。

〔二〕此字寫在行側，其上有一殘畫，似已塗去。「三」字位置不明，暫置於此。

（六）

（前缺）

人京至

京時

聽處

（後缺）

2006TZJI:163

0 5cm

2006TZJI:164

2006TZJI:162

三六　唐景龍二年（七〇八）十一月八日西州高昌縣寧大鄉肯義租田契

本件文書拆自墓主紙鞋。有大寫的「合同文」字樣。

1 景龍二年十一月八日寧大鄉[　]
2 都維、寺主、徒衆等邊，租取□[　]
3 秋田叁畝，其田總与床拾斛（斛），別取□[　]
4 家平斫量還，□須净好，不許濫惡。其田[　]
5 肯義平填，要逕叁熟，修理渠堰，仰肯方
6 [　]大例，如年月未滿，不得忠（中）途改奪，別
7 [　]各執壹本，兩和立契，畫指爲紀。
8 田主
9 [　]
10 田主
11 佃人肯義[　]
12 知見人[　]
13 知見人[　]

三七　唐某年二月十四日西州高昌縣寧大鄉何善慈雇人契

本件文書拆自墓主紙鞋。

1 [　]二月十四日寧大鄉人何善慈交用
2 [　]柒伯文雇同□人肯石□□□
3 [　]□往赤停（亭）一道差[　]
4 [　]一仰肯[　]

（後缺）

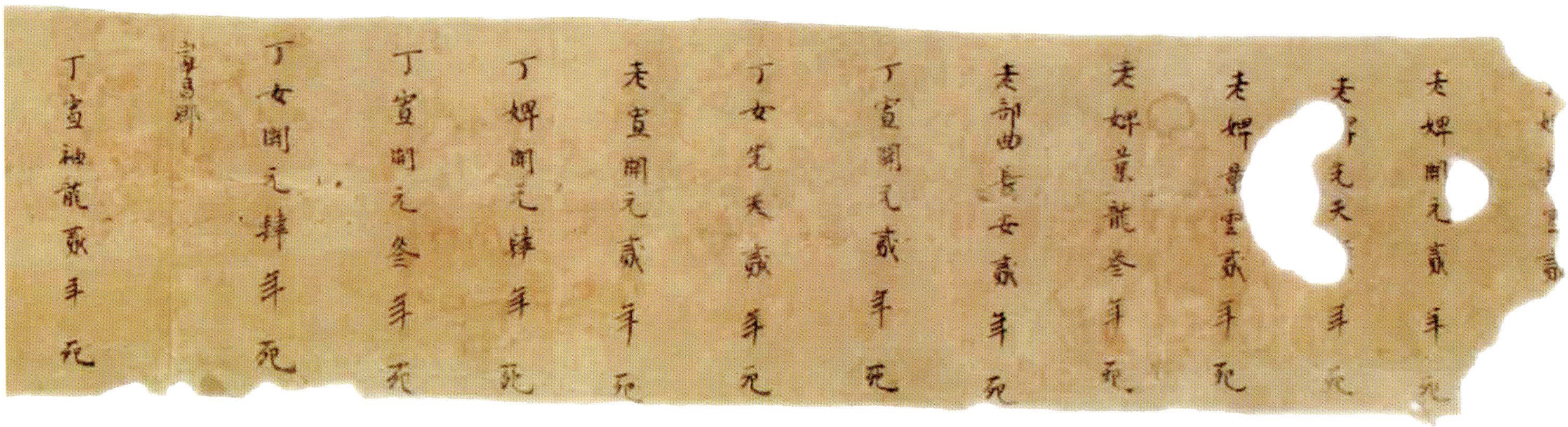

2006TZJI:033

三八　唐開元四年（七一六）後西州高昌縣寧昌鄉逃死名籍

本件文書紙縫處寫有「寧昌鄉」、「開元」字樣，並鈐「高昌縣之印」（5.3×5.3cm）九處，知爲唐西州高昌縣文書。文書上半已殘，個别處殘留「歲」字殘迹，知其上所記爲人名、年齡，其下注長安二年（七〇二）至開元四年間高昌縣死、逃、没落人口情況。

（前缺）

1 □老婢景雲貳□

2 □老婢開元貳年死□

3 □老婢先天貳年死□

4 □老婢景雲貳年死□

5 □老婢景龍叁年死□

6 □老部曲長安貳年死□

7 □丁寡開元貳年死□

8 □丁女先天貳年死□

9 □老寡開元貳年死□

10 □丁婢開元肆年死□

11 □丁寡開元叁年死□

12 □丁女開元肆年死□

13 □寧昌鄉-------□----（高昌縣之印）

14 □丁寡神龍貳年死□

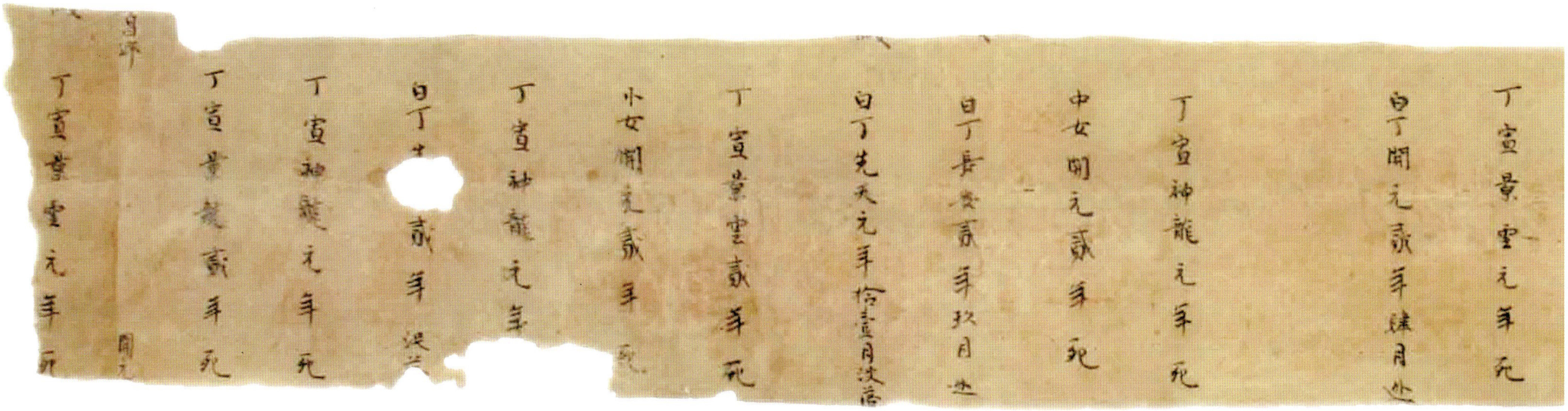

2006TZJI:033

15 □丁寡景雲元年死□

16 □白丁開元貳年肆月逃□

17 □

18 □丁寡神龍元年死□

19 □中女開元貳年死□

20 □[歲]　白丁長安貳年玖月逃□

21 □[歲]　白丁先天元年拾壹月没落□

22 □丁寡景雲貳年死□

23 □小女開元貳年死□

24 □丁寡神龍元年□□

25 □白丁[先][天]貳年没[落]□

26 □丁寡神龍元年死□

27 □丁寡景龍貳年死□

28 ---□[寧]昌鄉---開元□---（高昌縣之印）

29 □[歲]　丁寡景雲元年死□

（後缺）

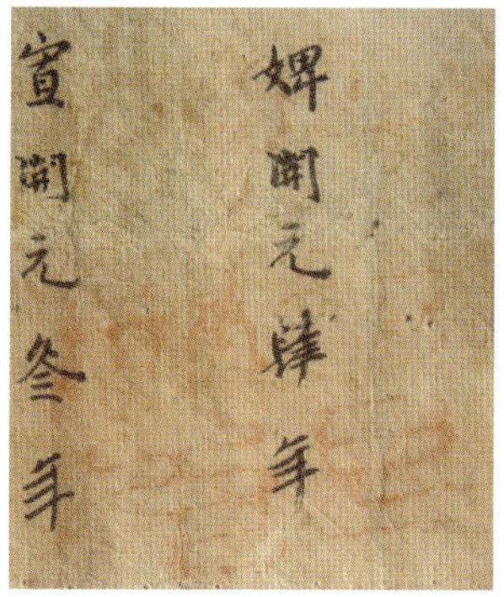

「高昌縣之印」印文

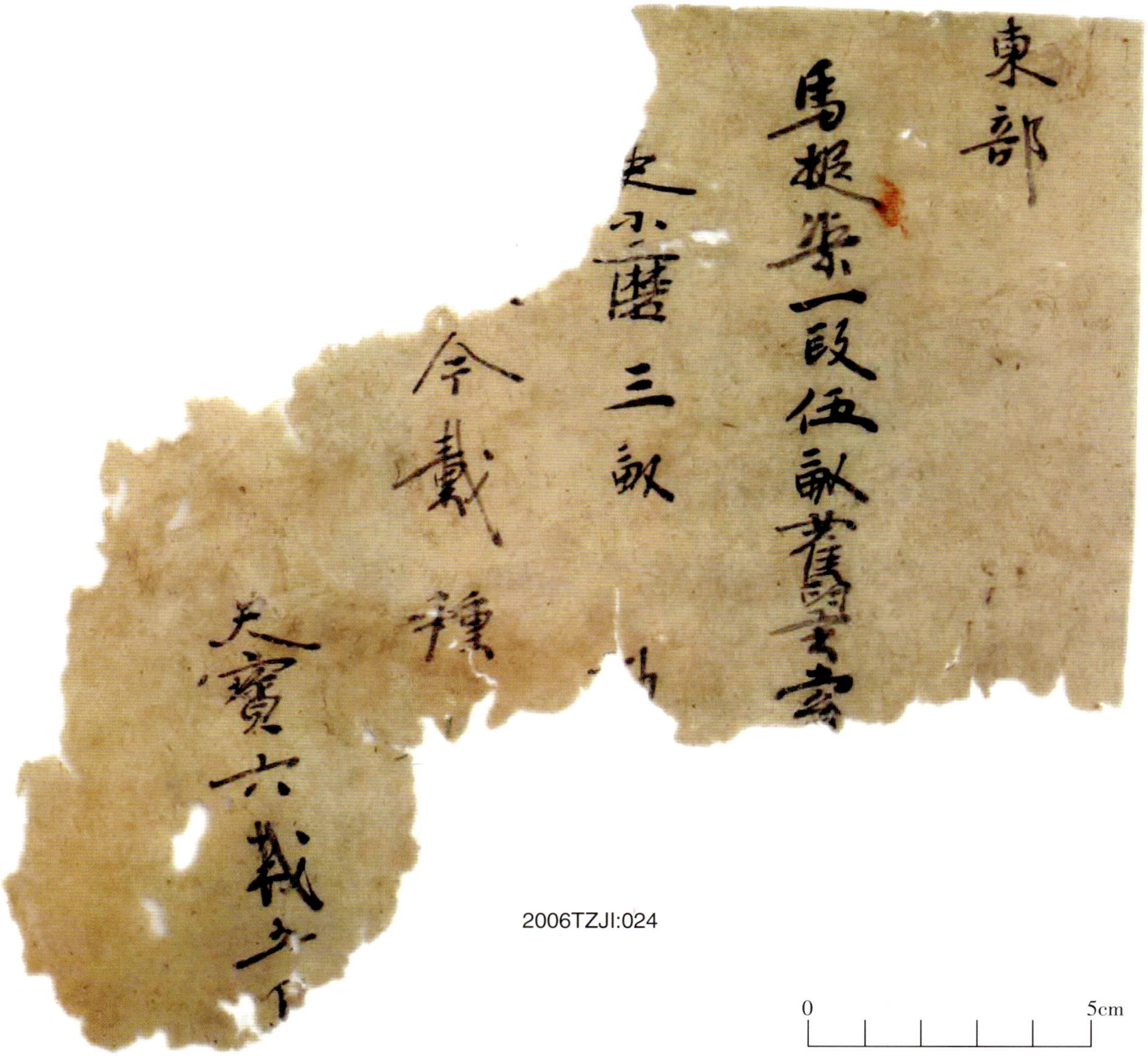

2006TZJI:024

0　5cm

三九　唐天寶六載（七四七）五月交河郡史小磨等佃田青苗計會文書

本件文書渠名旁有朱點，馬埴渠見武周載初元年（六八九）西州高昌縣甯和才等户手實（64TAM35:60a，吐魯番出土文書叁，四九八、五〇一頁），知爲交河郡文書。

1　東部
2　馬埴渠一段伍畝舊主索□
3　史小磨三畝　□
4　□□今載種□
5　天寶六載五月□
（後缺）

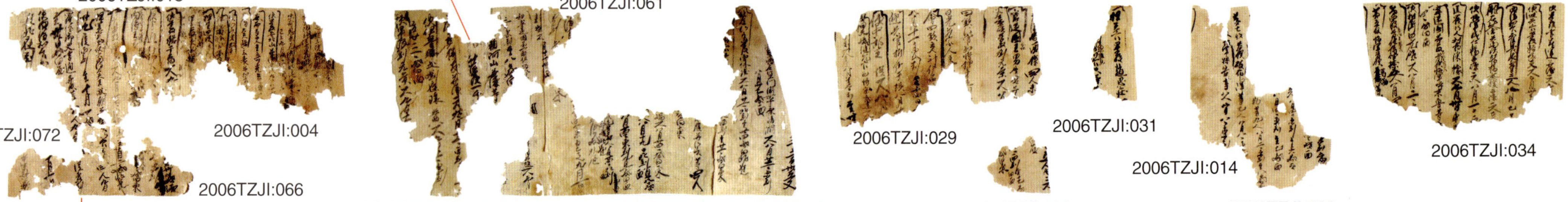

唐天寶十載交河郡客使文卷全貌

四〇　唐天寶十載（七五一）交河郡客使文卷

本組文書係由二十三件殘片組成，可綴合爲六組互相連屬的殘片，順序基本按文書所記客使出發月日排列。本組文書正文無確切紀年，紙縫相接之處高低不平，文書背面有一無紀年殘牒。正面有兩件倒書牒文，年代均爲「天寶拾載九月」，爲客使文書所壓，證明牒文書寫在前。文書上記載的時間起七月下旬，止十月初，故而文書上限當爲天寶十載（七五一）七月底。

第一組：2006TZJI:034 現存十一行文字，第十二行文字殘缺，僅殘存勾畫符。第二組：2006TZJI:014＋2006TZJI:021，綴合後尺寸爲 28.4×22.4cm，共七行文字，下中空一行，後面一行文字已殘，勾畫符尚存。第三組：2006TZJI:031。第四組：2006TZJI:051＋2006TZJI:029，2006TZJI:039，綴合後尺寸爲 17.6×31.8cm。2006TZJI:051 和 2006TZJI:029 可直接綴合，結合處爲紙縫，2006TZJI:039 雖不能與之直接綴合，但可以確定爲上下關係。第五組：2006TZJI:032＋2006TZJI:057 ＋2006TZJI:061 ＋2006TZJI:020 ＋2006TZJI:050＋2006TZJI:060＋2006TZJI:043＋2006TZJI:047，綴合後尺寸爲 29.5×63.3cm，共存文字二十三行。另外，2006TZJI:020、2006TZJI:060 及 2006TZJI:050 背面抄一份相對完整的郭奉琳牒文，寬 14.7cm，高至少 28.3cm，存四行，但紙幅不足唐朝公文書一紙長度。第六組：2006TZJI:004＋2006TZJI:066＋2006TZJI:018＋2006TZJI:038＋2006TZJI:030＋2006TZJI:064＋2006TZJI:072＋2006TZJI:012，綴合後尺寸爲 28.5×54cm，存文字二十二行。2006TZJI:004 與 2006TZJI:018、2006TZJI:066 與 2006TZJI:038 之間爲紙縫。此組文書正面有兩件倒書牒文，一件書於 2006TZJI:004 之上，另一件書於 2006TZJI:012 與 2006TZJI:030 上。參見畢波《怛邏斯之戰和天威健兒赴碎葉》，《歷史研究》二〇〇七年第二期；又《吐魯番新出唐天寶十載交河郡客使文書研究》，《西域歷史語言研究所集刊》第一輯（二〇〇七年）。

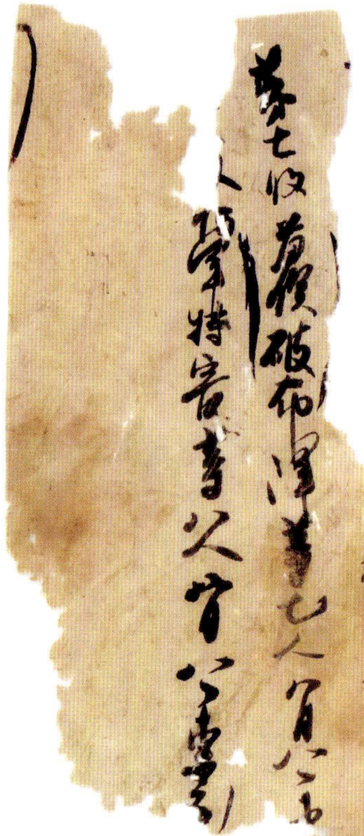

2006TZJI:014

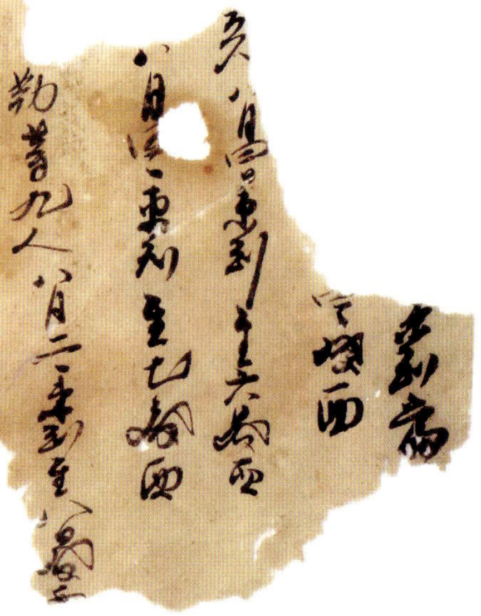

2006TZJI:021

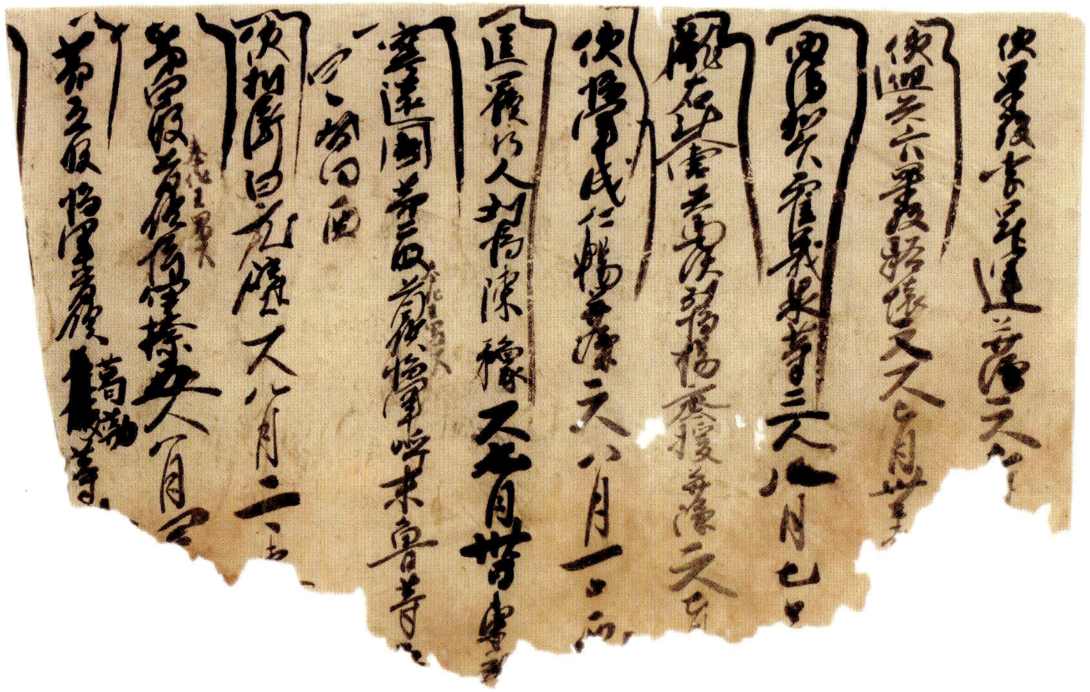

2006TZJI:034

（一）

（前缺）

1 使果毅索昇運并傔二人，七月

2 使迎兵官果毅駱懷文一人，七月卅日東

3 內侍判官霍義泉等三人，八月七日

4 隴右計會兵馬使別將楊齊援并傔二人，七月

5 使將軍成仁暢并傔二人，八月一日西到，

6 送四鎮行人別將陳豫一人，七月卅日東到，

7 寧遠國弟（第）二般首领將軍奉化王男一人呼末魯等五

8 四日發向西。

9 使折衝白元璧一人，八月二日東

10 弟（第）四般首領將奉化王男一人〔軍〕伊捺五人，八月四

11 弟（第）五般將軍首領葛勒〔一〕等□

12

（後缺）

注釋

〔一〕「葛勒」二字爲墨塗掉原文後書寫於行間的補字，所塗二字不識。

（二）

（前缺）

1 東到，至四

2 四日發西。

3 五人，八月四日東到，至六日發西。

4 八月四日東到，至七日發西。

5 勒等九人，八月二日東到，至八日發西。

6 弟（第）七般首領破布渾等七人，八月八日東

7 般將軍特容等八人，八月八日東到，

（中空一行）

8

（後缺）

0 5cm

2006TZJI:029

2006TZJI:029

2006TZJI:051

2006TZJI:039

2006TZJI:031

（三）

（前缺）

1 ［　　］

2 押生（？）官果毅趙思莊□［　　］

3 ［　　］（使趙惟進）□判官并傔等［　　］

（後缺）

（四）

（前缺）

1 ［　　］□□五人内三人

2 發向西，餘四人未行［　　］向西。

3 寧遠國（奉化）王男屋磨并□［　　］六日西到，至十七日發向西。

4 奏事使果毅劉元景一人，八月［　　］發向東。

- - - - - - - - - - - - - - - - - - - -

5 四鎮行官別將押寧遠國□［　　］

6 日光并家人乘□［　　］

7 會四鎮交計伊西庭［　　］

8 八月十一日東到，至十四日發［　　］

9 迎兵官折衝于琪八月十［　　］

10 使中郎王　俊一人，八月四［　　］

11 使押天威健兒官別將宋武達一人□［　　］

12 ［　　］□玉一人乘馬四疋，八月十五日到，至廿四［　　］

13 ［　　］□□□□［　　］

（後缺）

2006TZJI:043
2006TZJI:047
2006TZJI:060
2006TZJI:020
2006TZJI:050
2006TZJI:061
2006TZJI:057
2006TZJI:032
0
5cm

（五）

（前缺）

1 ［ ］□□二□卅五又
2 ［ ］遊擊將〔軍〕左監門衛率康清潤一人，八月廿二日東到，
3 八月廿七日發西。
4 北庭行官果毅曹休珪一人，八月廿一日北到，至廿四日發向北庭。
5 ［ ］判官□［ ］從西到，至廿一日發向東。

---

6 ［ ］□□庭并行官等四人，
7 ［ ］發向東。
8 ［ ］嶠一人，八月廿四日發向東。
9 ［ ］四人，八月十九日北到，八月廿八日發西。
10 ［ ］八月廿四日東到，九月一日發向西。
11 ［ ］慶元等兩人，八月廿四日北到，
12 ［ ］廿四日發北庭。
13 ［ ］并行官發北庭。
14 內侍索［ ］□等四人乘馬七疋，九月一日
15 西到，至［ ］東。
16 彭興一人，八月廿二日發西。
17 押寧遠國弟（第）一般俱路仙官［ ］周［ ］將獨孤璡一人，九月
18 三日東到，至八日發向［ ］
19 ［ ］輔阿山并傔等［ ］西。
20 ［ ］□□ 計簿使一千□□［ ］

---

21 將軍樊擇友并傔二人，九月十一日西到，至□□□發東。
22 使伊吾縣丞劉庭瓌并典一人，九月十一日東到，
23 至廿三日發向西。
24 使果毅劉元景一人，九月十一□□□□［ ］

（後缺）

2006TZJI:030 2006TZJI:018

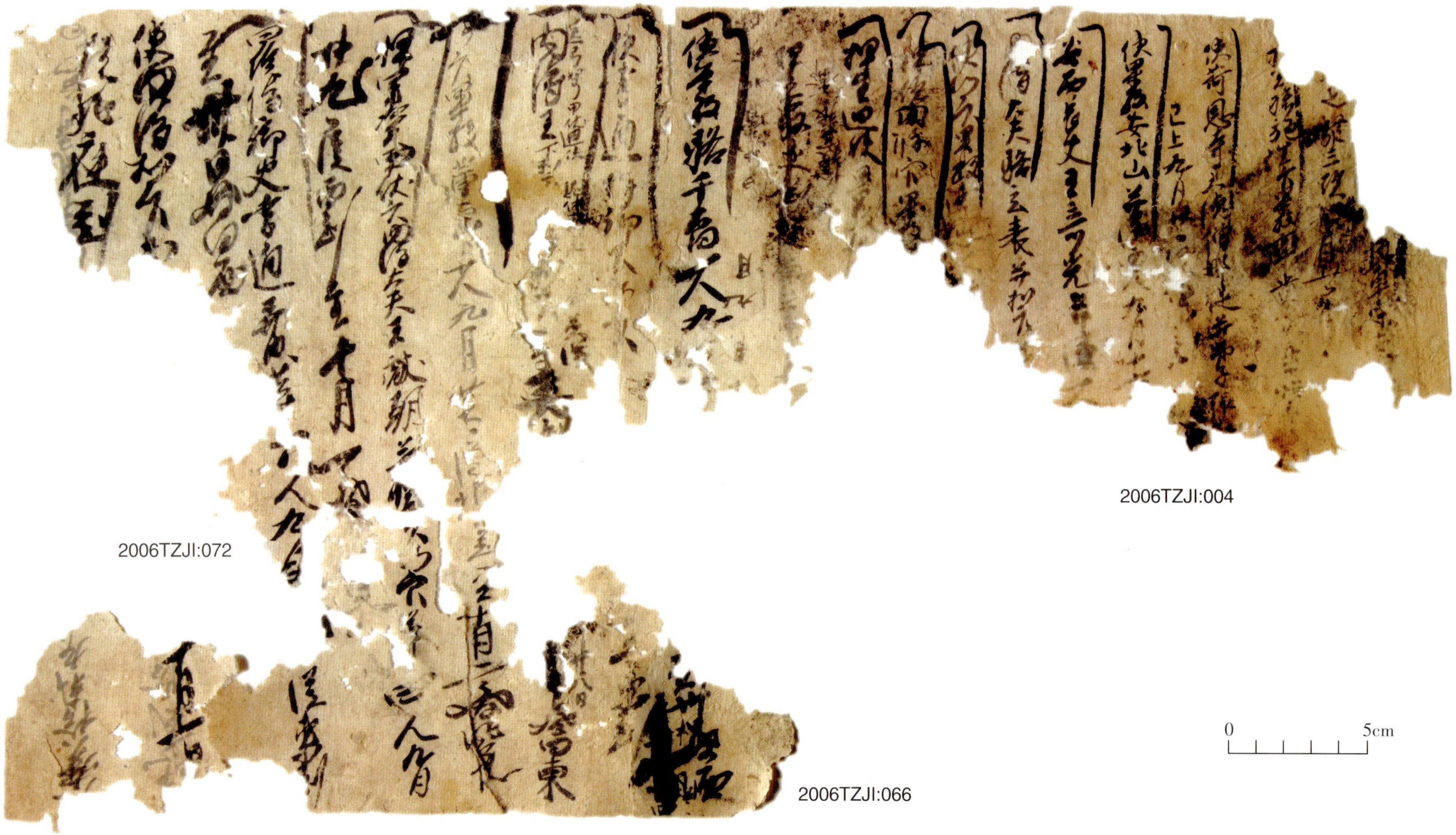

2006TZJI:004 2006TZJI:072 2006TZJI:066

2006TZJI:012 2006TZJI:064 2006TZJI:038

（六）

（前缺）

1 將軍宋□□□
2 疋、驢三頭，九月廿日東到，
3 押突騎施生官果毅欒貴一人，乘帖馬八疋
4 使荷恩寺大德僧那提并弟子張慈
5 已上九月廿日從東到，至
6 使果毅安北山并傔四人，九月十七日
7 安西長史王奇光并傔一人，
8 内侍大夫駱玄表并判官等
9 使行官果毅□□忠一人
10 押領内將官果毅□□
11 押生迴使果毅楊
12 伊吾縣丞劉庭瓌并典□□
13 使果毅駱千喬一人，九月□□□□　至卅日發西。
14 使索通侍御下□一人　五日東到，

15 内侍王下判官（送弓弩甲仗迴使 魏仲規、趙□□□□差使）□□判官□□□□□□　廿八日發向東。
16 行官果毅董昇廿人，九月廿七日從北到，至十月二日發北庭。
17 押軍資甲仗官内侍大夫王獻朝并將官、行官等四人，九月
18 廿九日從西到，至十月一日發向東。
19 四鎮侍御史索通并典等十人，九月□□□□從東到，
20 至卅日發向西。
21 使内侍判官索　十月一日
22 從北庭到，

（後缺）

2006TZJI:020 背面

2006TZJI:060 背面

2006TZJI:050 背面

2006TZJI:066　2006TZJI:038　2006TZJI:064　2006TZJI:012

2006TZJI:072

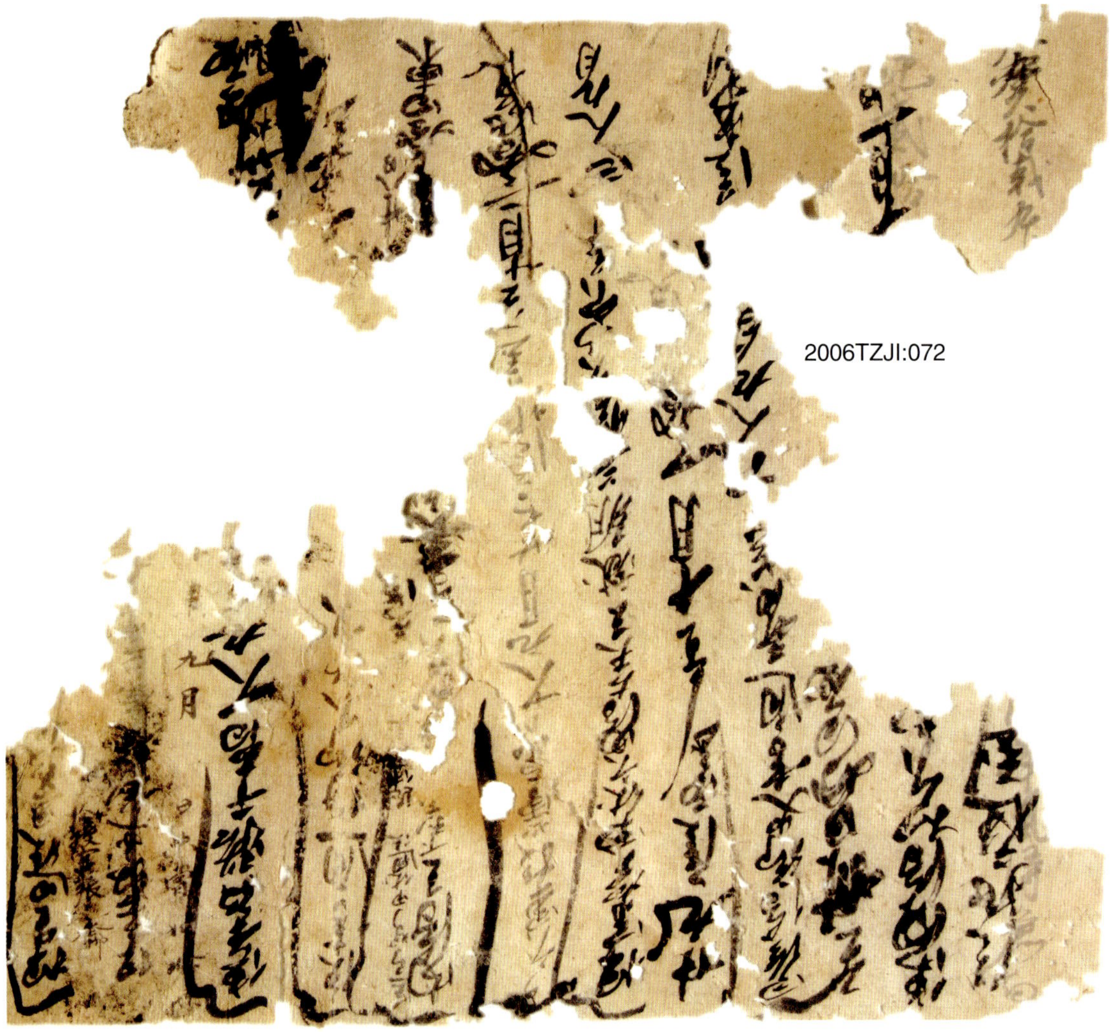

2006TZJI:018　2006TZJI:030

0　5cm

四一　唐天寶十載（七五一）九月典曹如珎牒

本件文書倒書於第四〇號唐天寶十載（七五一）交河郡客使文卷（六）末尾。

（前缺）

1 天寶拾載九月　　　　　□□□□□□得麄白

2 □□貳拾

（中空七行）

3 牒件

4 拾載九月　日典曹如珎牒

5 檢校官張齊柳

（後缺）

四二　唐郭奉琳牒

本件文書寫於第四〇號唐天寶十載（七五一）交河郡客使文卷（五）背面。

（前缺）

1 身充館子，昨被差□□

2 損失落數多□□

3 支□□從知庫已來，所有　　　處分，謹牒。

4 府郭奉琳牒

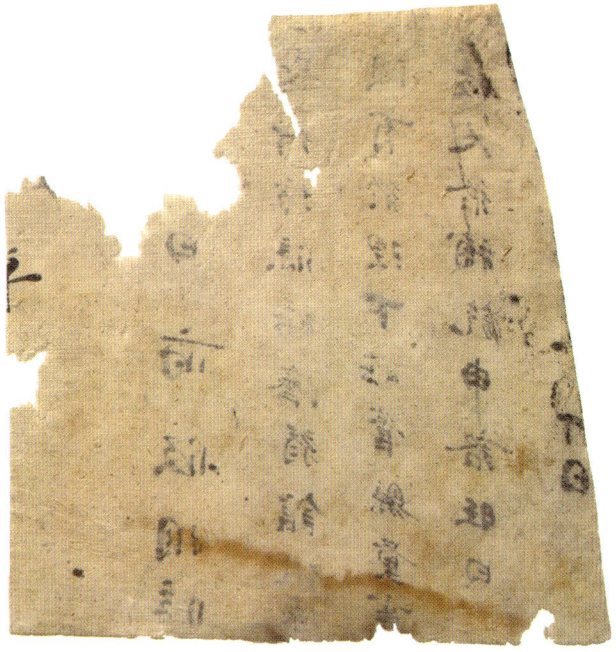

2006TZJI:022 背面押署

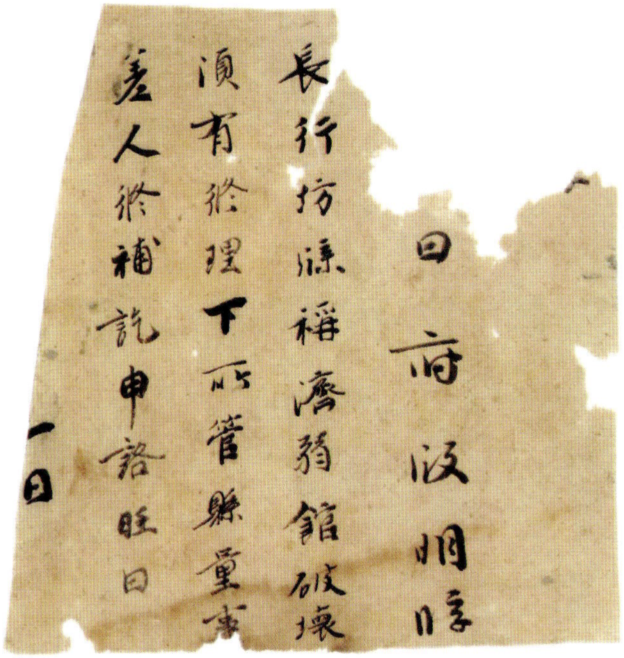

2006TZJI:022

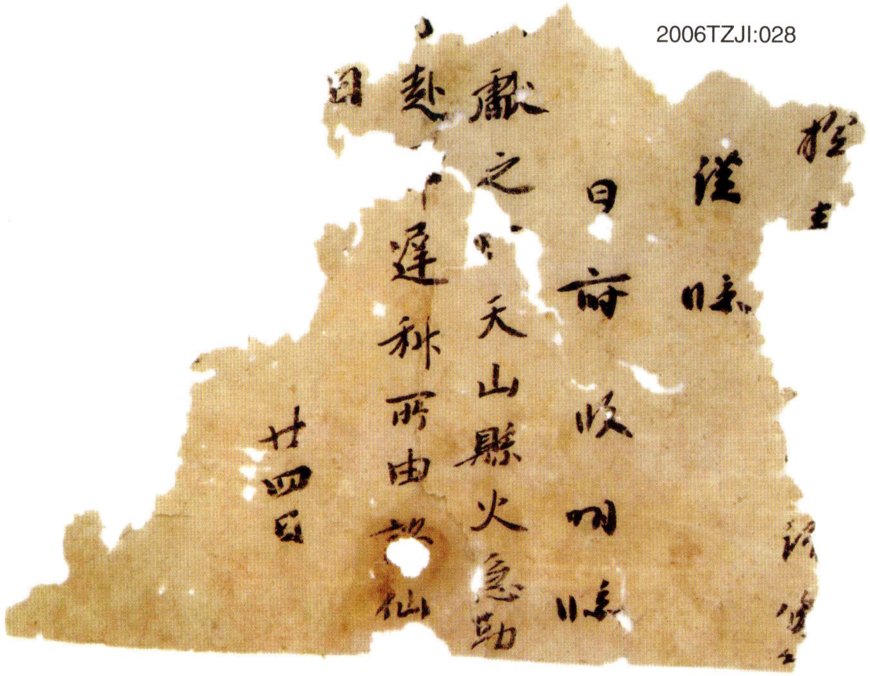

2006TZJI:028

2006TZJI:044

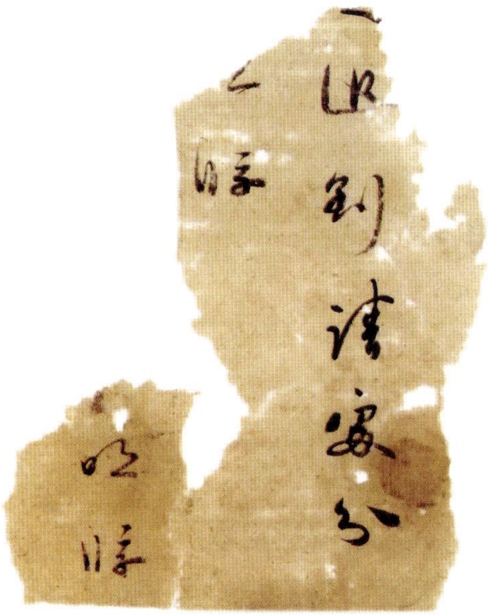

2006TZJI:035　2006TZJI:052

四三　唐天寶年間（七四二—七五六）交河郡某曹府段明牒

本件文書係由兩殘片綴合而成。「明」應即第四四號唐天寶年間（七四二—七五六）交河郡某曹府段明牒爲濟弱館修理事、四五號唐天寶十載（七五一）交河郡某曹府段明牒爲許獻之赴軍事中之段明，疑本件文書同爲段明牒文。

（前缺）

□追到，請處分。
謹牒。
明牒

（後缺）

四四　唐天寶年間（七四二—七五六）交河郡某曹府段明牒爲濟弱館修理事

本件文書中的判官「旺」又見唐天寶十四載（七五五）交河郡某館具上載帖馬食䜺歷上郡長行坊狀等六件文書（73TAM506:4/32-1等，吐魯番出土文書肆，四三六、四四三、四四六、四六五、五二五、五三三頁），均爲當年正月文書，「旺」時任功曹參軍攝録事參軍，故推測本件文書亦在天寶年間。紙縫背面有一字押署，似爲「平」字。

（前缺）

□
日　府　段明牒
長行坊牒稱：濟弱館破壞，
須有修理，下所管縣量事
差人修補訖，申諮。旺白。
一日

（平）

（後缺）

四五　唐天寶十載（七五一）交河郡某曹府段明牒爲許獻之赴軍事

本件文書係由兩殘片綴合而成。第四六號唐天寶十載（七五一）七月交河郡長行坊牒爲補充缺人事有「獻芝」名，「獻芝」當即本件之「許獻之」，知許獻之天寶十載七月之前被徵發向碎葉，故推測本件當在天寶十載七月前不久。又據第四四號唐天寶年間（七四二—七五六）交河郡某曹府段明牒爲濟弱館修理事，知段明为某曹府史。許獻芝又見唐天寶十三載（七五四）礌石館具七至閏十一月帖馬食歷上郡長行坊狀（73TAM506:4/32-4之一，吐魯番出土文書肆，四五八頁），爲礌石館捉館官。判官「仙」又見唐天寶十載（七五一）七月交河郡長行坊牒爲補充缺人事及第四八號唐某年七月府氾慎牒。參見畢波怛邏斯之戰和天威健兒赴碎葉，歷史研究二〇〇七年第二期。

（前缺）

檢責　□請處分。
謹　牒。
日　府　段　明　牒
許獻之□天山縣火急，勒
□赴軍，遲科所由。咨仙
白。
廿四日
□

（後缺）

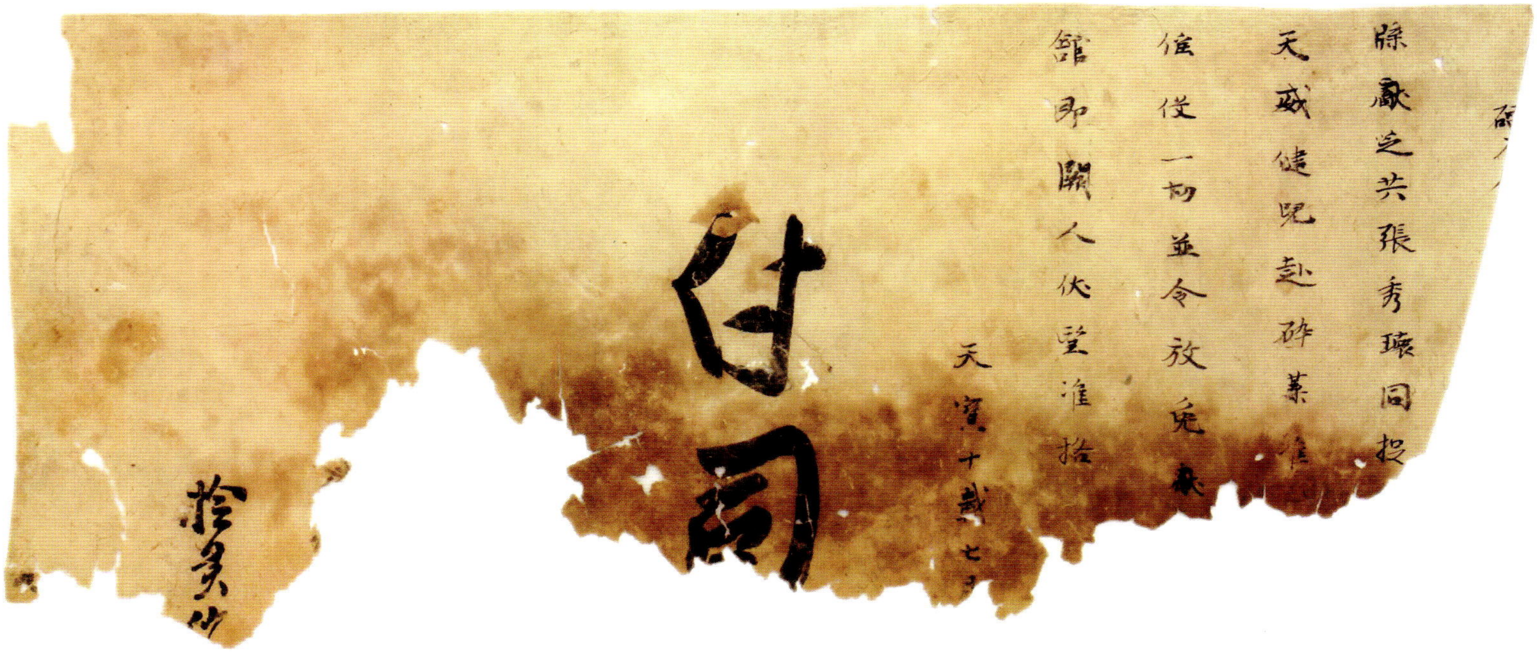

2006TZJI:026

0 5cm

四六　唐天寶十載（七五一）七月交河郡長行坊牒爲補充缺人事

本件文書中的獻芝即許獻芝，又見唐天寶十三載（七五四）礌石館具七至閏十一月帖馬食歷上郡長行坊狀（73TAM506:4/32-4之一一，吐魯番出土文書肆，四五八頁），爲礌石館捉館官。判官「仙」又見第四五號唐天寶十載（七五一）交河郡某曹府段明牒爲許獻之赴軍事、第四八號唐某年七月府氾慎牒。本件文書中提到「天威健兒」，又見第四〇號唐天寶十載（七五一）交河郡客使文卷中「押天威健兒官別將宋武達」記事。參見畢波怛邏斯之戰和天威健兒赴碎葉，歷史研究二〇〇七年第二期。

（前缺）

1　礌石館□

2　牒：獻芝共張秀瓌同捉□

3　天威健兒赴碎葉，准□

4　徭役一切並令放免，獻芝□

5　館即闕人，伏望准格　勑□

6　天寶十載七月□

7　付司□

（中缺）

8　□□□

9　檢責仙□

（後缺）

2006TZJI:045

2006TZJI:023

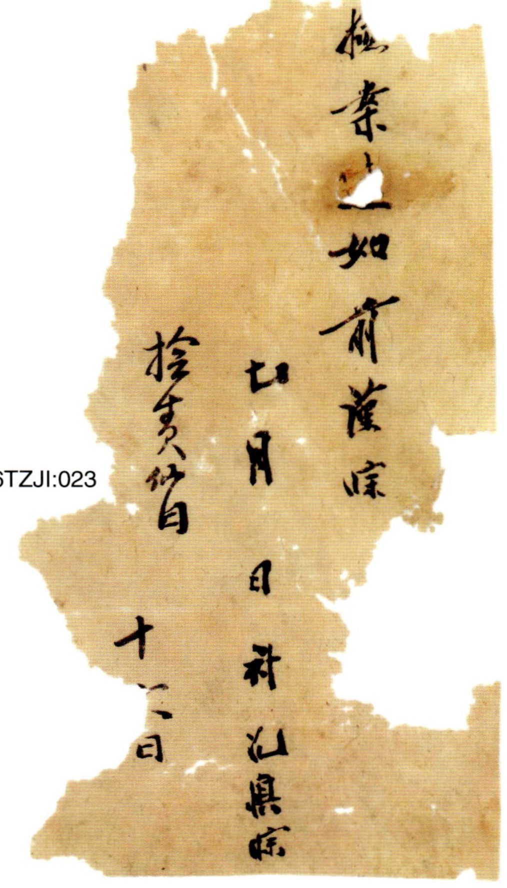

2006TZJI:040

0 5cm

2006TZJI:048

四七 唐某年某月二十三日符

本件文書背面有押署，文字不識。氾慎又見第四八號唐某年七月府氾慎牒。

（前缺）

------------（□）

1 □□到奉行。

2 □□月廿三日

3 □府氾慎

4 史

5 □受，其月廿三日付

（後缺）

四八 唐某年七月府氾慎牒

本件文書係由三殘片綴合而成。氾慎又見第四七號唐某年某月二十三日符。判官「仙」又見第四五號唐天寶十載（七五一）交河郡某曹府段明牒爲許獻之赴軍事、第四六號唐天寶十載（七五一）七月交河郡長行坊牒爲補充缺人事。

（前缺）

1 □檢案連如前，謹牒。

2 七月 日 府氾慎牒

3 檢責仙白

4 十六日

（後缺）

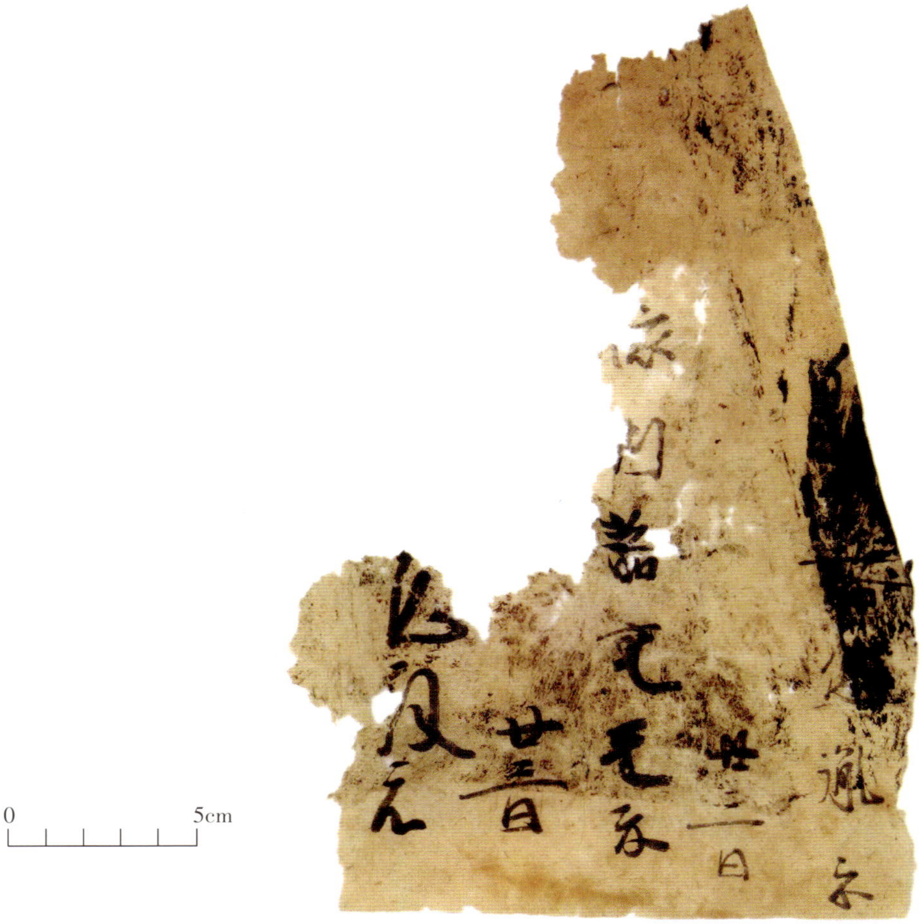

2006TZJI:011

四九 唐天寶某載殘牒尾判

本件文書係判文之尾。休胤見斯坦因七區二號墓所出唐天寶八載（七四九）羅通牒尾判（Ast.VII.2.025+022，斯坦因所獲吐魯番文書研究，三一三頁），又見大谷三〇一〇、三〇一一、三〇一三、四九〇四及四九一三（大谷文書集成貳，二、三頁；同書叁，五九、六〇、六三頁），其中大谷三〇一〇爲天寶四載（七四五）文書，休胤時任交河郡倉曹參軍；約天寶十至十二載任西州上佐司馬。考本件文書休胤簽署位置，當爲西州上佐，故年代應在天寶十至十二載左右。

（前缺）

1 依判，諮。休胤示

2 廿三日

3 依判，諮。□□示

4 廿三日

5 □汲示

（後缺）

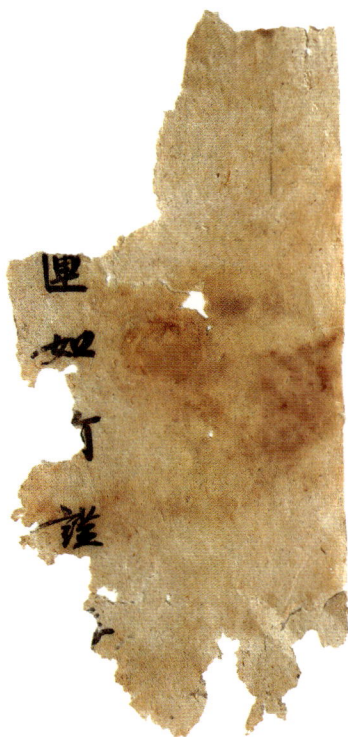

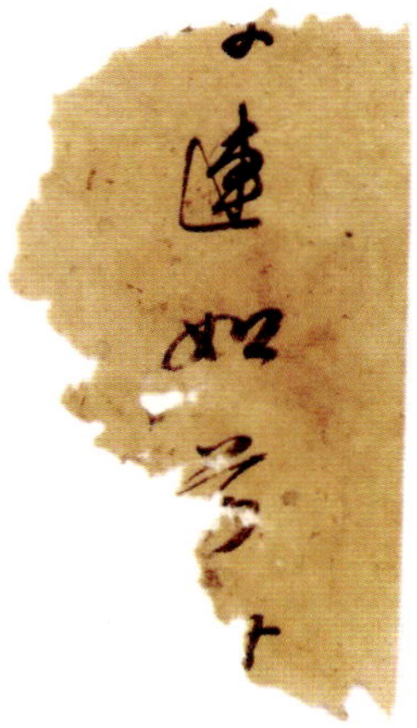
2006TZJI:054

2006TZJI:056

2006TZJI:041

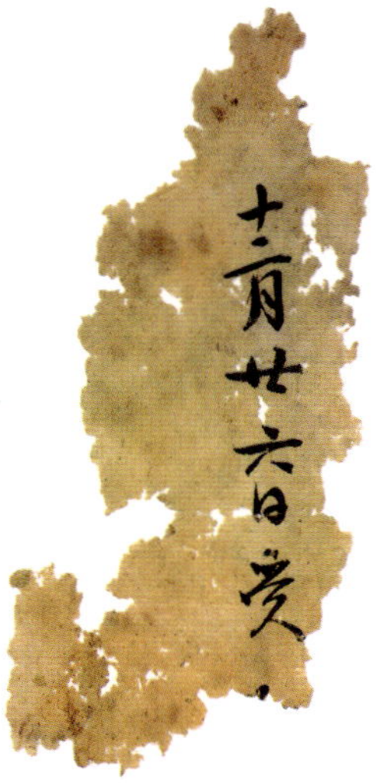
2006TZJI:063

0 5cm

五〇　唐殘牒

（前缺）

1 □案連如前，謹□。

（後缺）

五一　唐殘牒

（前缺）

1 □曹參軍□

（餘白）

五二　唐殘牒

（前缺）

1 □連如前，謹牒。

（後缺）

五三　唐殘牒

（前缺）

1 十二月廿六日受，□

（後缺）

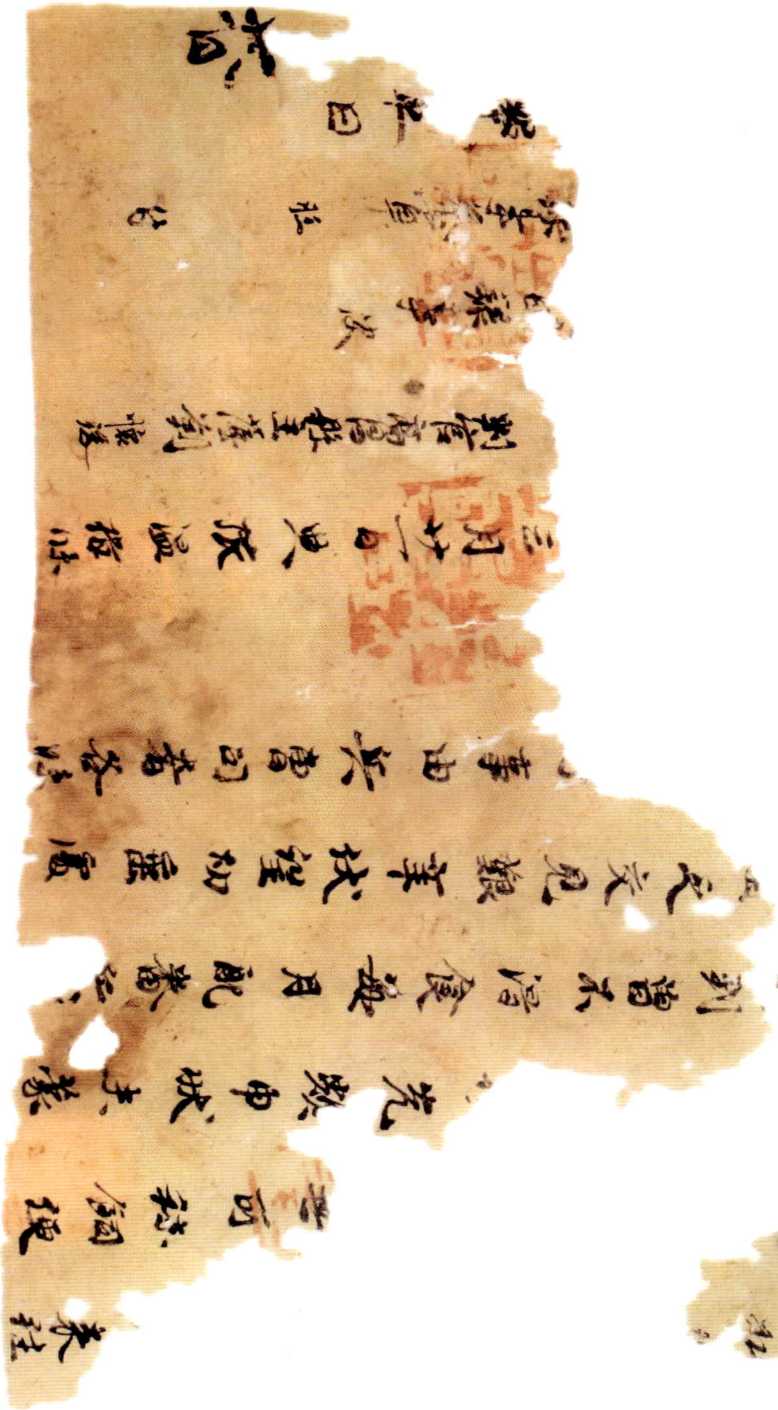

2006TZJI:027

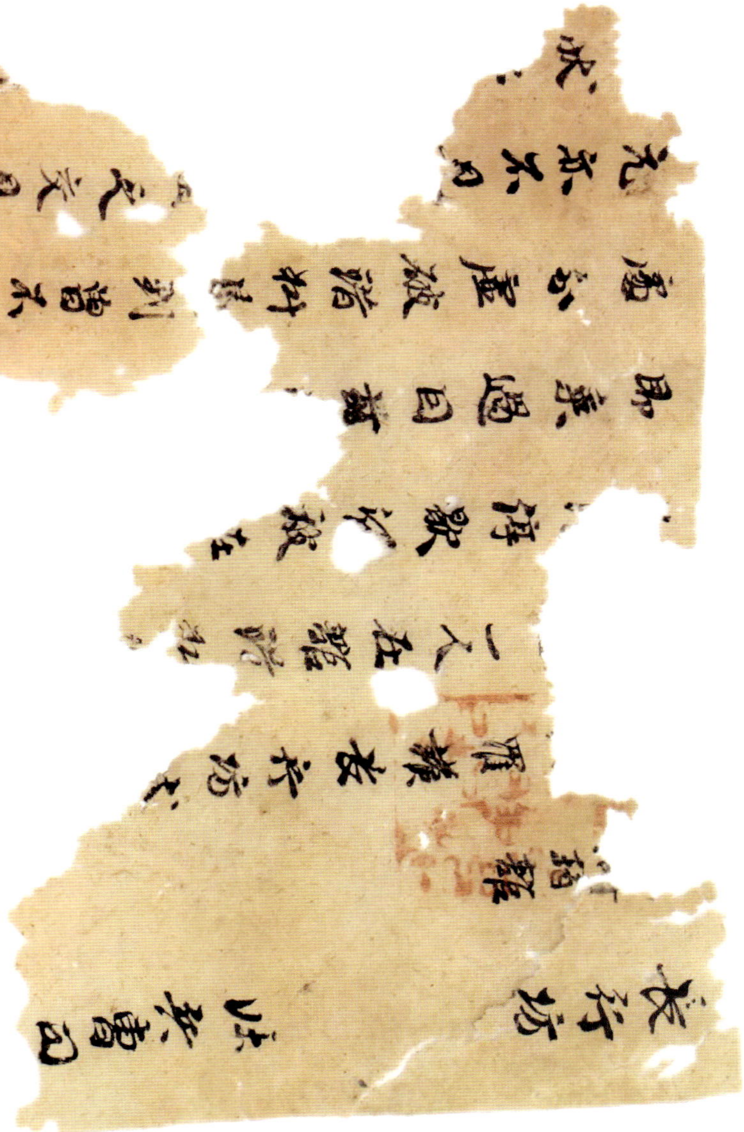

2006TZJI:019

2006TZJI:046

五四　唐天寶某載三月二十一日交河郡長行坊典張温璟牒兵曹司爲濟弱館踖料事

本件文書係由三殘片綴合而成。鈐印四處，文曰「交河郡都督府之印」（5.2×5.2cm）。據印文之「交河郡」字樣，知此件文書當在天寶年間。高昌縣主簿劉懷琇見阿斯塔那五〇六號墓所出唐天寶十四載（七五五）柳中縣具屬館私供馬料帳歷上郡長行坊牒之尾部押署「承奉郎守令劉懷琇」（「琇」原録作「琜」，73TAM506:4/32-2之七，吐魯番出土文書肆，四四三頁），又見同墓所出唐天寶十四載（七五五）柳中縣具達匪館私供床麥帳歷上郡長行坊牒（73TAM506:4/32-3之三，吐魯番出土文書肆，四四六頁），署銜相同，知其天寶十四載正月任柳中縣令。「録事參軍旺」又見唐天寶十四載（七五五）交河郡某館具上載帖馬食踖歷上郡長行坊狀（73TAM506:4/32-1之一六，吐魯番出土文書肆，四三六頁），天寶十四載正月時旺任功曹參軍攝録事參軍，綜合以上情形，本件文書當在天寶十四載正月前後。

「交河郡都督府之印」印文

1 長行坊　　牒兵曹司
2 濟弱館
3 □□羅護長行坊狀
4 □□一人在館，踖料□　　　來往
5 □□停歇，皆被在　　　，無可秣飼，便
6 即乘過。因茲□　　　，先頻申狀，未蒙
7 處分，虚破踖料，馬到曾不得食，每月配番兵□
8 元亦不見　　困乏，交見艱辛，伏望切垂處
9 □，狀上，　　　□事由兵曹司者，各牒
10
11 　　三月廿一日典張温璟牒
12 　判官高昌縣主薄（簿）劉懷琇
13 　　日録事　受
14 録事參軍　旺　付
15 舉□白
16 廿八日

五五　唐天寶某載正月交河郡群頭馬貴言牒

本件文書係由四殘片綴合而成。由其紀年殘留「載」字，知爲天寶三至十四載間文書。據紙質和內容，本件與第五六號唐天寶某載交河郡長行坊典孫庭㺬牒原本應是同類文書，但目前殘存文字內容不連接。

2006TZJI:083

2006TZJI:079

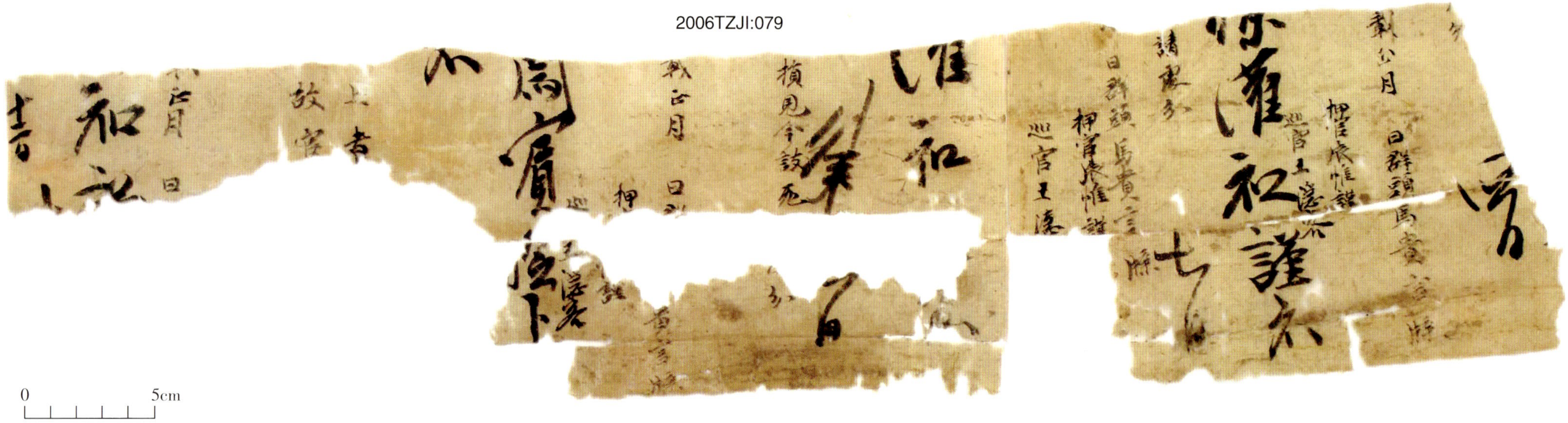

2006TZJI:080

2006TZJI:084

（前缺）

1 　處分　四日

2 　載正月　日群頭　馬貴言牒

3 押官張惟謹

4 巡官王隱客

5 　牒灌知謹示。

6 　請處分。

7 七日

8 　月　日群頭　馬貴言牒

9 押官張惟謹

10 巡官王隱

11 　灌知□示。

12 七日[一]

13 　損，見今致死，請處分。

14 　載正月　日群頭馬貴言牒

15 押官張惟謹

16 巡官王隱客

17 　鳳賓檢上

18 　示

19 　上者

20 　故官

21 　載正月　日

22 　知謹

23 □

24 十二日

（後缺）

注釋

[一] 日期上有字，似不屬本文書。

2006TZJI:081

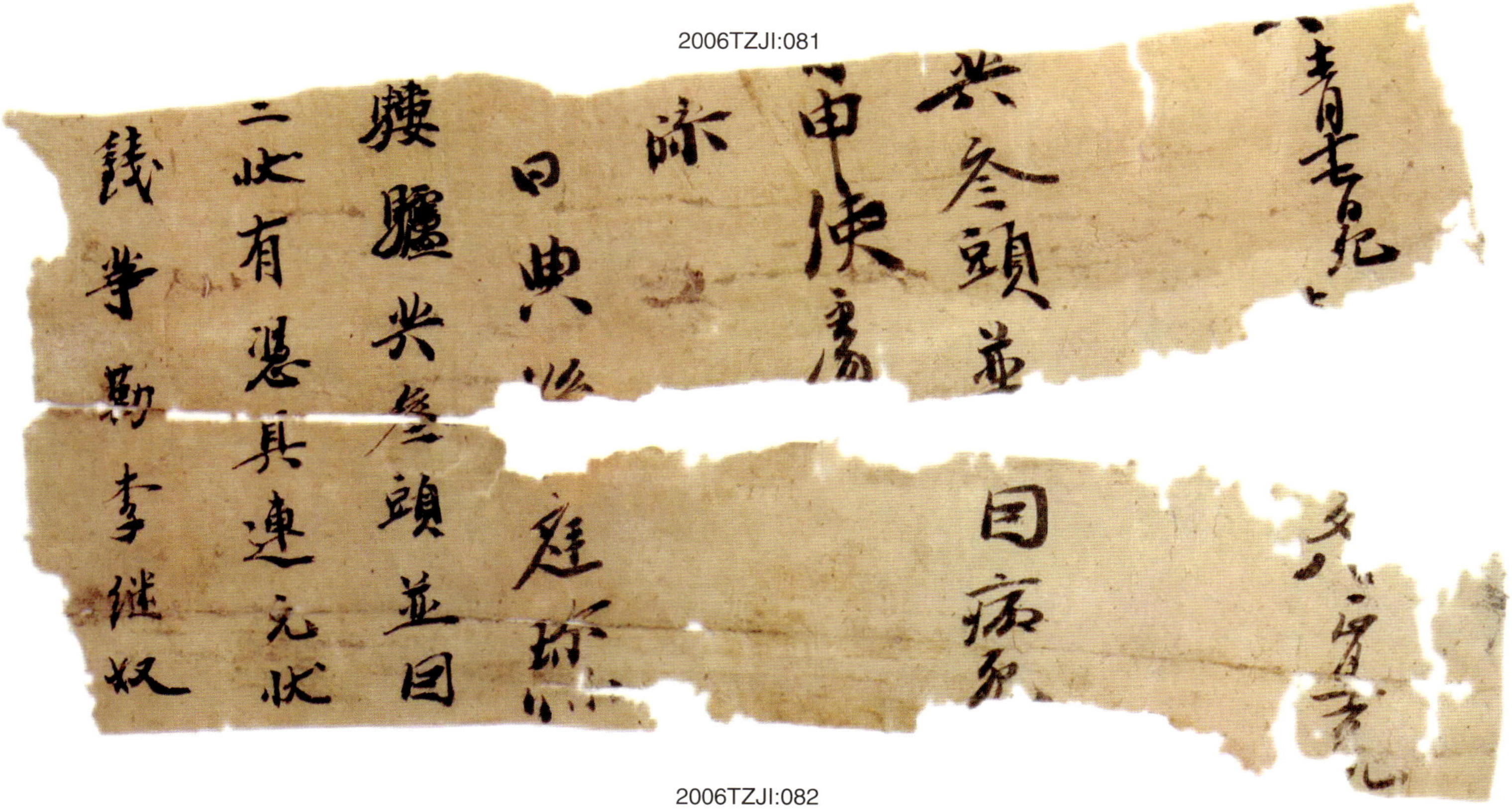

2006TZJI:082

五六　唐天寶某載交河郡長行坊典孫庭珎牒

本件文書兩殘片徵集時已上下綴合。第一行爲大字書馬匹名稱、數量，小字寫死期。背面紙縫有一字押署，文字不識。據紙質和內容，本件文書與第五五號唐天寶某載正月交河郡群頭馬貴言牒原本應是同類文書，但目前殘存文字內容不連接。

（前缺）

（囗）

1 □十二月十七日死　赤父八正月十五日死

2

3 共叁頭，並因病死。

4 □申使處分。

5 牒。

6 日典孫庭珎牒

7 騾驢共叁頭，並因

8 三狀有憑，具連元狀

9 錢等，勒李繼奴

（後缺）

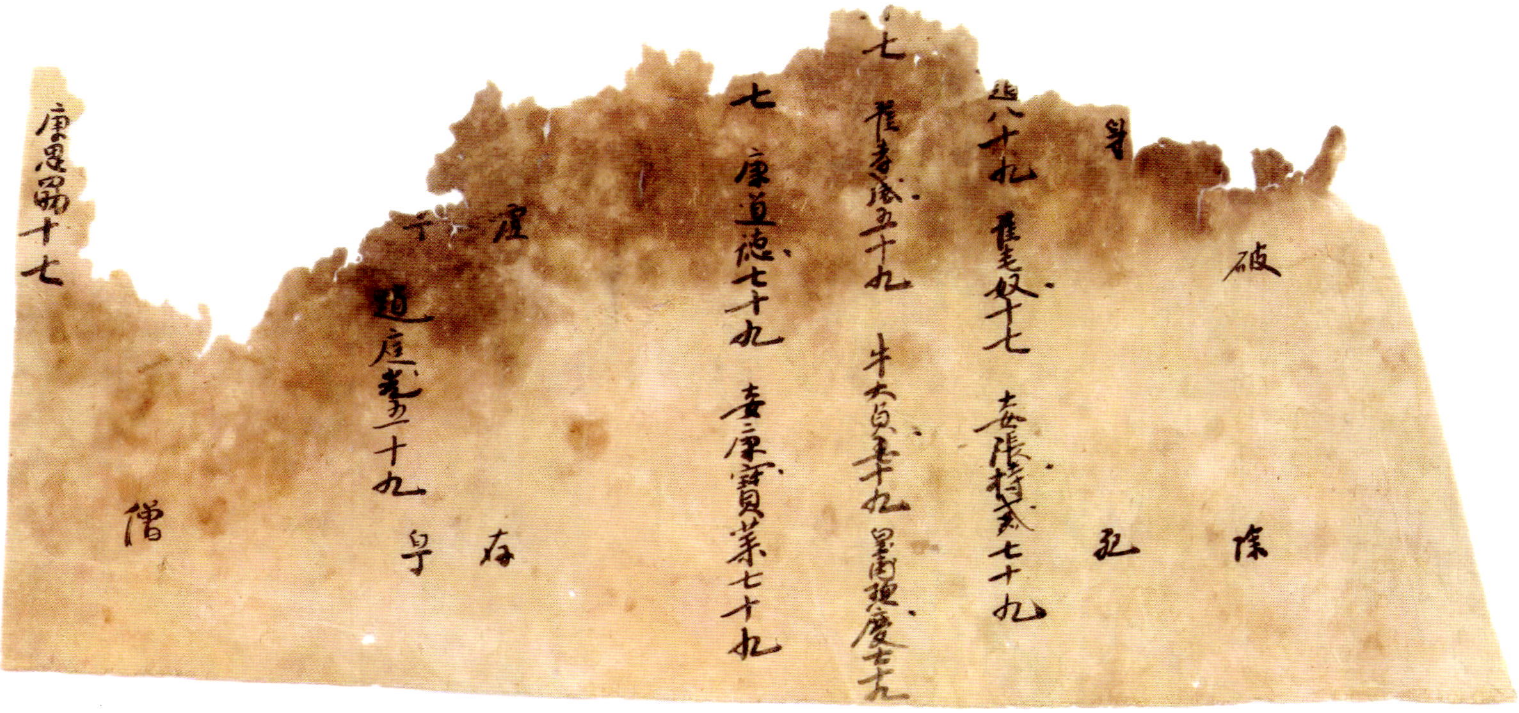

2006TZJI:025

五七 唐西州破除名籍

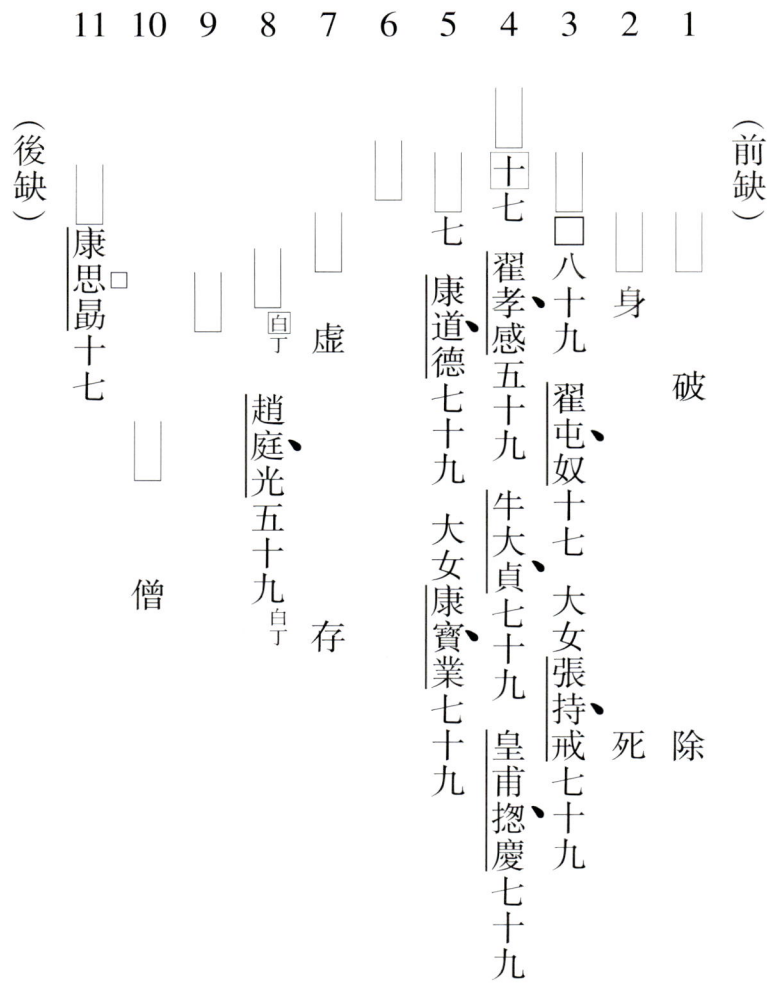

本件文書原紙上半部分殘，人名旁有墨點，康思勗旁有無墨點不明，估計亦有。

（前缺）

1 □ 破 除

2 □ 身 死

3 □□八十九 翟屯奴丶十七 大女張持戒丶七十九

4 □十七 翟孝感丶五十九 牛大貞丶七十九 皇甫揔慶丶七十九

5 □七 康道德丶七十九 大女康寶業丶七十九

6 □

7 □ 虛 存

8 □白丁 趙庭光丶五十九白丁

9 □

10 □ 僧

11 □康思勗十七

（後缺）

2006TZJI:062

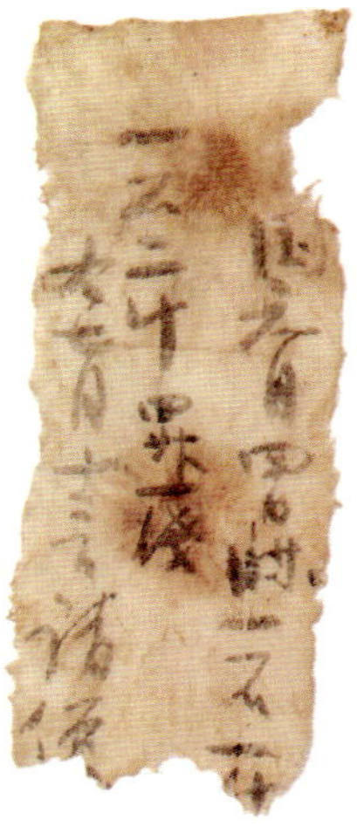
2006TZJI:119

2006TZJI:042

五八　唐西州高昌縣劉懷本等小麥帳

本件文書拆自紙鞋，有塗墨，屬原作紙鞋的鞋面。第二、三行前部鈐有「高昌縣之印」（5.35x5.35cm），故知爲唐代西州高昌縣官文書。

（前缺）

1 □

2 供客本小麥劉懷本叁㪷　趙小忠叁㪷

3 馬小定叁㪷肆勝　范虔太叁㪷肆勝

4 楊仙慎叁㪷肆勝

5 □同叁㪷肆

6 □叁㪷肆

7 □叁㪷

（後缺）

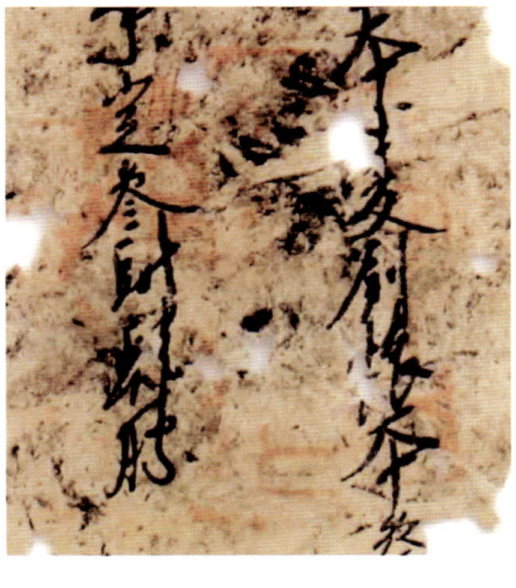
「高昌縣之印」印文

五九　唐某年某衙請價錢文書

本件文書紙質精細，似爲官文書殘片。

（前缺）

1 閏六月四日牒一石一斗

2 一石二斗四升一錢

3 右七月十三日請價

（後缺）

六〇　唐畦元富牒

本件文書之「畦元富」左側有指節印。

（前缺）

1 □姓名如前

2 □畦元富牒　一　一　一

（餘白）

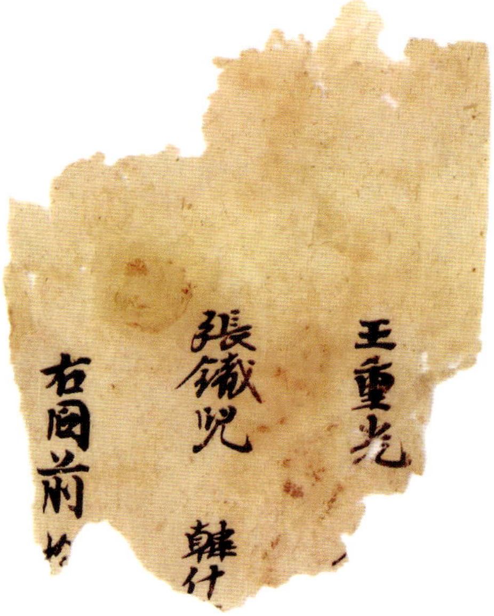

2006TZJI:049

2006TZJI:053

2006TZJI:065

六一　唐殘名籍

本件文書據書體判斷當係唐西州名籍。

（前缺）

1 王重光　□

2 張鐵兒　韓什□

3 右同前檢

（後缺）

六二　唐殘名籍

本件文書據書體判斷當係唐西州名籍。

（前缺）

1 　任如意　董龍兒　□

2 　呂惠超　趙令忠

3 □□賓　温慈順　董胡子

4 延僧　靳處貞　□恩恭

5 □　□嘉□

6 □

（後缺）

六三　唐某年清鎮軍殘牒

本件文書按唐代公文書格式，當爲牒首。

1 清鎮軍

（後缺）

2006TZJI:006　2006TZJI:073

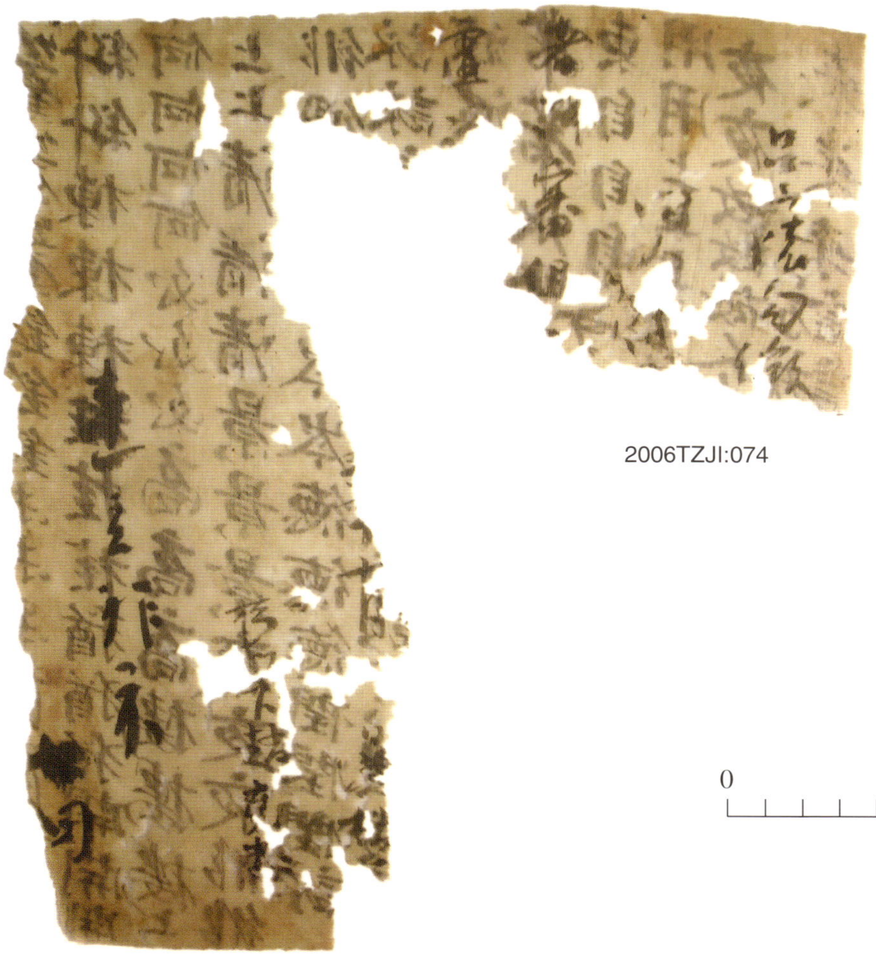

2006TZJI:074

0　5cm

2006TZJI:007

六四　唐西州典某牒爲呂仙懷勾徵案

本件文書由四殘片綴合。據其格式及背面習字內容，可判斷爲唐西州時期勾徵案卷。參見李肖、朱玉麒新出吐魯番文獻中的古詩習字殘片，文物二〇〇七年第二期。

（前缺）

1　呂仙懷勾徵［　　］

2　同今付［　　］

3　者□審俱(?)［　　］

4　虛□［　　］

5　［　　］□□年十月　日典□□

6　　　攝判官趙克□

7　　連，玄祚示。

8　　　七日

（後缺）

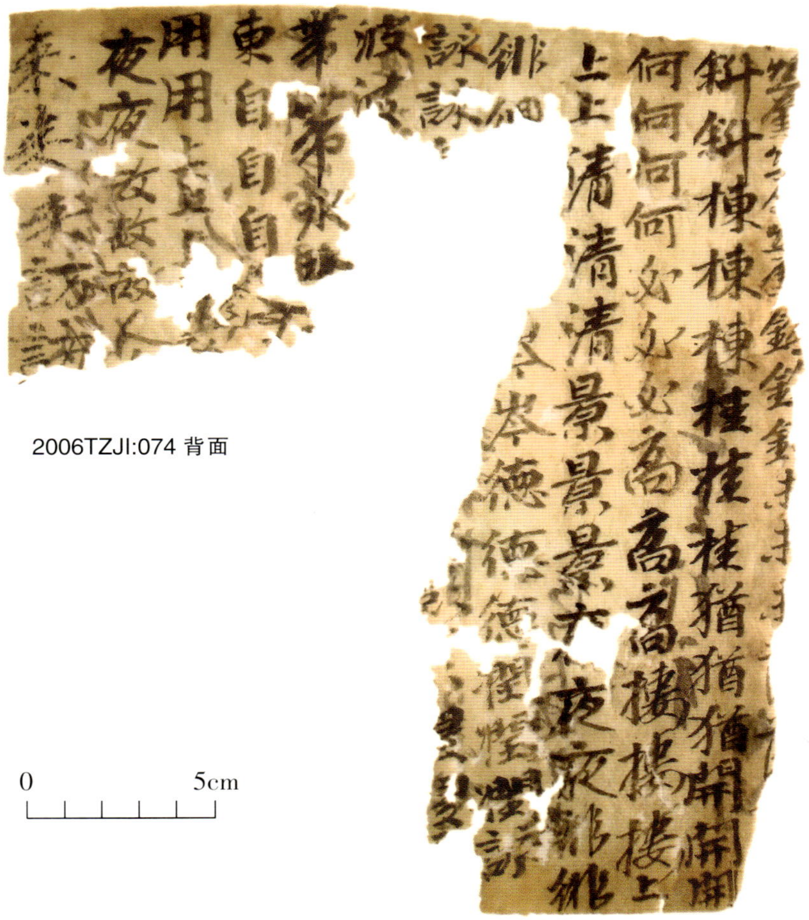

六五　唐寫古詩習字殘片（岑德潤五言詩等）

本件爲第六四號唐西州典某牒爲呂仙懷勾徵案之背面，録有佚名五言詩、隋岑德潤五言詠魚詩共二首及不能綴合之古詩殘字，當爲唐西州學生據古詩選本字帖以廢棄之正面文書紙習字用者。參見李肖、朱玉麒新出吐魯番文獻中的古詩習字殘片，文物二〇〇七年第二期。

1 簾簾簾鉤鉤鉤未未未落落落斜

2 斜斜棟棟棟桂桂桂猶猶猶開開開

3 何何何必必必高高高樓樓樓上

4 上上清清清景景景夜夜夜徘徘

5 徘徊□□□岑岑德德潤潤潤詠

6 詠詠魚□□□□□影影影侵侵侵

7 波波

8 帶帶水水

9 東自自自可

10 用用上上上龍

11 夜夜故故故人人

12 來來來訪訪

附：

□簾鉤未落，斜棟桂猶開。何必高樓上，清景夜徘徊。

岑德潤詠魚：

劍影侵波合，珠光帶水新。蓮東自可戲，安用上龍津。

2006TZJI:176

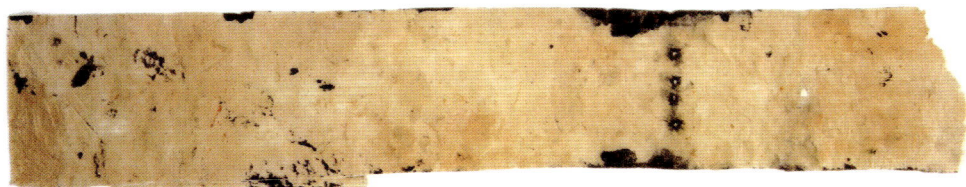

2006TZJI:158

2006TZJI:159

2006TZJI:139

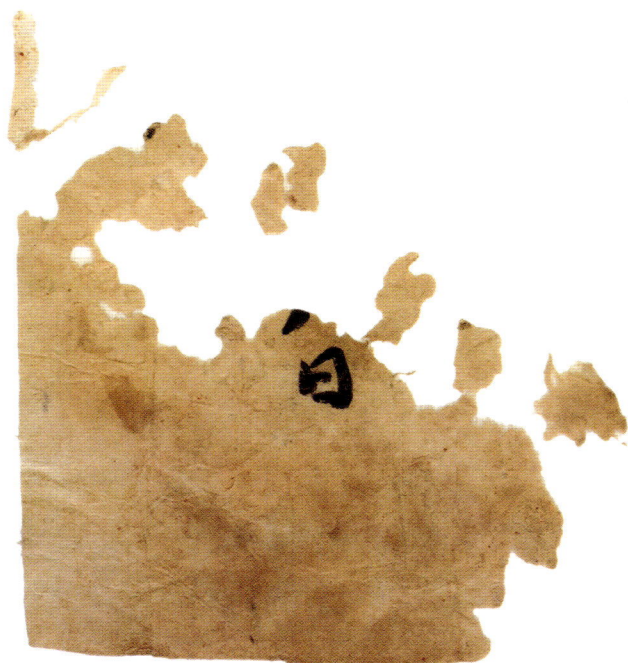

2006TZJI:071

2006TZJI:070

2006TZJI:059

2006TZJI:058

2006TZJI:069

2006TZJI:068

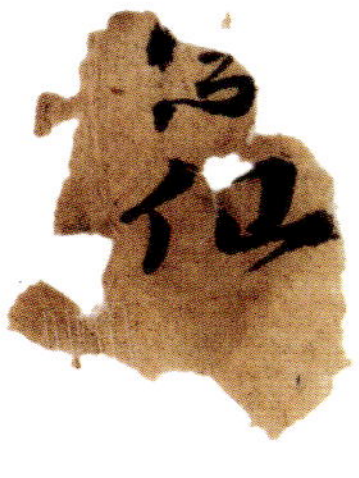
2006TZJI:067

2006TZJI:055

六六 文書殘片若干

2006TZJI:076

2006TZJI:184

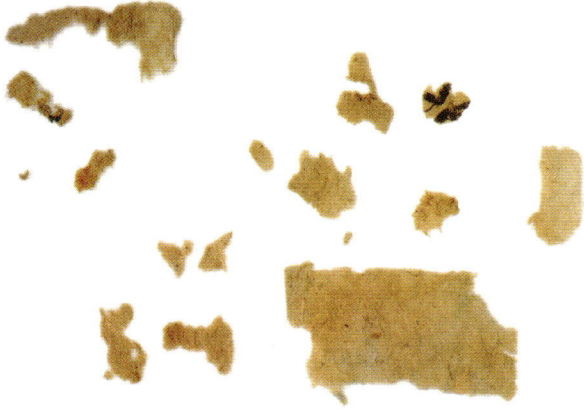

2006TZJI:075

2006TZJI:171

六七 殘紙及布片若干

2006TZJI:191

2006TZJI:192

2006TZJI:193

六八 藏文及婆羅謎文木簡

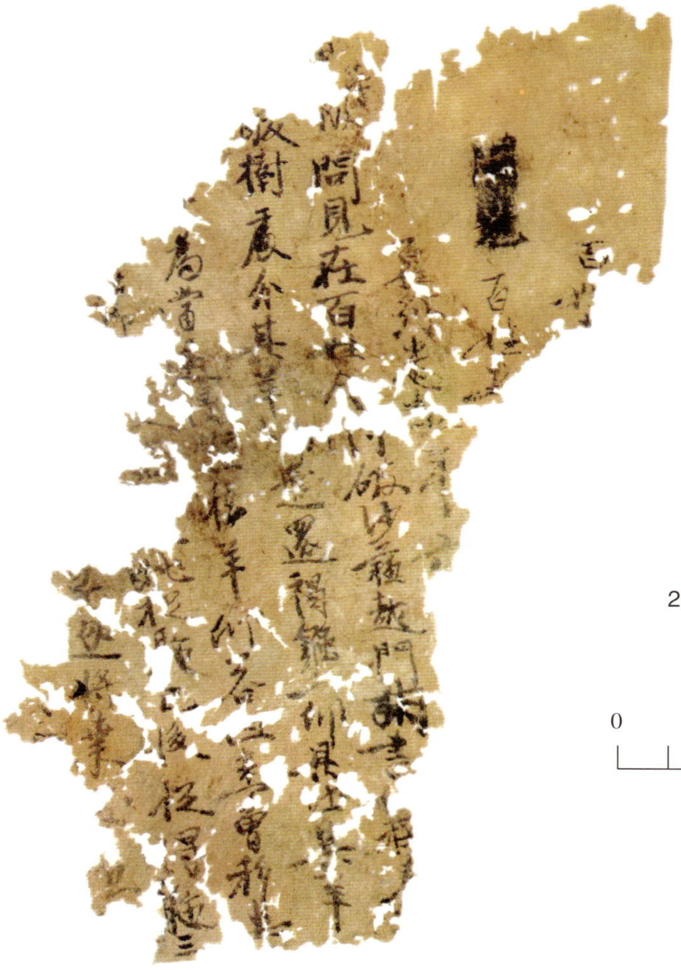

2006TZJI:036

附　二〇〇六年徵集和田地區出土文書

一　唐于闐毗沙都督府案卷爲家畜事

本件文書字體規整，然有塗抹修改之處，似爲草稿，第二行上部空白處寫「問見」二字，又塗去。背面爲唐開元十七年于闐蓋阿興牒爲奴送麥事，有紀年「開元十七年五月十四」，本件文書當寫於此後。據文書中所見人名、職官名，當爲于闐毗沙都督府之文書。

1 百姓□

2 百姓史

3 百姓弥悉□年六

4 □[一]被問見在百姓，今得破沙蘇越門胡書狀稱，□

5 □樹處分，其羊□遣還褐鏹，一仰具狀，其羊

6 □，爲當還褐鏹私羊，仰答。□悉曾移其

7 □即□□□□眺捉駞已後，捉得駞三

8 早逐將桑□□

9 □□

（後缺）

注釋

[一]「被」字上有兩殘字，可能由紙扭曲造成，不知來歷。

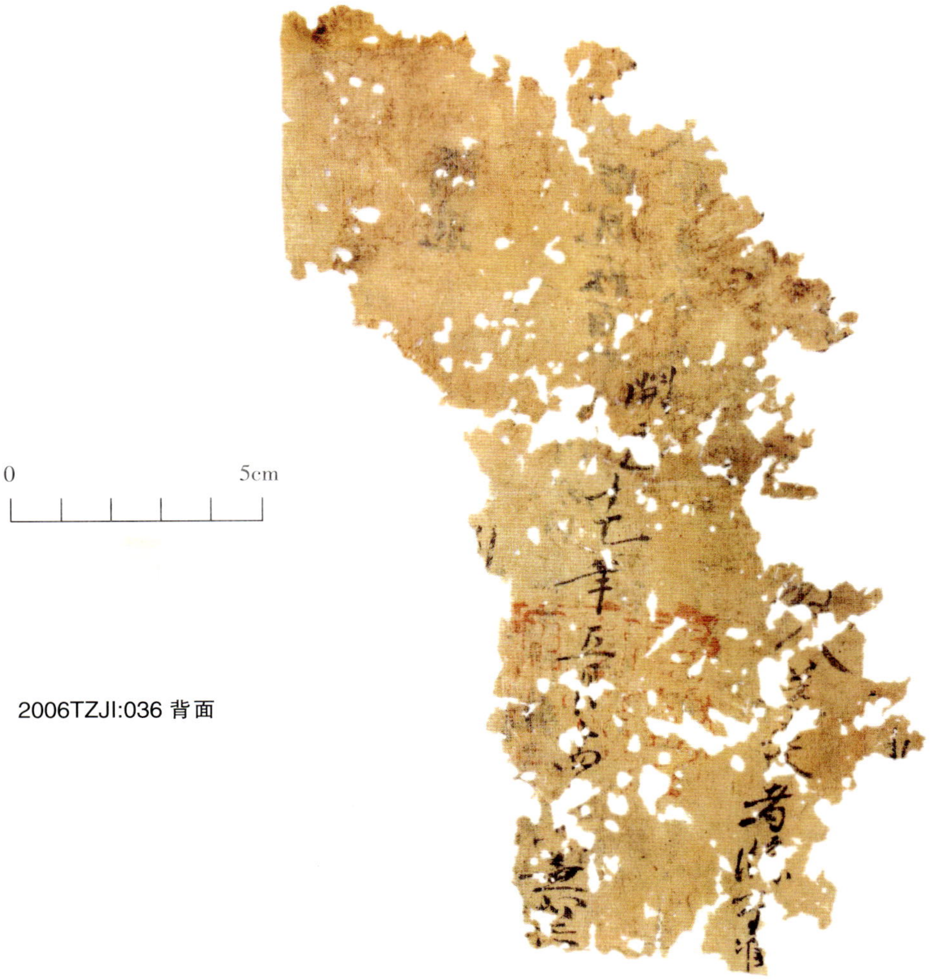

2006TZJI:036 背面

二　唐開元十七年（七二六）于闐盖阿興牒爲奴送麥事

本件文書寫於唐于闐毗沙都督府案卷爲家畜事背面，亦爲于闐文書。日期上鈐朱印一方，文曰：「右豹韜衛□□府之印」（5.3×5.3cm）。按：迄今未見于闐有隸屬中央十二衛之折衝府，則此或爲暫駐西域之行軍所用文書。印文中折衝府名暫未能識讀，然可參看斯坦因三區四號墓唐景龍三年（七〇九）八月西州都督府承勅奉行等案卷所鈐「左豹韜衛弱水府之印」（Or.8212/529，斯坦因所獲吐魯番文書研究，二七一—二七三頁，圖八；斯坦因第三次中亞考古所獲漢文文獻（非佛經部分）一，六〇—六一頁，彩版二）。左、右豹韜衛係武后時代所改，廢於神龍元年，然邊區懸遠，或尚未收到中央官府所鑄新印。

（前缺）

1　□□□

2　□奴八送麥者，牒至准□

3　開元十七年五月十四日典盖阿興

4　別□

（後缺）

官印印文殘迹

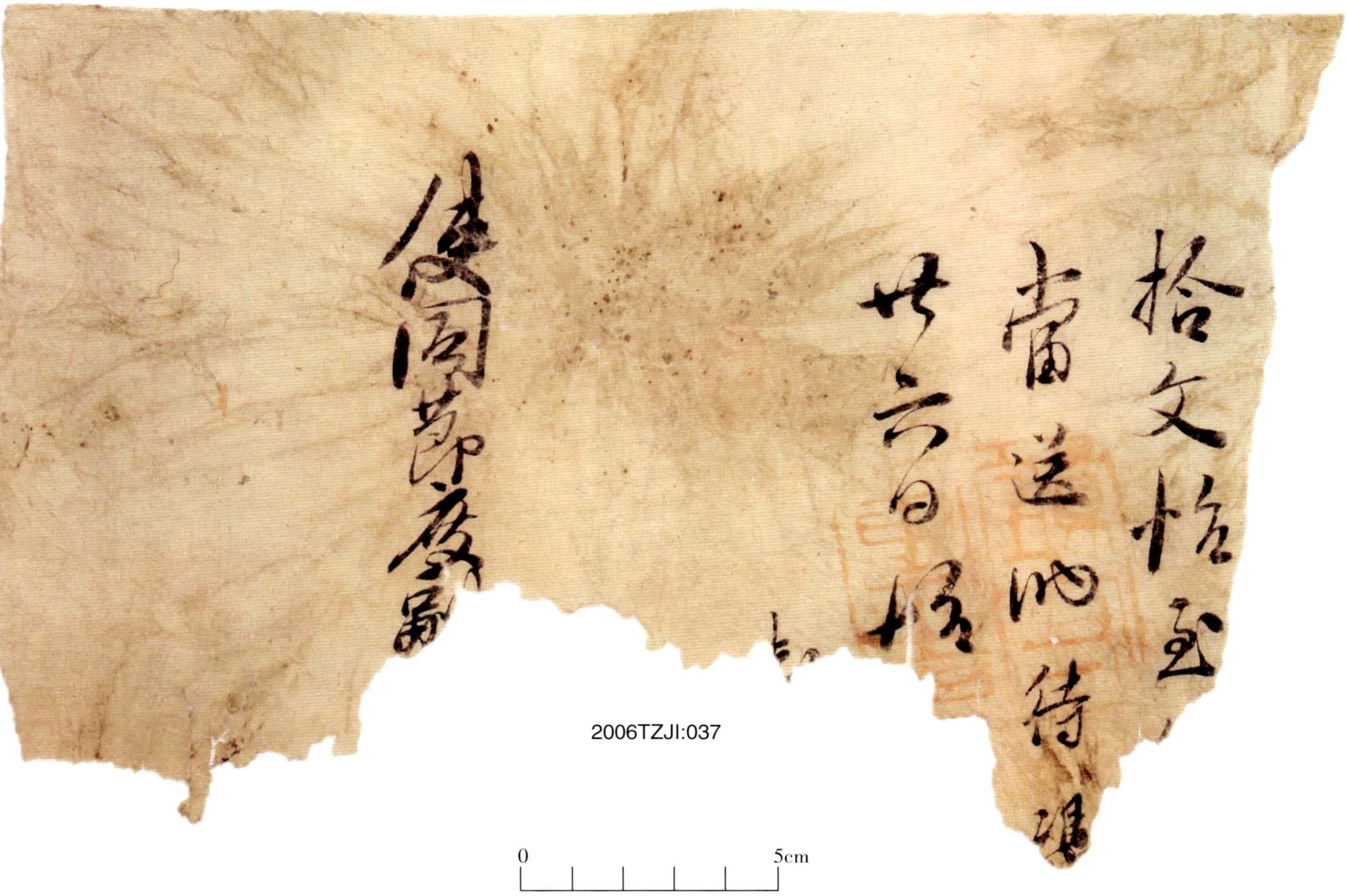

2006TZJI:037

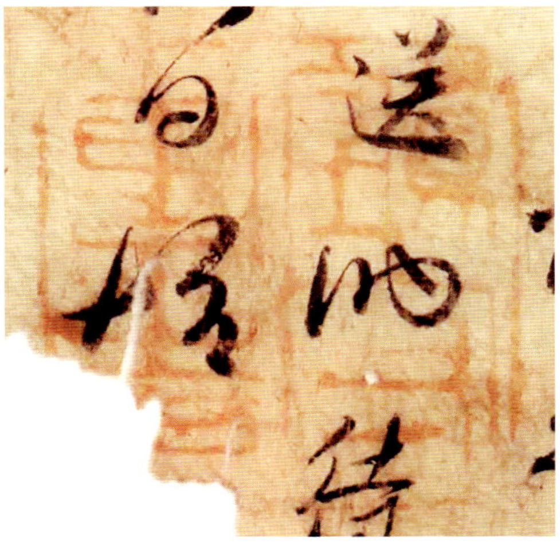

「鎮守軍之印」印文

三　唐某年某月二十六日于闐鎮守軍帖

本件帖文末鈐朱印一方，文曰「鎮守軍之印」。據文末「使同節度副〔使〕」職銜，當爲大曆、貞元間于闐文書。

（前缺）

1 拾文，帖至准□

2 當送納，待憑□

3 廿六日帖。

4 知□

5 □

6 使同節度副□

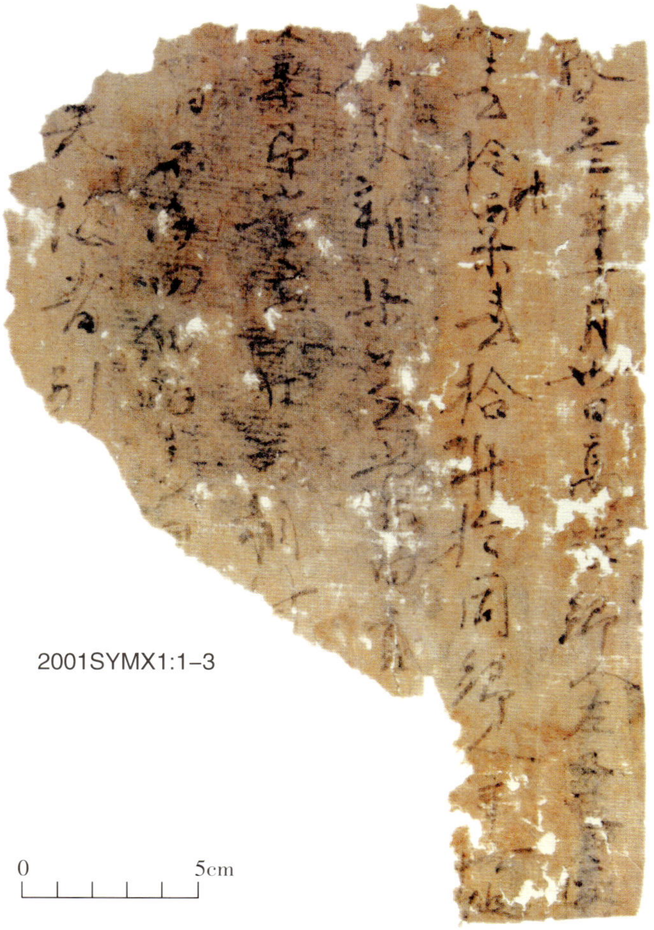
2001SYMX1:1–3

2001SYMX1:1–8

二〇〇一年鄯善縣徵集文書

二〇〇一年，吐魯番地區鄯善縣公安部門將被盗的一雙紙鞋移交給鄯善縣文管所，其原出自鄯善縣洋海下村古墓。陳國燦先生從中拆出二十三件唐代文書，有紀年者從唐總章二年（六六九）到武周長安三年（七〇三），推知紙鞋的主人在武周長安末至唐中宗神龍年間入葬，其中一些缺紀年的文書，也大體應在神龍或神龍以前。二〇〇六年八月，新獲吐魯番出土文獻整理小組部分成員隨同陳國燦先生到鄯善縣文管所，就陳先生的録文加以核對，録文略有改訂。今徵得陳先生同意，在他的録文基礎上整理如下。

一　唐總章二年（六六九）□懃子交糧償銅錢抄

本件拆自紙鞋一號鞋面表層，一至二行被塗墨，二至四行淡墨書寫。參見陳國燦鄯善縣新發現的一批唐代文書，吐魯番學新論，新疆人民出版社，二〇〇六年。

（前缺）

1 □懃子付糧伍研（斛）九㪷□

2 □送往高昌，四月廿日

3 □償銅錢陸拾肆文

4 總章二年抄。

二　唐儀鳳三年（六七八）十月三十日西州柳中縣高寧鄉人左盈雲租田契

本件拆自紙鞋一號鞋面裏第二層，一行年號存「鳳」字，從同出有紀年文書推斷，當爲唐高宗儀鳳年號。參見陳國燦鄯善縣新發現的一批唐代文書，吐魯番學新論，新疆人民出版社，二〇〇六年。

1 □鳳叁年十月卅日高寧鄉人左盈雲，交

2 麦壹拾研（斛），粟壹拾研，於同鄉人辛阿塠

3 邊祖（租）夏新渠口分常田貳□

4 麥粟即當立契，交相付□

5 □子日，不得問佃時麥粟，□

6 □先悔者，別□

（後缺）

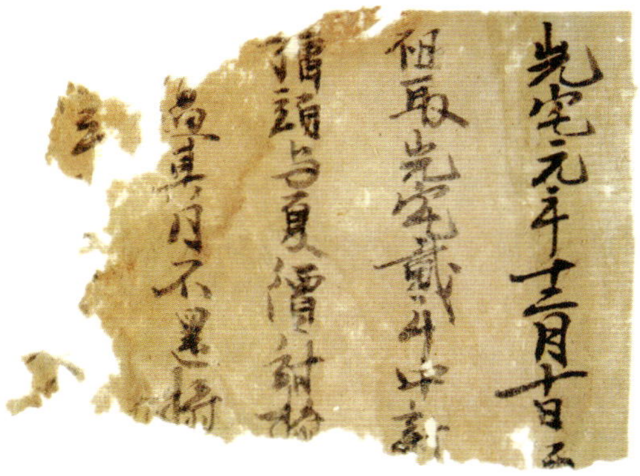
2001SYMX1:3-2

2001SYMX1:3-6

2001SYMX1:3-9

0　5cm

三　唐光宅元年（六八四）十二月十日租田契

本件由兩殘片組成，拆自紙鞋三號鞋面裏第三層。參見陳國燦鄯善縣新發現的一批唐代文書，吐魯番學新論，新疆人民出版社，二〇〇六年。

1 光宅元年十二月十日[酒]
2 （租）祖取光宅貳年中新
3 槽頭与夏價甜漿
4 □過其月不還漿，
5 □□
6 無信，故
7 一一
（後缺）

四　唐垂拱元年（六八五）九月呂懃子納執衣錢抄

本件拆自紙鞋三號鞋面裏第二層。參見陳國燦鄯善縣新發現的一批唐代文書，吐魯番學新論，新疆人民出版社，二〇〇六年。

1 呂懃子納垂拱元年玖月執[衣]
2 □[錢]肆拾貳文。其年玖月□
3 □閻朔抄。‖

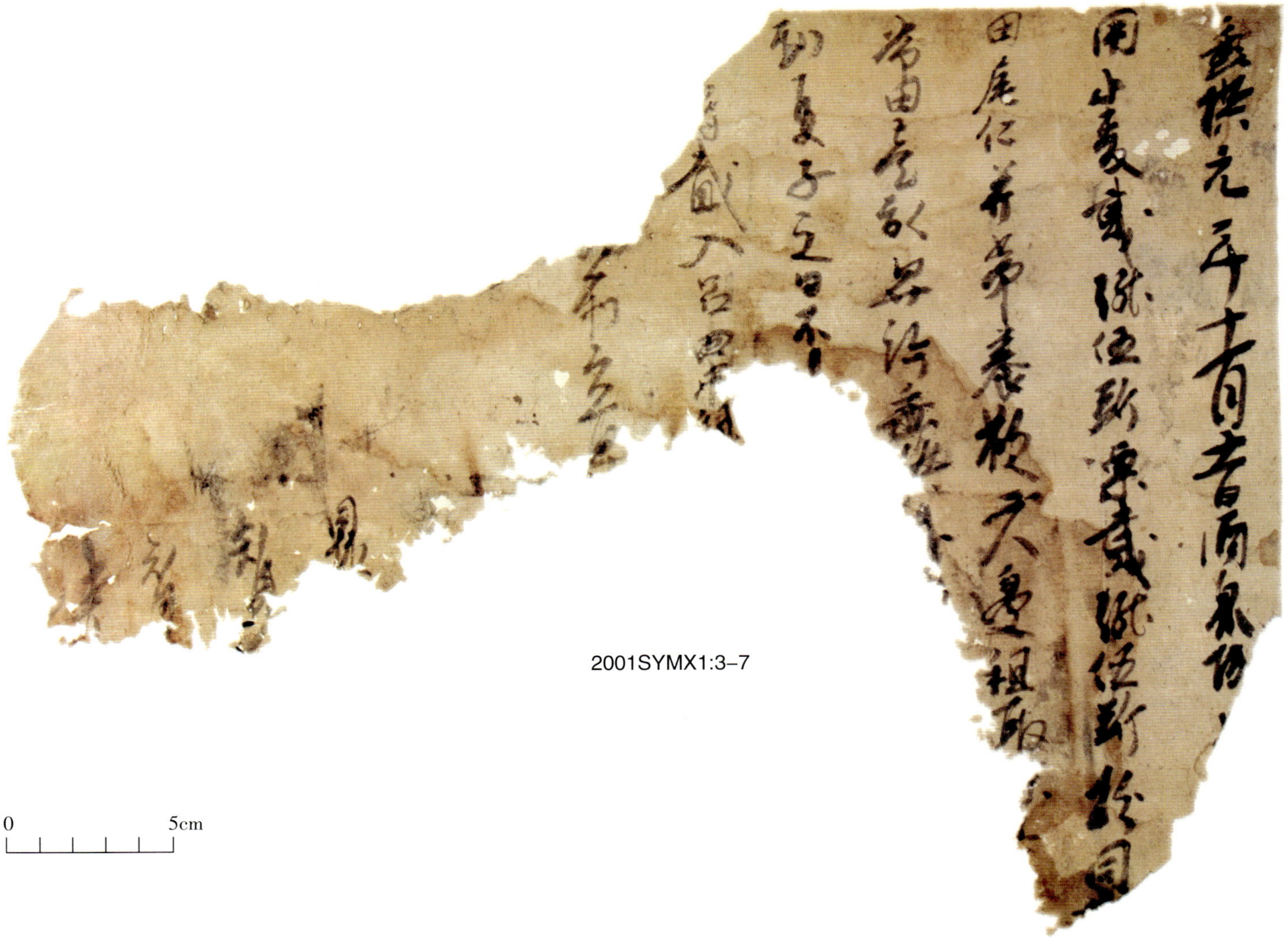

2001SYMX1:3–7

0　　5cm

五　唐垂拱元年（六八五）十一月十一日酒泉城吕某租取田尾仁等常田契

本件拆自紙鞋三號鞋面第二層。參見陳國燦《鄯善縣新發現的一批唐代文書》，《吐魯番學新論》，新疆人民出版社，二〇〇六年。

1　垂拱元年十一月十一日酒泉城吕［　　］
2　用小麥貳研（斛）伍斫（斗），粟貳研伍斫，於同城□
3　田尾仁并弟養歡二人邊租取□□□
4　常田壹畝。契訖垂拱貳□［　　］
5　到夏子之日，不得［　　］
6　□罰貳入吕。田中租［　　］
7　［　］，兩和立契，［　　］
8　錢［　　］
9　田［　　］
10　同城［　　］
11　知見［　　］
12　知見［　　］
13　知見［　　］

2001SYMX1:3–3

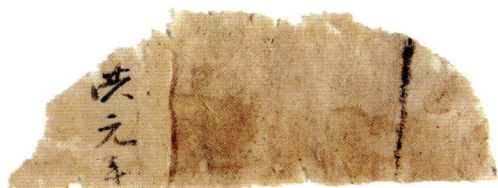

2001SYMX1:3–12

0　5cm

六　唐垂拱元年（六八五）文書殘片

本件拆自紙鞋三號鞋面前頭部分。第一行上部文字被剪去，只存一道墨痕，乃古人終文符號。第一至二行間爲空白。參見陳國燦鄯善縣新發現的一批唐代文書，吐魯番學新論，新疆人民出版社，二〇〇六年。

1 ［　　］—

（中空）

2 ［　　］拱元年［　　］

（後缺）

七　唐垂拱三年（六八七）正月十九日酒泉城呂某從焦伏護邊租田契

本件拆自紙鞋三號鞋面裏第二層。參見陳國燦鄯善縣新發現的一批唐代文書，吐魯番學新論，新疆人民出版社，二〇〇六年。

1 □拱三年正月十九日酒泉城呂［　　］

2 粟拾斫（斛），於同城人焦伏護邊□

3 □□渠叁年田貳畝，其田要逕（經）全

4 ［　　］如到夏子之日，不得田佃

5 ［　　］一日粟壹罰貳入呂，田

6 ［　　］仰田主，渠破水讁，仰佃人

7 ［　　］契，獲（畫）指爲信。

8 粟主［　　］

9 田主［　　］

10 ［　　］□—生—

11 ［　　］—□仁—

12 ［　　］住—

2001SYMX1:1–4

2001SYMX1:3–1

八　武周天授二年（六九一）臘月呂索修欠錢文書

本件拆自紙鞋三號鞋面表層，紙背塗墨，字迹難辨。年月及「人」字，均用武周新字。參見陳國燦鄯善縣新發現的一批唐代文書，吐魯番學新論，新疆人民出版社，二〇〇六年。

而(天)穐(授)二𠡦(年)臘𠥱(月)［　］
賈瑰俗
府司：仕洛等去三［　］
行迴到府，缶(正)逢番［　］
［　］買呂致德旆□［　］
［　］宅價錢，使一如過［　］
［　］德生利入呂，如身東西不在，
［　］如到八𠥱不得錢，任玄［　］
［　］𠡦四𠥱廿四〇(日)抄。
□□如不到，計𠥱壹　欠錢𤯔(人)呂索修一一
□文入呂。　知見男敬弘一一
知見𤯔白神子
宅價錢卅五文

九　武周證聖元年（六九五）閏二月十九日剌頭文書

本件拆自紙鞋一號鞋面裏第二層。月日用武周新字。參見陳國燦鄯善縣新發現的一批唐代文書，吐魯番學新論，新疆人民出版社，二〇〇六年。

（前缺）

［　］文半，閏二𠥱(月)十九〇(日)剌頭［　］
［　］一［　］
［　］
［　］渠北部田價［　］
［　］□□〇［　］

（後缺）

2001SYMX1:3–8

0　5cm

一〇　武周長安三年（七〇三）三月二十八日酒泉城人雇車往方亭戍契

本件拆自紙鞋三號鞋面，被塗墨，字迹難辨。年月日及「人」字，均用武周新字。七行尾爲唐人慣用之終文號。參見陳國燦《鄯善縣新發現的一批唐代文書》，《吐魯番學新論》，新疆人民出版社，二〇〇六年。

1 長安三年（年）三月（月）廿八日（日）酒泉［城］［　　］
2 户邊雇車壹乘，送□□往方［
3 停（亭），一乙雇直一車壹［　　］
4 銀錢［　　］
5 □落子車替［　　］
6 ［　　］要行二主［　　］
7 ［　　］。‖
8 ［　　］
9 ［　　］
10 保人（人）［　　］
11 知見人張［　　］

（後缺）

2001SYMX1:1-7

2001SYMX1:1-6

一一　武周雇高昌縣人康黑奴替番上契

本件爲前後兩片，前片拆自紙鞋一號鞋面裏第二層。有武周新字。據二行「替」及十行「替上」，乃高昌縣人康黑奴受雇替人番上契。參見陳國燦鄯善縣新發現的一批唐代文書，吐魯番學新論，新疆人民出版社，二〇〇六年。

（前缺）

1 □交用銀錢陸，銅錢貳

2 文，雇高昌縣厓(人)康黑奴替

3 若□□槽官

4 逐箇並

5 康，其錢

6 過期限，今

7 不知，更不

8 □指爲記。

9 錢主

10 替上□

11 保厓

12 知見

（後缺）

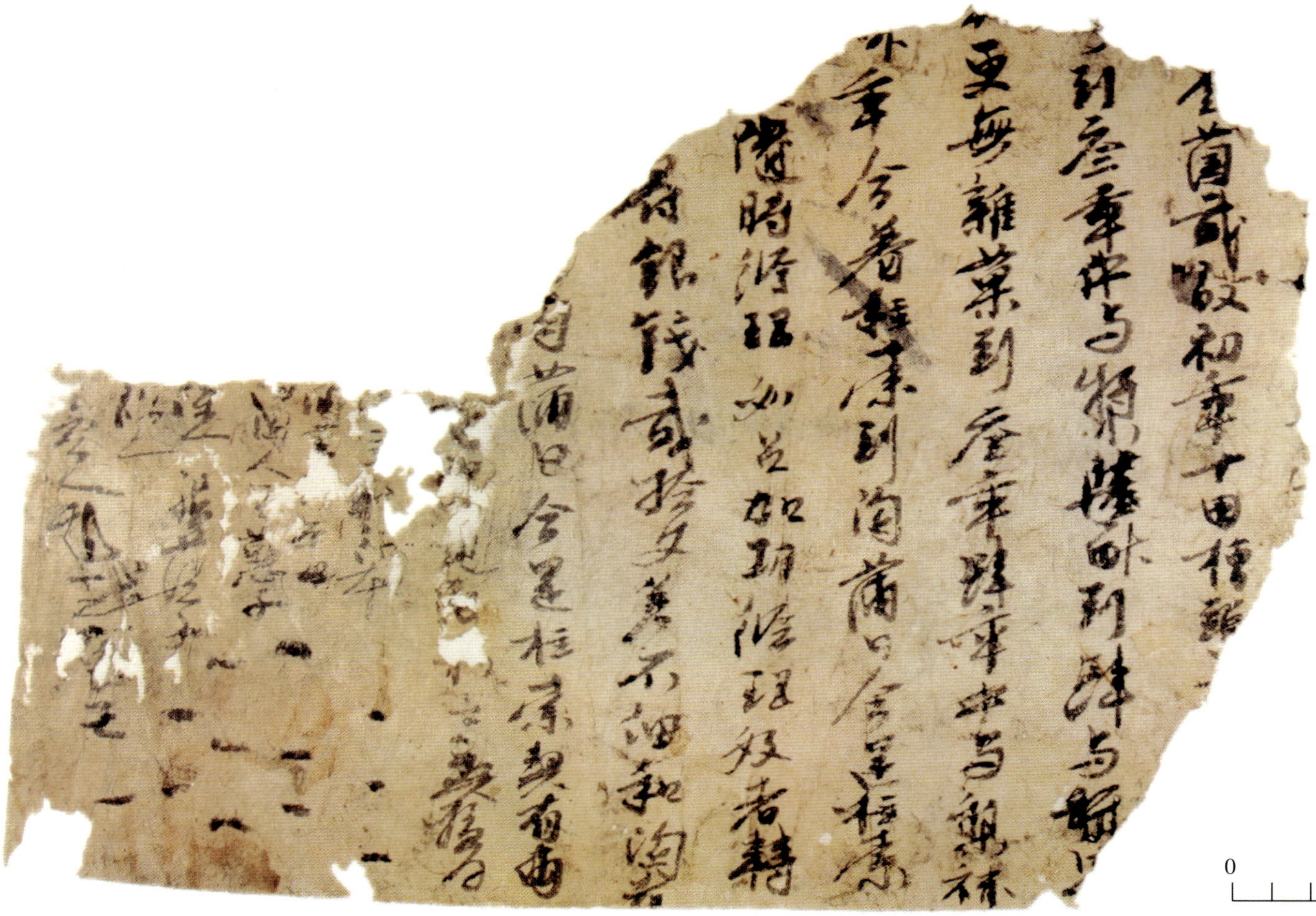

0 5cm

2001SYMX1:1-1

一二　武周吕懃子從和行本邊佃葡萄園契

本件拆自紙鞋一號鞋面最裏層，年、月用武周新字，當爲武周時期契約。背面有「和合」二字的左半。參見陳國燦鄯善縣新發現的一批唐代文書，吐魯番學新論，新疆人民出版社，二〇〇六年。

（前缺）

1 ［　　］壹園貳畝，初𠡦(年)十𠥱(月)槽頭□［　　］

2 ［　　］□到叁𠡦中，与漿陸研(斛)，到肆，与□□

3 ［　　］□，更無雜菓。到叁𠡦、肆𠡦中，与梨袜

4 ［　　］□研　，𠡦合着柱索，到陶滿日合還柱索

5 ［　　］隨時修理，必吕加功修理好者，轉

6 ［　　］罰銀錢貳拾文。若不佃和陶者，

7 ［　　］陶滿日，合還柱索，契有兩

8 ［　　］□□□，兩和立契，指爲

9 ［　　］陶主　和行本 一一一

10 陶主　行本母 一一一

11 佃陶人吕懃子 一一一

12 保人張藴子 一一一

13 保人

14 知見人趙留□

2001SYMX1:3-4

一三　武周呂□□佃田契尾

本件拆自紙鞋三號鞋面第二層。有武周新字，知爲武周時期文書。契約正文已缺，據第一行内容知爲佃田契。參見陳國燦鄯善縣新發現的一批唐代文書，吐魯番學新論，新疆人民出版社，二〇〇六年。

（前缺）

1 □仰佃𤯔（人），契有兩

2 □指爲驗。

3 □左相　一一

4 □𤯔呂　一

5 □知見汜　一一一

6 □𤯔鄯伍

7 知見𤯔王

2001SYMX1:3-15

2001SYMX1:3-5

一四　武周某年壹月呂慹□殘文書

本件拆自紙鞋三號鞋面，背塗墨。「月」用武周新字，知爲武周文書。參見陳國燦鄯善縣新發現的一批唐代文書，吐魯番學新論，新疆人民出版社，二〇〇六年。

（前缺）

1 埴五［

2 呂慹［

3 肆文□［

4 壹㊊（月）十二［

（後缺）

一五　武周殘契

本件拆自紙鞋三號鞋面表層鞋尖部分，原係剪自某契書尾部。「人」爲武周新字，知爲武周文書。參見陳國燦鄯善縣新發現的一批唐代文書，吐魯番學新論，新疆人民出版社，二〇〇六年。

（前缺）

1 □見𤯔（人）李仁昉

（後缺）

2001SYMX1:1–5

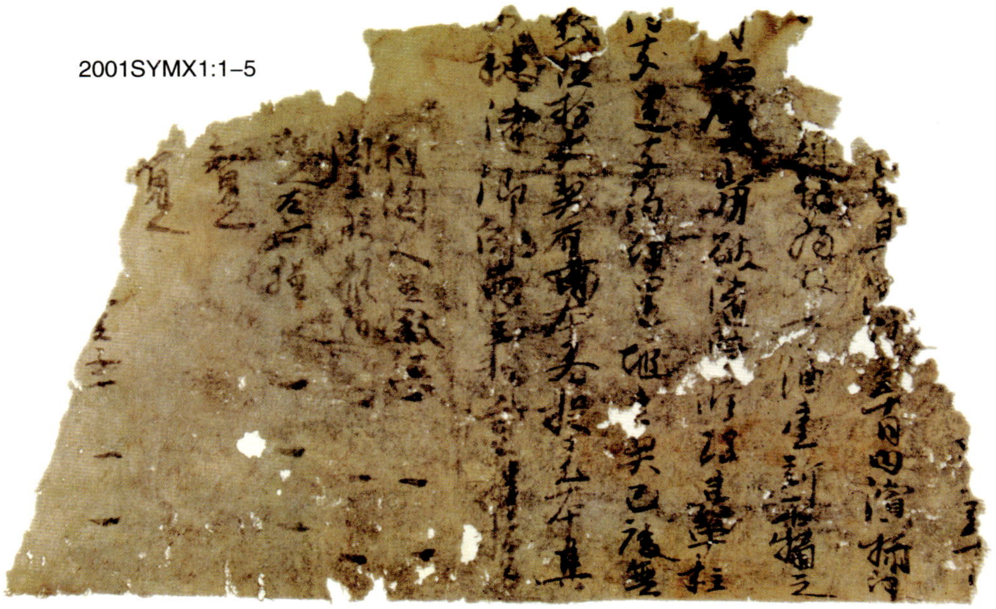

一六　武周文書殘片

本件拆自紙鞋三號鞋面表層鞋尖部分，背塗墨。其文書格式與前列第一四號相似，疑爲抄條。

參見陳國燦鄯善縣新發現的一批唐代文書，吐魯番學新論，新疆人民出版社，二〇〇六年。

（前缺）

1 ［　　］

2 呂懃［　　］

3 拾伍［　　］

4 □□［　　］

（後缺）

一七　唐呂致德租葡萄園契

本件拆自紙鞋一號鞋面表層，背塗墨。缺紀年，無武周新字，據同出文書，當爲唐代。

參見陳國燦鄯善縣新發現的一批唐代文書，吐魯番學新論，新疆人民出版社，二〇〇六年。

（前缺）

1 ［　　］□□到十月

2 ［　　］肆𣂁（斗），其酒限到十月内償漿伍

3 ［　　］𣂁，精爲好，苦酒壹𣂁，取漿之

4 ［　　］陶垣壁崩破，隨時修理。其中柱

5 ［　　］得支還支，得塠還塠。立契已後，無

6 ［　　］錢伍拾文。契有兩本，各捉壹本，其

7 ［　　］□穗隨鄉例，兩主和合，獲（畫）指爲

8 ［　　］　租陶人　呂致德　一一一

9 　陶主　張歡伯　一一一

10 　保人　左阿貓　一一一

11 　知見人

12 　知見人

13 ［　　］金子　一一一

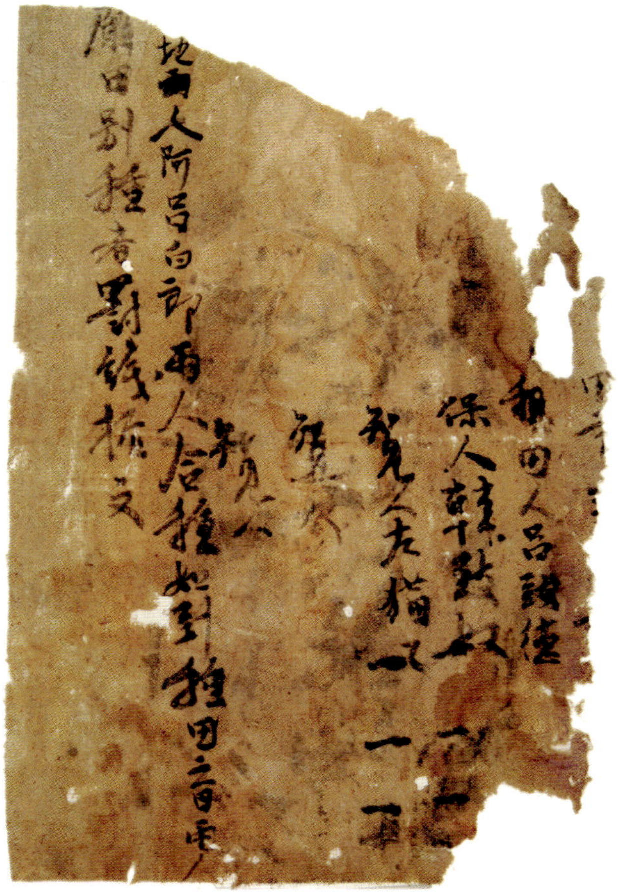

2001SYMX1:1-2

2001SYMX1:3-11

2001SYMX1:3-10

0　5cm

一八　唐呂致德租田契契尾

本件拆自紙鞋一號鞋面第三層。未見武周新字。參見陳國燦鄯善縣新發現的一批唐代文書，吐魯番學新論，新疆人民出版社，二〇〇六年。

（前缺）

1 田主□□□
2 租田人呂致德
3 保人韓致奴 一一
4 知見人左貓乙 一一
5 知見人 一一
6 知見人
7 地兩[一]人：阿呂、白郎兩人合種，如到種田之日，兩人
8 廨田別種者，罰錢拾文。

注釋

[一]「兩」字被墨塗去。

一九　唐以□分田爲質貸銀錢契

本件拆自紙鞋三號鞋面。未見武周新字。參見陳國燦鄯善縣新發現的一批唐代文書，吐魯番學新論，新疆人民出版社，二〇〇六年。

（前缺）

1 新渠□
2 質取銀
3 中壹□
4 錢貳
5 仰妻

（後缺）

二〇　唐雇□黑奴上烽契殘片

本件拆自紙鞋三號鞋面。從「銀錢」、「十五日」、「上壹」等語推測，應是雇人上烽契。參見陳國燦鄯善縣新發現的一批唐代文書，吐魯番學新論，新疆人民出版社，二〇〇六年。

（前缺）

1 □
2 □點□
3 □黑奴□
4 □交銀錢
5 十五日
6 上壹

（後缺）

2001SYMX1:2-1

2001SYMX1:3-13

2001SYMX1:3-16

二一　唐文書殘片

本件與紙鞋同時出土，內容與其他契約類文書不同，故編爲二號，從紙背全被塗墨看，仍屬紙鞋的一部分。本片性質不明，從外形看屬公文文書底部的一片。參見陳國燦鄯善縣新發現的一批唐代文書，吐魯番學新論，新疆人民出版社，二〇〇六年。

（前缺）

1　［　　］縣

2　［　　］

3　［　　］遂應風俗使差

4　［　　］□仰［　　］

（後缺）

二二　唐文書殘片

本件拆自紙鞋三號鞋尖。參見陳國燦鄯善縣新發現的一批唐代文書，吐魯番學新論，新疆人民出版社，二〇〇六年。

（前缺）

1　交付［　　］

2　便一［　　］

3　主［　　］

（後缺）

二三　唐文書殘片

本件拆自三號紙鞋。僅存二字，爲一文書底部。參見陳國燦鄯善縣新發現的一批唐代文書，吐魯番學新論，新疆人民出版社，二〇〇六年。

（前缺）

1　［　　］貞信

（後缺）

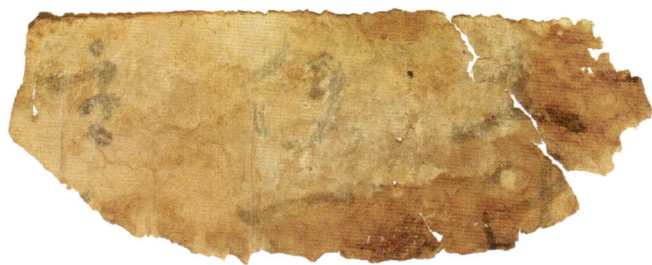

2004TYGXM4:1　0　5cm

吐魯番新出土墓表墓誌

交河故城溝西墓地出土墓表墓誌

一　麴氏高昌延昌三十年（五九〇）十二月十八日康□鉢墓表

本墓表出土於交河故城溝西墓地東南部的康氏家族塋院四號墓斜坡墓道中。在墓道東端南壁4.8m處有一高0.43m，寬0.45m，進深0.1m方形壁龕，墓表文字面内嵌於龕中。青磚質，呈正方形，邊長36.5cm，厚3.5cm。面有横竪墨綫界欄，銘文朱書，由於潮濕，其最下排字迹已全部脱落。據王素麴氏高昌曆法初探（出土文獻研究續集，一四八—一八〇頁）推算，延昌三十年十二月十八日爲辛未，而墓表則爲「庚戌」。參見李肖交河溝西康家墓地與交河粟特移民的漢化，敦煌吐魯番研究第一〇卷（二〇〇七年）；張銘心吐魯番交河溝西墓地新出土高昌墓磚及其相關問題，西域研究二〇〇七年第二期。

1 延昌卅年庚戌歲十
2 二月朔甲寅十八日
3 庚戌，領兵胡將康□
4 鉢，春秋五十有四，□
5 疾卒於交河城内，□
6 柩啓康氏之墓表。

2004TYGXM5:1

0　5cm

二　麴氏高昌延昌三十三年（五九三）三月康蜜乃墓表

本墓表出土於交河故城溝西墓地東南部的康氏家族塋院五號墓墓道中，距墓道東端2.68m處之南壁有一高0.36m，寬0.44m，進深0.1m的壁龕，墓表嵌於龕內。出土時已經斷裂爲四塊。青磚質，略呈正方形，長35.7cm，寬35.6cm，厚4cm。銘文朱書，部分字迹漫漶。參見吐魯番地區文物局新疆吐魯番地區交河故城溝西墓地康氏家族墓，考古二〇〇六年第一二期；李肖交河溝西康家墓地與交河粟特移民的漢化，敦煌吐魯番研究第一〇卷（二〇〇七年）；張銘心吐魯番交河溝西墓地新出土高昌墓磚及其相關問題，西域研究二〇〇七年第二期。

1 延昌卅三年癸丑
2 歲三月□□日卒於
3 交河岸上，殯葬。康
4 蜜乃春秋八十有二，
5 康氏之墓表。

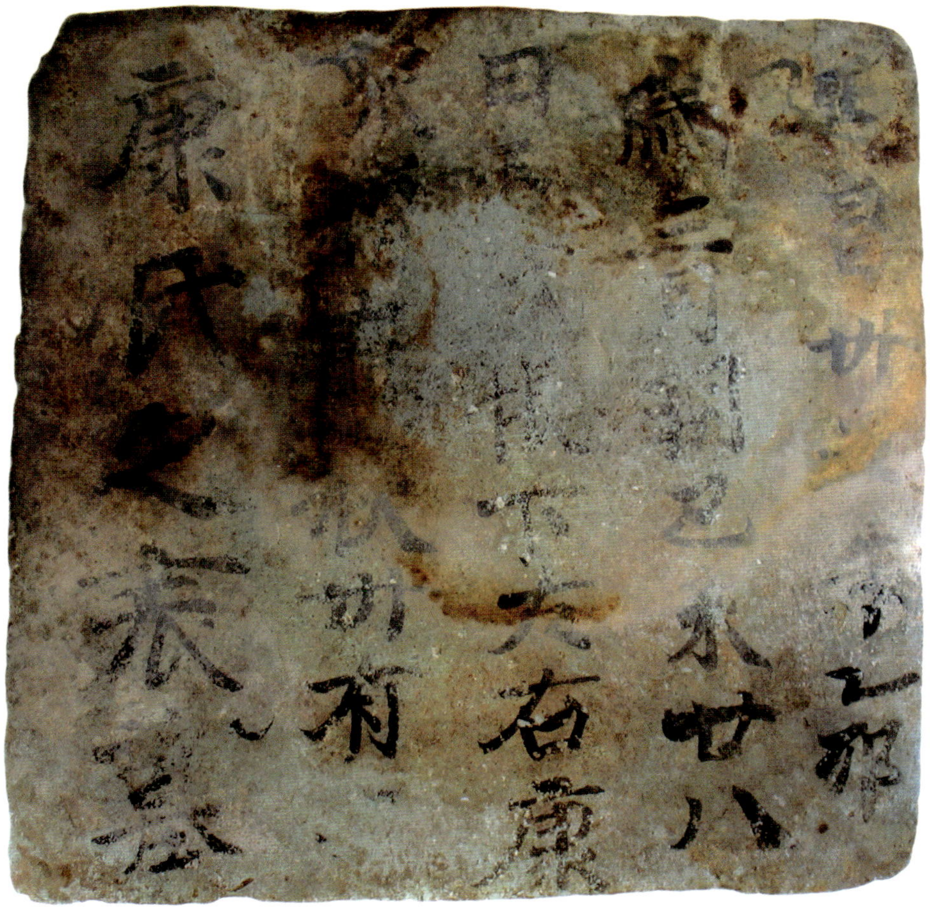

2004TYGXM6:1　0　5cm

三　麴氏高昌延昌三十五年（五九五）三月二十八日康衆僧墓表

本墓表出土於交河故城溝西墓地東南部的康氏家族塋院六號墓墓道中，距墓道東端2.36m處南壁有一高0.44m，寬0.6m，進深0.1m的壁龕，銘文面向内嵌於龕中。青磚質，呈正方形，邊長33.2cm，厚4.5cm。銘文墨書。參見李肖交河溝西康家墓地與交河粟特移民的漢化，敦煌吐魯番研究第一〇卷（二〇〇七年）；張銘心吐魯番交河溝西墓地新出土高昌墓磚及其相關問題，西域研究二〇〇七年第二期。

1 延昌卅五年乙卯
2 歲三月朔己未廿八
3 日丙戌，帳下左右康
4 衆僧，春秋卅有九，
5 康氏之墓表。

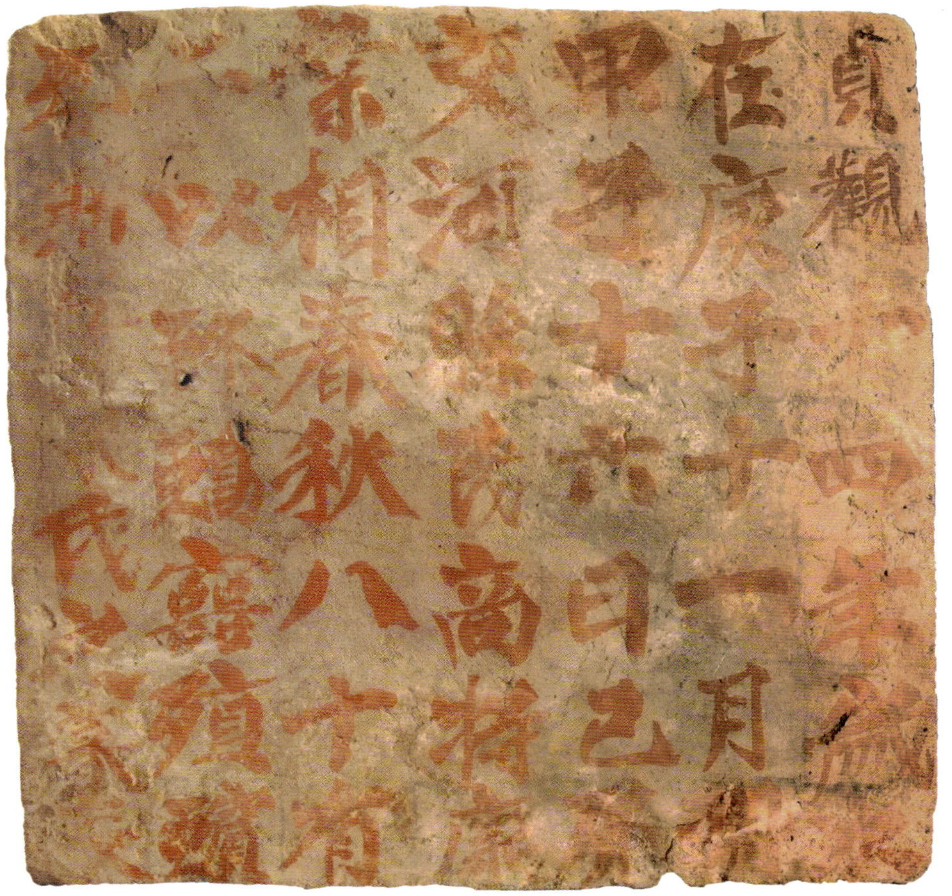

2005TYGXM11:1　0　5cm

四　唐貞觀十四年（六四〇）十一月十六日康業相墓表

本墓表出土於交河故城溝西墓地東南部的康氏家族塋院一一號墓斜坡墓道内，側立於距墓道東端0.92m處之北壁。青磚質，略呈正方形，長32.3cm，寬32.9cm，厚4.6cm。銘文朱書，部分字迹漫漶。參見李肖交河溝西康家墓地與交河粟特移民的漢化，敦煌吐魯番研究第一〇卷（二〇〇七年）；張銘心吐魯番交河溝西墓地新出土高昌墓磚及其相關問題，西域研究二〇〇七年第二期。

1　貞觀十四年歲次
2　在庚子十一月朔
3　甲子十六日己卯，
4　交河縣民商將康
5　業相，春秋八十有
6　二，以歧嶠靈殞，殯
7　葬斯[墓]，康氏之墓表。

2005TYGXM20:15

五　唐龍朔二年（六六二）正月十六日康延願墓誌

本墓誌出土於交河故城溝西墓地東南部的康氏家族塋院二〇號墓斜坡墓道内，側立於距墓道東端0.88m處。青磚質，略呈正方形，長32.4cm，寬32.8cm，厚4.5cm。面有横豎朱綫界欄，銘文朱書，部分字迹漫漶。本墓誌無誌主姓氏，但墓誌出土於康氏家族墓地中，故據此定名爲「康延願墓誌」。參見孟憲實唐代府兵番上新解，歷史研究二〇〇七年第二期；李肖交河溝西康家墓地與交河粟特移民的漢化，敦煌吐魯番研究第一〇卷（二〇〇七年）；張銘心吐魯番交河溝西墓地新出土高昌墓磚及其相關問題，西域研究二〇〇七年第二期。

1 諱厶，字延願，交河群(郡)内將之子。其先出
2 自中華，遷播屆於交河之郡也。君以立
3 性高潔，稟氣忠誠，泛愛深慈，謙讓爲質。
4 鄉邦推之領袖，鄰田謝以嘉仁。識幹清
5 强，釋褐而授交河郡右領軍岸頭府隊
6 正，正八品，屬大唐啓運，乘以舊資，告身
7 有二，一雲騎，二武騎尉。忽以不袁(幸)，遇患
8 纏躬，醫方藥石，將療不絶。轉以弥留困
9 篤。今以龍朔二年正月十六日，薨於私
10 第也，春秋七十有六，即以其年其月十
11 六日，葬於城西暮(墓)也。河(何)期積善無徵，變
12 隨物化。親族爲之悲痛，鄉閭聞之歎傷。
13 豈以川水難停，斯人逝往，故立銘記於
14 □宮之左，使千秋不朽。
15 正月十六日書

巴達木墓地出土墓表墓誌

一　麴氏高昌延昌十四年（五七四）二月二十一日康虜奴母墓表

本墓表出土於巴達木二號臺地的康氏家族墓地二〇一號墓墓道西壁下。胡楊木質，呈長方形，下呈斜邊，左側長23.5cm，右側長28cm，下寬10.7cm，厚3.6cm。銘文朱書，字迹部分漫漶。

1　延昌十四年甲午歲二月
2　廿一日，康虜奴公母之
3　墓表。

2004TBM201:1

0　5cm

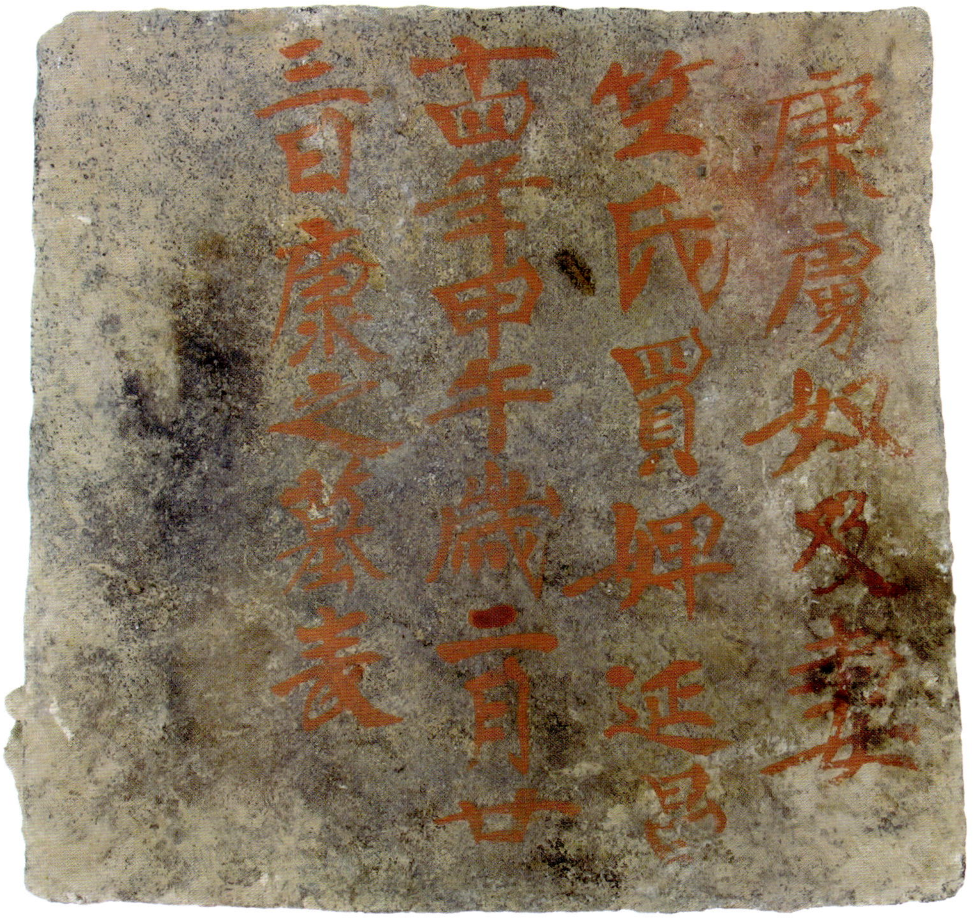

2004TBM202:1

二　麴氏高昌延昌十四年（五七四）二月二十三日康虜奴及妻竺買婢墓表

本墓表出土於巴達木二號臺地的康氏家族墓地二〇二號墓，距墓道口向西2.8m，銘文向内側立於西壁下。青磚質，呈正方形，磚體變形，磚面屈曲，邊長33.8cm，厚3.5cm。銘文朱書。

1 康虜奴及妻
2 竺氏買婢，延昌
3 十四年甲午歲二月廿
4 三日，康之墓表。

2004TBM212:1

三　麴氏高昌延壽七年（六三〇）十二月二十四日康浮圖墓表

本墓表出土於巴達木二號臺地的康氏家族墓地二一二號墓，側立於距道口向北1.5m處。青磚質，呈正方形，邊長32.8cm，厚4.6cm。銘文墨書。第一行當是書寫墓表者補寫干支建除，應替換下文「十二月廿四日」。後附調整之録文。

1　十二月朔壬辰滿廿四日乙卯除
2　延壽七年庚寅歲十二月
3　廿四日，左親侍左右康浮啚
4　之輔墓。

附：延壽七年庚寅歲十二月朔壬辰滿廿四日乙卯除，左親侍左右康浮圖之輔墓。

2004TBM114:1　　0　5cm

四　麴氏高昌延壽十四年（六三七）八月二十一日白坎奴墓表

本墓誌出土於巴達木一號臺地的白氏家族塋院內一一四號墓墓道内，側立於墓道口向西 1.8m 墓道南壁處，銘文面向墓道壁。青磚質，略呈正方形，右下角微殘，長 36cm，寬 36.8cm，厚 3.8cm。銘文朱書。

1　延壽十四年丁

2　酉歲八月玥（朔）癸

3　丑廿一日癸酉，

4　右親侍左右白

5　坎奴之墓表焉。

2004TBM217:12

0 5cm

五 唐垂拱二年（六八六）十一月二十七日□如節墓誌

本墓誌出土於巴達木二號臺地二一七號墓墓道内，側立於距墓道口向北 0.6m 西壁處。青磚質，略呈正方形，長 34.5cm，寬 34cm，厚 4cm。墨底，有竪朱綫界欄，銘文朱書，字迹部分漫漶。

1 君諱如節，其先兖城之勝族。卜宅
2 徙塞，高栖此地，長爲西州人焉。其祖前
3 庭府隊正上護軍諱護，父上柱國諱歡
4 之長子，祇質怡亮，稟靈聰穎。文風有裕，□
5 □知機。與交淡水之情，密契有披雲之趣。年將
6 四五，祇奉公門，孝篤居德，無虧私室。豈謂
7 涉洹之夢，俄及蒿里之閟，忽從秀而靡，實
8 殲光景，春秋卅，以垂拱二年歲屬庚戌六月
9 十九日終，其月廿一日權殯於私第，其年十一月廿七日，
10 遷葬城東先人舊塋，禮也。嗚呼哀哉，迺爲
11 銘曰：金方茂族，玉塞榮□，□陶儒訓，
12 性尚知機，公庭肅奉，私第仁慈，懷秀
13 不實，掩及塋穴。從風易往，逝水無來，
14 丘墳寂寞，煙霧徘徊。

2004TMM103:1

木納爾墓地出土墓表墓誌

一 麴氏高昌延壽四年（六二七）十月二十九日宋佛住墓表

本墓表出土於木納爾一號臺地宋氏家族塋院内一〇三號墓的墓道東壁下，出土時與延壽九年（六三二）宋佛住妻張氏墓表合併側立。青磚質，略呈正方形，長36.8cm，寬37.1cm，厚4.5cm。銘文朱書。參見吐魯番地區文物局新疆吐魯番地區木納爾墓地的發掘，考古二〇〇六年第一二期；高丹丹吐魯番出土某氏族譜與高昌國的家族聯姻，西域研究二〇〇七年第四期。

1 延壽四年丁亥歲十
2 月庚辰朔廿九日戊
3 申，故宋仏住新除北
4 聽（廳）散望，中出作永安
5 兵曹參軍，轉遷内行
6 兵曹司馬。春秋有六
7 十六，殯葬斯墓。

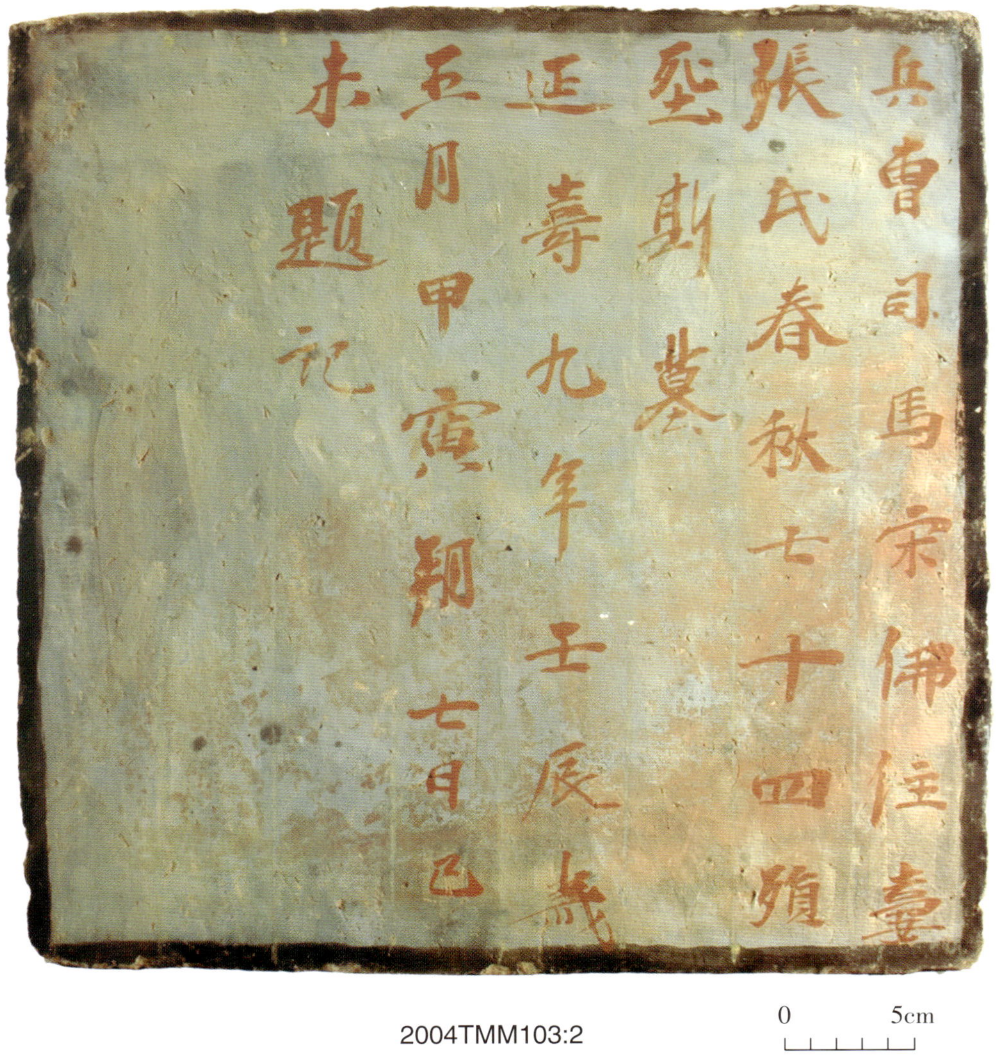

2004TMM103:2

二 麴氏高昌延壽九年（六三二）五月七日宋佛住妻張氏墓表

本墓表出土於木納爾一號臺地宋氏家族塋院內一〇三號墓的墓道東壁下，出土時與麴氏高昌延壽四年（六二七）十月二十九日宋佛住墓表合併側立。青磚質，略呈正方形，長43.5cm，寬42.3cm，厚4.5cm。有墨框和極淡的白綫界欄，銘文朱書。參見高丹丹吐魯番出土某氏族譜與高昌國的家族聯姻，西域研究二〇〇七年第四期。

1 兵曹司馬宋佛住妻

2 張氏春秋七十四殞

3 葬斯墓。

4 延壽九年壬辰歲

5 五月甲寅朔七日己

6 未題記。

2005TMM203:1

0 5cm

三 麴氏高昌延和八年（六〇九）五月二十六日張容子墓表

本墓表出土於木納爾二號臺地張氏家族塋院内二〇三號墓的墓道中，嵌於墓道口向北0.78m處東壁小龕内，銘文面向墓道壁。青磚質，略呈正方形，長33.4cm，寬33.8cm，厚3.4cm。墨底，朱綫界欄，銘文朱書，左上角漫漶。參見吐魯番地區文物局新疆吐魯番地區木納爾墓地的發掘，考古二〇〇六年第一二期。

1 延和八年歲在己巳五
2 月朔丁卯日朔壬辰，以
3 前散初爲王帳下，後
4 □遷令内將張容子者，
5 敦煌人也。張氏之墓
6 □。

2005TMM208:1

0 5cm

四 麴氏高昌延和九年（六一〇）十一月二日張保悦墓表

本墓表出土於木納爾二號臺地張氏家族塋院内二〇八號墓的墓道中。青磚質，略呈正方形，長31cm，寬29.5cm，厚5cm。墨底，有細朱筆欄格，銘文朱書。

1 延和九年歲在庚午十一月
2 朔戊午己未日，以前散
3 初爲北聽（廳）幹，後遷王帳下
4 親任，春秋四十咸（減）二，張
5 保悦之墓表。

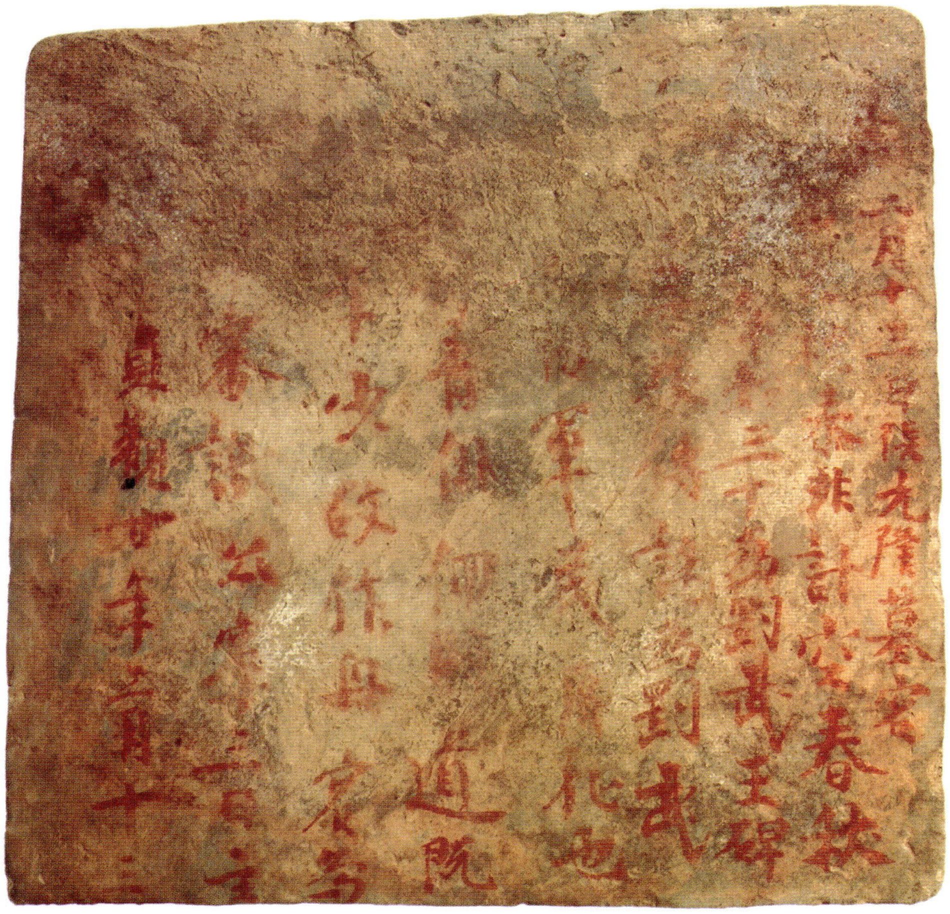

2005TMM209:1　0　5cm

五　唐貞觀二十年（六四六）二月十三日張元隆墓誌

本墓誌出土於木納爾二號臺地的張氏家族塋院內二〇九號墓墓道口西側。青磚質，呈正方形，邊長35cm，厚4.4cm。銘文朱書，上半部字迹漫漶。

1 □廿年二月十三日張元隆墓銘
2 □之禮，泰非計空，春秋
3 □年始三十，爲剛武王碑
4 堂□，□□尋後傳託(?)爲剛武
5 □□，軍民同化也。
6 □青俳佪□道既
7 □年少，故作丹銘焉。
8 □審識公銘十三日主
9 □貞觀廿年二月十三

（後缺）

Newly Discovered Turfan Documents

Edited by

Rong Xinjiang
Li Xiao
Meng Xianshi

Zhonghua Book Company

Table of Contents

Preface ········· (1)

Introductions

Recent Archaeological Discoveries in Turfan ········· (3)

A Survey of the Newly Discovered Turfan Documents ········· (12)

Prefatory Notes ········· (1)

Bibliography ········· (3)

Texts

Documents Discovered in Astana in 2004 ········· (1)

Documents Discovered in Astana in 2006 ········· (22)

Appendix: Documents Discovered in Astana in 1965 ········· (54)

Documents Discovered in Badamu in 2004 ········· (56)

Documents Discovered in Muna'er in 2004 ········· (103)

Documents Discovered in Yanghai in 1997 ········· (123)

Documents Discovered in Yanghai in 2006 ········· (169)

Documents Discovered in the Ancient Jiaohe City in 2002 ········· (231)

Documents from Taizang Pagoda Acquired in 2005 ········· (258)

Documents from Turfan Region Acquired in 2006 ········· (271)

Appendix: Documents from Khotan Region Acquired in 2006 ········· (359)

Documents from Shanshan County Acquired in 2001 ········· (362)

Tomb Epitaphs Discovered in Turfan ········· (375)

Index

Notes on Index ········· (1)

Index of Personal Names ········· (3)

Appendix: Index of Names of Divinities ········· (22)

Index of Toponyms ········· (23)

Index of Signatures and Titles of Documents ········· (27)

索　　引

目　　録

人名地名索引凡例 …………………………………………………………………………（1）
人名索引 ……………………………………………………………………………………（3）
　附　神名索引 …………………………………………………………………………（22）
地名索引 …………………………………………………………………………………（23）
文獻編號索引 ……………………………………………………………………………（27）

人名地名索引凡例

1. 本索引根據新獲吐魯番出土文獻編製，分人名、地名兩部分；人名在前，地名在後，神名附於人名之後。

2. 本索引按人名、地名的音序排列；第一字相同者，依第二字音序排列，以下類推；人名、地名後的數字是其在本書中的頁碼。

3. 本索引只收出土文獻中出現的人名、地名，兼收墓葬解題、文書解題所引的新獲墓表、墓誌和文書中的人名和地名；典籍所見的人名、地名，一律不收。

4. 録文中的闕字作□，殘字依原樣收録；武周新字依正字收録。

5. 人名、地名後缺但不詳是否缺字及所缺字數者，作〼；前缺則不補〼。

6. 人名、地名省稱者單獨出條，括注全稱。

7. 有名無姓，而據相關信息可確知其姓者，括注全稱，全稱不單獨出條；有姓無名，而帶身份如“何郎將”者，照録。個別用俗字或同音假借字所寫名稱，後括注本名。

8. 同一人名而不能確知其爲同一人者，分別出條，其後括注相關信息，以示區別；無法區別者單列。地名相同而所指不同者，其後括注相關信息。

9. 神名如“張堅固”、“李定度”的不同寫法，分別出條，括注通用名。

人名索引

A

阿刀　55
阿護　287
阿隆　130
阿吕　373
阿晟　132
阿師　298
阿趙　297
阿〼　140
愛（愛紀）　211
愛紀　211
安北山　339
安進　39
安客兒　295
安恪　43

B

白弟々　295
白逢湍　311
白苟蕈　35
白海元　302
白歡信　63
白郎　373
白默隆　5
白坼奴　383
白神子　366
白石生　5
白臺女　7
白武意　113
白相歡　113
白元璧　333
白願佰　56
白□　150
保峻　299
寶　128
寶厠　295
寶德　287
寶嵩　299
寶□　128
婢（張婢）　179
昺　225，226
波門奴　138
伯子　299
帛軍弘　281
卜兒　267
不駈　128
不招　49
步失達官　317，319，323，325

C

曹本　51
曹伏奴　35
曹君住　35
曹婆頡德（小）　302
曹如珎　341
曹通子　37
曹行　49
曹休珪　337
曹貞　17
曹〼　214

D

E

兒　135

F

法歡　299
法教　299
法儁　295
法生　150
法願　299
法□　299
樊阿養　133
樊秉　281
樊伯宗　142
樊倫安　129，147
樊石得　302
樊同倫　131
樊擇友　337
氾　370
氾臣　92
氾德隆　145
氾和敏　35
氾積　47
氾禮　92
氾慎　345
氾同　39
氾延伯　302
氾知　92
氾智　49，92
氾智儁　295
氾住　297
氾□　89
氾□　300
范才々　2
范醜奴　7
范聰達　2
范塠子　5
范羔眼　7
范苟□　7
范苟子　7
范漢德　7
范弘達　2
范霍　2
范進貞　5
范進住　2
范林宣　298
范隆海　5
范隆貞　5
范門帶　7
范默進　2
范奴仁　5
范虔太　353
范强師　7
范慶伯　298
范秋　144
范仁禮　7
范思約　5
范通　281
范秃子　302
范武弥　302
范小住　2
范緒德　5
范緒塠　5
范酉隆　145
范元智　5
范智々　5
范周會　279，281
范宗平　129
范□□　55
范□　281
范〼　139
范〼　298
范〼　298
梵住　299
粉師　132
馮阿胡　143
馮阿相子　295
馮多武　19
馮進　53
馮買奴　131

馮師 137
馮受 214
馮顯通 284
馮宜叔 143
奉化王 333，335
鳳賓 350
伏行 17
浮□□ 150
輔阿山 337
傅安師 37
富意 210

G

盖阿興 360
盖嘉順 15
盖□ 91
剛武王（光武王） 389
高 130
高伏奴 49
高敬 92
高憙住 302
高悊 306
葛勒 333
功通 301
鞏懷保 300
鞏元 92
觀音 267
貫先 279
灌知 350
光 286
光武王 103
廣閏 53
貴（?） 215
郭奉琳 341
郭弥 284
郭石鼠 35
郭氏 177
郭首倫 129
郭武仁 7
過官 298

H

海覺 299
海相 299
海業 299
韓什□ 354
韓通 283
韓相 279
韓釗 281
韓致奴 373
郝伏憙 15
何寶 73
何赤頭 302
何楮 113
何弟□ 7
何花 65
何郎將（何寶） 74
何朗智 7
何莫己 302
何善慈 327
何禿子 29，41，45，47
何尾端 7
何養 125
和懷恪 35
和讓 25
和武仕 302
和行本 369
和寅海 12
和子 286
賀 177
褐鎰 359
黑奴 146，147
黑奴（康黑奴） 373
恒讓（李恒讓） 76
洪奕 16
侯允 273，275
呼末魯 333
胡甬猛 204
扈氏 177
護 384

懷達　14
懷歡　9，11
懷儒　299
歡　384
歡兒　295
歡文　106
皇甫敬　45
皇甫揔慶　352
黄　138
黄保　138
黄〼　138
惠慶　130，141
惠奄　299
惠儼　53
惠正　150
惠〼　129
霍義泉　333

J

姬　287
雞弊埴奴　121
迦奴　125
賈畢　138
賈瑰俗　366
賈海仁　19
賈虎子　284
賈始奴　139
賈祀隆　35
賈寅　134
江安洛　35，37
江進　177
姜海相　302
焦伏護　365
焦來富　2
節　91
戒□　301
斤木　128
金子　372
金〼　137
進君　17
進遜　17
靳才適　5
靳才行　7
靳處貞　354
荆佛須　279
荆氏　179
景家生　15
敬　45
敬大素　78
敬弘　366
就　197，198，205，207，221，222，225
駒　128
駒　136
駒（張駒）　179
俱路仙　337
俊（武俊）　306，307
峻覺　299
峻悦　299

K

闞高　177
闞懷祐　296
闞岌　281
闞嘉慶　35
闞彊　281
闞禄　197，198，203，205，206，207，208，213
闞錢　281
闞通子　5
闞万虎　283
闞□洛　7
康阿醜　125
康保祐　298
康寶業　352
康參得　298
康禪師　298
康禪師　35
康道德　352
康德□　35
康伏叔　19

康浮圖　382
康海德　302
康黑奴　368
康護　119
康節　90，92
康隆海　14
康虜奴　380，381
康祿恕　5
康洛胡　35
康蜜乃　376
康清潤　337
康勝　92
康思勗　352
康憙釵　302
康相蜜　295
康辛兒　142
康玄智　7
康延願　379
康業相　378
康義　321
康元愛　134
康衆僧　377
康周德　134
康子順　108
康宗　55
康□　150
康□　295
康□□　150
康□□（虎牙將軍）　97
康□鉢　375
客師　313
肯石　327
肯義　327
肯▨　327
孔明　203
孔奣　281
孔□　203
匡德師　35
匡德祀　35
昆侖　150

L

來下　147
郎洛貞　5
勒　333
樂奴奇　137
樂勝　281
雷持　281
雷文受　113
雷忠恪　25
李阿鼠　35
李操　2
李慈　275
李德　201
李伏奴　113
李苟子　302
李規　179
李恆讓　75，76
李弘長　279
李洪安　177
李懷禮　35
李繼奴　351
李堅進　113
李虧（？）　177
李隆護　134
李謐　279
李蒲　214
李遷　283
李欽　281
李圈德　35
李仁昉　371
李沙富　201
李慎　279
李師　92
李師方　150
李氏　177
李思忠　150
李騰芝　132
李未興　130，139
李奣　279

李洿　192
李希同　150
李興　196
李秀　120
李玄逸　263
李雪　179
李藝義　55
李由巳　29
李願仁　7
廉德　281
廉和（廉和謙）　273，275
廉和謙　275
廉遂　281
梁阿孫　302
梁達苟　7
梁仲宗　134
亮　56
林歡濟　111
琳（趙琳）　171
令狐□　283
令狐阿婢　21
令狐阿渚　136
令狐豹　141
令狐卑子　136
令狐成　137
令狐崇偘　150
令狐寵　281
令狐定德　35
令狐浮咖延　302
令狐丐奴　137
令狐厚主　131
令狐胡卓　12
令狐京伯　107
令狐男　279
令狐仁偘　150
令狐武千（令狐武遷）　9
令狐武遷（令狐武千）　14
令狐相伯　113
令狐元海　295
令師　267
劉阿成　137
劉安　51
劉操　268
劉操　92
劉德　43，47
劉懷本　353
劉懷琇　349
劉會　275，277
劉金　137
劉隆富　5
劉奴朴　279
劉氏　179
劉受子　143
劉庭瓌　337，339
劉義功　2
劉義礻□　15
劉元都　143
劉元景　335，337
劉緣子　7
劉支德　5
劉住達　7
劉□　281
劉□□　2
劉▨　119
隆　145
隆　146
隆　179
隆　287
隆（隆悦）　106
隆（張隆）　179
隆保　147
隆奴　139，140
隆悦　107，109，306
隆□　144
龍海保　7
龍僧奴　5
盧泮　140
盧玩　205
盧温　205
路阿奴　132

路晁 279
路魚 281
路□ 214
吕 370
吕（吕憅子） 364，365，369
吕胡兒 295
吕惠超 354
吕憅子 363，369
吕憅□（見吕憅子） 371，372
吕索修 366
吕仙懷 355
吕致德 366，372，373
欒方 29
欒貴 339
洛 12
洛々 65
駱懷文 333
駱千喬 339
駱玄表 339

M

馬成（馬定成） 27，29
馬定之 35
馬貴言 350
馬弘達 141
馬暕 47
馬久 27
馬羌 39
馬欽藝 94
馬慶 130，141
馬慶祖 143
馬神禄 33
馬武倫 302
馬武貞 9
馬小定 353
馬藝 39
毛巳隆 142
毛忠保 150
毛□ 134
卯度 147
茂沙 295
猛 206，223
猛季 179
孟□ 73
孟感通 35
孟武柏 7
孟貞 107
弥 140
弥猴 287
弥悉□ 359
明 142
明 179
明 298
明（段明） 343
明遠 299

N

郍 177
那提 339
泥熟 311
甯方 53
寧遠國王 355
牛 206
牛藏 218
牛大貞 352
牛國 283
牛郎 267，268
牛洛子 35
奴 177
奴（張奴） 179
奴八 360
女 179
女郎 130

P

潘伯興 134
潘僧生 137
裴元貞 79
彭興 337
平 140

平　179
平（押署）　343
平（崔平）　177
憑□　37
婆羅軒　163
破布渾　333
蒲　177
蒲（□萇兄）　214
蒲（陽夫）　193，194，195，196
蒲□　106

Q

耆鄢王（焉耆王）　132，133，135，136，137，141
畦康意　295
畦元富　353
騎施（烏騎支）　313，317
謙祐　298
羌奴　135
强思度　15
嶠　337
喬什力　25
巧成　179
秦豐海　9
懃子（見吕懃子）　362
勍　221，222，224
慶　142
丘明　150
麴（崔麴）　177
麴倉督　22
麴和駿　35
麴懷悦　295
麴積（麴善積）　107
麴𠲎　43
麴儁　56
麴善積　305
麴善因　65
麴仕達　305
麴孫　29
麴武運　301
麴武貞　111
麴⿰口黄　281
麴□□　145
勸　275，277

R

仁義　301
任如意　354
任玄祐　150
日光　335
如　55
如　132
如節　384
若久　163

S

三寶　267
桑□□　359
僧回　299
僧妙　138
僧顯　138
僧勗　299
僧印　299
僧⧄　301
沙陁□　317
山海　73
山子　150
善富　295
善積（麴善積）　305
善覺　299
善奴　286
善相　299
鄯伍　370
尚能　281
邵毛達　150
紹德　287
神⧄　301
生（崔生）　177
師奴　298
石操　91

石秋□　150
石□力　150
史藏　92
史赤女　35
史九子　150
史小磨　330
史行義　35
史□　106
史□（史藏）　92
史▨　359
仕（崔仕）　177
仕洛　366
仕悦（麴仕悦）　56，305
守議（□守議）　63
首興　141
首□　141
受安　139
受宗　128
書□　144
雙保　137
巳隆　140
宋阿隆　131，141
宋琎　281
宋充　279
宋純　283
宋得成　213
宋地得　144
宋仏住（宋佛住）　385
宋佛住（宋仏住）　386
宋旌々　281
宋獪　281
宋棱　279
宋隆　139
宋隆□　146
宋平　281
宋平（宋万平）　273
宋遷　284
宋僧受　136
宋士俊　113
宋万平　275
宋武達　335
宋玄敏　150
宋酉明　133
宋越　279
宋忠　125
宋子秀　7
宋祚　25
宋□　92
宋□　210
宋□　281
宋□　139
宋▨　295
宋▨　339
蘇　218
蘇才君　41
蘇高昌　125
蘇計　177
蘇仁　39，47，49，51
蘇越門　359
蘇□　279
素　111
素　179
素（敬大素）　80
肅　273
孫阿隆　129
孫阿受　144
孫垰駒　136
孫辰住　7
孫承□　108
孫達　18
孫復　128
孫感　88，91
孫國長　279
孫計　284
孫敬一　94
孫隆埴　7
孫石子　130，141
孫庭珎　351
孫奣　177
孫寅住　37

孫屬 284
孫孜 281
孫□ 284
索釵子 302
索苻利 111
索感仁 13
索君明 279
索盧法生 279
索盧軍 205
索泉堅 113
索昇運 333
索通 339
索王貞 113
索行 29，31
索住 53
索□□ 7
索□□ 11
索□□ 25
索〼 330
索〼（内侍） 337
索〼（内侍判官） 339

T

太□ 299
曇祐 299
唐定金 7
唐胡 125
唐隆士 9
唐暖 281
特容 333
田辰海 5，19
田德 89，91
田海祀 18
田洛埴 7
田玫 281
田默海 7
田棨安 279
田七子 284
田善得 295
田尾仁 364
田文 92
田文□ 25
田相德 5
田行智 2
田緒歡 7
田訓 90，91，92
田元哲 300
田拽富 7

W

萬宗 284
王俊 335
王阿得奇 134，145
王阿奴 145
王阿酉 144
王並 283
王並殘 283
王才達 35
王才歡 14
王采姜 5
王瑒 281
王定感 35
王方 284
王佛 136
王何致 113
王嘿埴 5
王君静 150
王六兒 133
王麥埴 7
王邈 283
王模 279
王寧 279
王奴安 281
王蒲生 201
王奇光 339
王萁 279
王慤 92
王善隆 113
王善緒 19
王勝緒 5

王什住　41
王叔良　141
王雙保　138
王爽　43
王素　41，49
王遂　281
王獻朝　339
王相興　213
王行　89，91，92
王玄藝　35
王義　29
王隱客　350
王祐德　7
王祐憙　7
王瑜　49
王圓　281
王貞達　2
王重光　354
王祖彊　132
王〼　45
王〼（内侍）　339
王〼（知見人）　370
旺　343，349
隗登　281
隗佛宗　141
隗隆興　141
隗卯　131，141
隗巳〼　138
隗巳衔　136
隗奣　148
隗〼　139
未宗　132
衛佁　37
魏及　43
魏求己　83
魏仲規　339
温慈順　354
文祐　299
奣（崔奣）　177
奣（録事）　277
屋磨　335
洿（李洿）　192
洿（逃人）　218
烏騎支（烏騎施）　313
吴迦用　7
吴客　163
吴忠　27，29
無演　128
武歡（宋武歡）　103
武俊　306，307
武隆君　2

X

西郭奴　279
悉　359
下　273，277
夏〼　298
仙　343，344，345
顯識　130，133，137
顯覺　61
顯□　141
獻芝（許獻之）　344
相　298
相崇　299
相生　211
相祐　99
相住　299
想（張想）　179
小滕　65
校　205，207
解安惠　113
解勘　283
解隆兒　139
解倫　145
解弥　148
解遺　284
謝過隆海　5
辛阿埴　362
辛沖　273，275
辛林　49

辛舍門　121
辛氏　179
辛武俊　118
興　132
興（張未興）　192
興多　132
行水　221
休胤　346
徐善恭　35
許思齊　35
許通　279
許獻之　343
宣岳　299
軒□　137
軒（?）▨　130
玄貴　299
玄祐　299
玄祚　355
勳　179
詢　185
訓　179
訓（崔訓）　177

Y

鄢耆王　130，133，137，144，145，163
延保　299
延伯　299
延歡　65
延僧　354
延顒（康延顒）　379
閻慶宗　136
閻朔　363
閻思楝　15
閻剣　283
顏（崔顏）　177
顏　179
嚴憧相　302
嚴春生　298
嚴埴埴　5
嚴奉駉　145
嚴海多　7
嚴海仁　302
嚴迴德　5
嚴經　279
嚴六仁　9，12
嚴隆成　147
嚴邏　279
嚴祛　279
嚴銳　283
嚴善富　295
嚴尾貞　7
嚴武達　9
嚴武胡　5
嚴習　147
嚴玄達　147
嚴延　279
嚴延隆　5
嚴祐洛　5
嚴正定　7
嚴資尾　5
嚴□　146
彥賓　325
陽（蒲妻）　194，195
陽慶　141
楊成子　146
楊充　203
楊德子　7
楊撫　179
楊齊援　333
楊仙慎　353
楊興成　145
楊行　41
楊延海　302
楊▨　339
養　192，204，206，209，211，216，223
養歡（田尾仁弟）　364
姚溫　29
伊捺　333
益富（胡奴）　125
益富（虜奴）　177

益富（西塞奴） 179
益心 177
溢（廷掾） 206，221，222，223，224
義 77
義主 301
義㝵 299
陰達 45，49
陰河 107
陰懷福 25
陰嗣業 33
陰義府 94
陰敏 29
尹海祐 113
應 275，277
永 286
酉兒 140，144
于琪 335
元峻 299
元利（張元利） 73
元相（張元相） 117
元訓 299
元璋 55
袁歡慶 5
袁虔泰 150
袁武祐 295
圓應 299
遠 35
願祐 286
悅 295
越□ 144

Z

在得（康在得） 101
瓚 193，194
翟都牛 141
翟海相 7
翟胡□ 5
翟護仁 5
翟隆□ 7
翟壽 39
翟屯奴 352
翟孝感 352
翟瑩珎 297
翟紾 197，213
翟征 53
翟知行 12
湛 115，116，119
張（張隆信） 307
張阿錢 136
張安師 7
張安世 283
張百成 146
張保雙 136
張保悅 388
張財祐 295，298
張持戒 352
張赤子 284
張崇 179
張崇 281
張慈 339
張慈隆 2
張達 25
張大定 5
張大駕 41
張德 79
張德隆 131，141
張定 283
張定 90，91
張端 283
張恩海 19
張恩姜 7
張法力 5
張撫 279
張甘女 19
張感 45
張恭 88，90，91，92
張苟始 5
張海 13
張海達 5
張海仁 113

張海相　113
張亥隆　134
張何元　113
張和進　2
張和豊　284
張弘慎　265
張虎安　284
張懷歡　108
張歡伯　372
張迴軍　19
張惠宗　134
張璣　88，89，92
張瑊　45
張建珎　19
張今來　144
張金連　7
張敬興　137
張開子　7
張朗默　5
張禮興　130，139
張隆保　130，139
張隆富　7
張隆海　113
張隆信　305
張隆緒　113
張隆柱　19
張倫安　146
張洛　303
張洛達　35
張敏　92
張明相　113
張奴子　139
張奴子　51
張齊柳　341
張謙祐　298
張羌奴　138
張清　279
張秋文　120
張儆奴　302
張仁子　279
張容子　387
張沙弥　134
張善和　65
張善聚　14
張善奴　205
張善祐　295
張申□　2
張申生　113
張生　2
張勝君（小）　5
張始君　2
張士奴　281
張氏　179
張氏（宋佛住妻）　386
張守文　5
張思本　5
張素　29
張遂　144
張遂　205
張鐵兒　354
張通（高昌縣典）　43
張通　94
張万長　284
張望東　150
張惟謹　350
張尾住　35
張未興　192
張未宗　134
張温璟　349
張文貞　113
張午興　138
張仵▱　139
張武胡　7
張習禮　94
張顯祐　296
張相富　197
張相隆　113
張相幢　11，14
張小□　150
張小苟　5

張小石　37
張興　33
張興宗　131，141
張秀瓌　344
張玄揮　2
張玄通　279
張延伯　61
張延懷　295
張延相　61
張延宗　147
張宴　279
張晏　179
張益　137
張義　27
張寅虎　145
張寅隆　134
張酉興　137
張元利　73
張元隆　389
張元相　117
張遠安　279
張願保　295
張藴子　369
張韻　10
張貞　91
張貞達　2
張貞端　7
張貞姜　7
張貞行　5
張真　214
張志悊　5
張子　204
張祖　123，124，125，145
張□　203
張□　83
張□　91
張□　92
張□　92
張□□　2
張□□　53
張□子　150
張▨（張韻?）　10
張▨　116
張▨　295
張▨　300
張▨　367
照覺　299
趙阿浮多　302
趙阿虎　144
趙阿隆　142
趙安□　7
趙保　144，147
趙北庭　150
趙賁　275
趙賓　138
趙長　295
趙慈隆　7
趙得兒　298
趙得錢　136
趙德生　79
趙定　279
趙定滿　7
趙度洛　19
趙富來　144
趙漢鎧　7
趙黑子　5
趙闳奴　5
趙懷義　7
趙歡德　5
趙貨　171
趙晉舉　7
趙舉々　7
趙君々　7
趙克□　355
趙來德　19
趙良洛　5
趙亮　284
趙令忠　354
趙留□　369
趙隆德　7

趙隆子 5
趙洛富 2
趙敏行 5
趙培々 7
趙慶宗 137
趙僧演 134
趙善憙 295
趙申君 2，5
趙申行 5
趙士達 7
趙士進 279
趙守護 19
趙首達 129
趙首興 144
趙思莊 335
趙祀 144
趙祀海 5
趙祀君 5
趙素 2
趙庭光 352
趙惟進 335
趙尾苟 302
趙尾生 7
趙文慈 2
趙武隆 5
趙武相 7
趙相護 19
趙相受 279
趙小舉 5
趙小忠 353
趙緤達 113
趙信 43
趙續宗 141，144
趙延□ 5
趙延願 7
趙臧 18
趙志□ 7
趙□ 179
趙□ 295
趙〼 284
趙〼 339
珎 309，311，321，325
貞禮 73
貞信 374
真 113
真覺 299
真義 299
争 197，223
鄭阿卯 163
鄭爲 29
鄭元祐 295
支塠仁 5
支海祐 113
智進 299
智峻 299
智賢 295
周明願 298
周通 47
周文護 35
朱海願 113
朱和義 35
朱歡相 113
朱氏 179
朱行 90，91，92
朱〼 83
竹本 29
竹調梨 302
竹苟奴 35
竹尾端 5
竹武仁 302
竹緒子 35
竹應 49
竺客兒 295
竺買婢 381
住 365
宗 142
祖彊 125，128
祖□ 141
左阿貓 372
左崇祐 295

左臭　281
左慈隆　9，13
左建祖　143
左貓乙　373
左沙弥　136
左　295
左首興　130，139
左雙德　136，145
左巳興　131，141
左相　134
左相　370
左養安　141
左盈雲　362
左猪奴　137

□阿六　150
□阿木　137
□阿奴　138
□愛　132
□愛　136
□安　140
□寶德　147
□豹　138
□豹　281
□婢　277
□萇　214
□成宋　206
□乘奴子　137
□慈　150
□達　147
□得　132
□德　143
□德　9
□德明　185
□都　299
□多　135
□恩恭　354
□兒　128
□尔綜　138
□法興　139
□仏宗　137
□富　204
□感（孫感）　89，90
□根　137
□賀子　7
□黑□　150
□恒　146
□歡信（白歡信）　63
□惠遠　137
□惠宗　138
□汲　346
□苟是　5
□嘉□　354
□皆舉　5
□今來　146
□晉　138
□敬　88
□九奴　150
□居　201
□覺　299
□君行　7
□客師　317
□匡真　136
□隆　135
□隆　295
□隆護　138
□隆護　147
□隆士（唐隆士）　9
□隆興　131
□洛忠　295
□雒　185
□毛　287
□卯度　137
□卯隆　138
□卯祖　137
□媚　137
□奴　283
□平頭　185
□乾奴　284

□慶　138
□慶元　337
□仁　365
□僧達　138
□沙彌　147
□甀　284
□生　365
□師（李師）　92
□守議　63
□首興　147
□受興　137
□順　89
□巳安　139
□太宗　138
□唐生　202
□通　89
□同　353
□同倫　141
□未興　137
□文　10
□文　90
□無奴　146
□午　137
□午興　138
□習　139
□相　138
□孝應　134
□興　140
□興安　138
□興興　138
□玄彦　263
□延酉　136
□養得　138
□養德　137
□以興　136
□義　150
□有太　137
□玉　335
□遠　299
□悦　144
□治　132
□治興　135
□忠　298
□子寵　138
□宗　137
□宗寧　138
□宗奴　144
□宗興　135
□祖安　138
□祖興　138
□□安　281
□□寶　129
□□賓　354
□□成　135
□□得　135
□□護　7
□□惠　7
□□隆　133
□□明　129
□□奴　134
□□奴　141
□□善　150
□□師　146
□□巳　139
□□通　9
□□武千（令狐武千）　9
□□興　131
□□興　134
□□興　143
□□興　144
□□興　201
□□酉　135
□□祐　111
□□願　113
□□忠　339
□□宗　131
□□宗　136
□□祖　131
□□□都　140
□□□奇　135

附　神名索引

D

度（李定度）　105

L

吏定度（李定度）　101
□□度（李定度）　105

Y

鹽羅大王　171

Z

張賢固（張堅固）　101

地名索引

A

阿虎　163
安寺　301
安西　18
安西（鄉）　11，14，302
安西（都護府）　311
安西（節度）　339
安西都護府　304，305
安邑里　171，177，179
岸頭府　116，379

B

白芳　163
白水　63
北山　163
北庭　16，33，45，335，337，339

C

樫泉　108
赤停（赤亭）　327
崇化（鄉）　9，11，14，302
崇顯寺　29
蓯蓉　65
蓯蓉戍　39

D

大漠都督府　313，317，319，321，325
宕渠　287
東都　81，83，84，317
東磧　33
東渠　287
杜司馬祠　279
敦煌　387
敦孝里　61

F

方停（方亭）　367
方亭戍　39

G

甘州　317
高昌　43，163，197，198，199，202，362
高昌郡　171，177，179
高昌縣　39，43，45，61，328，329，349，353，368
高□（高昌）　109
高車谷　143
高寧　132，135，145，163
高寧縣　171，177，179
高寧鄉　362
哥邏祿　59，313，317，319，325

H

荷恩寺　339
横截　163
喙進　163

J

濟弱館　343，349
姜寺　301

交何/交河　29，273，275，376，379
交河城　375
交河郡　379
交河郡都督府　349
交何縣/交河縣　41，120，303，307，378
金滿都督府　57
金滿州　313，315，317，319，321
金山　317，321，323
金山道　5，7
金微　264
酒泉城　363，364，365，367

K

開覺寺　53

L

礌石館　344
柳婆　163
柳中　108，109
柳中縣　41，305，313，317
隴右　333
論臺　33，47
羅護　349
羅□　108

M

馬埴渠　330
名岸　33
摩訶演（磨訶演）　163
磨訶演（摩訶演）　163

N

納職　109
南平城　53
寧昌（鄉）　14，302
寧昌鄉　61，328，329
寧大（鄉）　14
寧大鄉　63，327
寧戎（鄉）　9，11
寧泰（鄉）　302
寧泰鄉　61
寧遠國　333，335，337
寧□（鄉）　14

P

婆羅門　163
蒲昌府　117，119

Q

其養（乾養）　163
耆鄢（鄢耆）　132，133，135，136，137，141
前庭（府）　43
前庭府　33，384
乾養（其養）　163
清鎮軍　354

R

仁義里　61

S

沙車城　179
沙州　109
疏勒道　5，7
順義（鄉）　14，302
順義鄉　61
思恩寺　61
四鎮　333，335，339
蘇寺　301
碎葉　344

T

陶宕　133，136，137，138，145
天山　108
天山府　29，65
天山縣　41，343
天威（軍）　335，344
田地　127，133，136，137，163，177，197，198，199，201，202
田地縣　215
庭州　311

突騎施　339

W

万度　163
威神　124，163
衛寺　301
烏萇　163
吴　163
武昌府　29
武城（鄉）　9，302

X

西州　16，59，103，317，384
西州都督府　57，309，313，317，319，321，325
新渠　362，373

Y

鄢耆　130，133，137，144，145，163
兖城　384
燕然都護府　309，313，317，321，325
楊田地祠　281
伊吾縣　337，339
伊西庭　335
伊州　25
永安　103，385
永安城　103，120
永隆寺　111
右豹韜衛□□府　360

Z

正道里　61
中渠　286
子合　163
左玉鈴衛前庭府　33，35

□昌（鄉）　13
□大（寧大鄉）　9
□化（鄉）　13
□渠　365
□渠　366
□義（鄉）　9
□義（鄉）　13

文獻編號索引

65TAM341:77-1(見65TAM341:77-2)　唐辯辭爲李藝義佃田事　54－55

65TAM341:77-2、65TAM341:77-1　唐辯辭爲李藝義佃田事　54－55

65TAM341:77-2 背面　55

65TAM341:78　唐辯辭爲阿刀婦人博換事　54－55

97TSYM1:5　闞氏高昌永康十二年(四七七)閏月十四日張祖買奴券　125

97TSYM1:5 背面　闞氏高昌缺名隨葬衣物疏　126

97TSYM1:6　闞氏高昌某年祖彊訴辭爲房舍事　128

97TSYM1:7-1(見97TSYM1:9-5)　闞氏高昌永康年間(四六六—四八五)供物、差役帳　137

97TSYM1:7-1 背面(見97TSYM1:9-5)　闞氏高昌永康年間(四六六—四八五)供物、差役帳　137

97TSYM1:7-2(見97TSYM1:9-5)　闞氏高昌永康年間(四六六—四八五)供物、差役帳　134

97TSYM1:7-2 背面(見97TSYM1:9-5)　闞氏高昌永康年間(四六六—四八五)供物、差役帳　141

97TSYM1:8-1(見97TSYM1:9-5)　闞氏高昌永康年間(四六六—四八五)供物、差役帳　133

97TSYM1:8-1 背面(見97TSYM1:9-5)　闞氏高昌永康年間(四六六—四八五)供物、差役帳　142

97TSYM1:8-2(見97TSYM1:9-5)　闞氏高昌永康年間(四六六—四八五)供物、差役帳　131

97TSYM1:8-2 背面(見97TSYM1:9-5)　闞氏高昌永康年間(四六六—四八五)供物、差役帳　144

97TSYM1:8-3(見97TSYM1:9-5)　闞氏高昌永康年間(四六六—四八五)供物、差役帳　134

97TSYM1:8-3 背面(見97TSYM1:9-5)　闞氏高昌永康年間(四六六—四八五)供物、差役帳　141

97TSYM1:8-4a(見97TSYM1:9-5)　闞氏高昌永康年間(四六六—四八五)供物、差役帳　130

97TSYM1:8-4a 背面(見97TSYM1:9-5)　闞氏高昌永康年間(四六六—四八五)供物、差役帳　145

97TSYM1:8-4b(見97TSYM1:9-5)　闞氏高昌永康年間(四六六—四八五)供物、差役帳　130

97TSYM1:8-4b 背面(見97TSYM1:9-5)　闞氏高昌永康年間(四六六—四八五)供物、差役帳　145

97TSYM1:8-5(見97TSYM1:9-5)　闞氏高昌永康年間(四六六—四八五)供物、差役帳　130

97TSYM1:8-5 背面(見97TSYM1:9-5)　闞氏高昌永康年間(四六六—四八五)供物、差役帳　145

97TSYM1:9-1(見97TSYM1:9-5)　闞氏高昌永康年間(四六六—四八五)供物、差役帳　130

97TSYM1:9-1 背面(見97TSYM1:9-5)　闞氏高昌永康年間(四六六—四八五)供物、差役帳　145

97TSYM1:9-2(見97TSYM1:10-2)　闞氏高昌某郡綵毯等帳　146

97TSYM1:9-3(見97TSYM1:10-2)　闞氏高昌某郡綵毯等帳　147

97TSYM1:9-3 背面　文書殘片　168

97TSYM1:9-4(見97TSYM1:10-2)　闞氏高昌某郡綵毯等帳　146

97TSYM1:9-5、97TSYM1:9-1、97TSYM1:8-4a、97TSYM1:8-5＋97TSYM1:8-4b、97TSYM1:8-2、97TSYM1:11-8e、

97TSYM1：11-8c、97TSYM1：11-6b、97TSYM1：11-8a 背面（貼附殘片）＋97TSYM1：11-8d、97TSYM1：8-1、97TSYM1：8-3、97TSYM1：7-2、97TSYM1：11-8a、97TSYM1：11-6a、97TSYM1：11-9、97TSYM1：11-7＋97TSYM1：11-8b、97TSYM1：7-1、97TSYM1：7-1 背面、97TSYM1：11-8b 背面＋97TSYM1：11-7 背面、97TSYM1：11-9 背面、97TSYM1：11-6a 背面、97TSYM1：11-8a 背面、97TSYM1：7-2 背面、97TSYM1：8-3 背面、97TSYM1：8-1 背面、97TSYM1：11-8d 背面、97TSYM1：11-6b 背面、97TSYM1：11-8c 背面、97TSYM1：11-8e 背面、97TSYM1：8-2 背面、97TSYM1：8-5 背面＋97TSYM1：8-4b 背面、97TSYM1：8-4a 背面、97TSYM1：9-1 背面　闞氏高昌永康年間（四六六—四八五）供物、差役帳　129－145
97TSYM1：9-5 背面　129
97TSYM1：10-1（見 97TSYM1：10-2）　闞氏高昌某郡綵毯等帳　147
97TSYM1：10-2＋97TSYM1：9-4、97TSYM1：11-10b、97TSYM1：9-2、97TSYM1：10-1、97TSYM1：9-3、97TSYM1：11-1、97TSYM1：11-1 背面　闞氏高昌某郡綵毯等帳　146－149
97TSYM1：11-1（見 97TSYM1：10-2）　闞氏高昌某郡綵毯等帳　148
97TSYM1：11-1 背面（見 97TSYM1：10-2）　闞氏高昌某郡綵毯等帳　149
97TSYM1：11-2　文書殘片　168
97TSYM1：11-2 背面　文書殘片　168
97TSYM1：11-3　文書殘片　168
97TSYM1：11-4　殘名籍　150
97TSYM1：11-5　闞氏高昌永康十年（四七五）道人文書　127
97TSYM1：11-6a（見 97TSYM1：9-5）　闞氏高昌永康年間（四六六—四八五）供物、差役帳　135
97TSYM1：11-6a 背面（見 97TSYM1：9-5）　闞氏高昌永康年間（四六六—四八五）供物、差役帳　140
97TSYM1：11-6b（見 97TSYM1：9-5）　闞氏高昌永康年間（四六六—四八五）供物、差役帳　132
97TSYM1：11-6b 背面（見 97TSYM1：9-5）　闞氏高昌永康年間（四六六—四八五）供物、差役帳　143
97TSYM1：11-7（見 97TSYM1：9-5）　闞氏高昌永康年間（四六六—四八五）供物、差役帳　136
97TSYM1：11-7 背面（見 97TSYM1：9-5）　闞氏高昌永康年間（四六六—四八五）供物、差役帳　139
97TSYM1：11-8a（見 97TSYM1：9-5）　闞氏高昌永康年間（四六六—四八五）供物、差役帳　135
97TSYM1：11-8a 背面（見 97TSYM1：9-5）　闞氏高昌永康年間（四六六—四八五）供物、差役帳　140
97TSYM1：11-8a 背面（貼附殘片）（見 97TSYM1：9-5）　闞氏高昌永康年間（四六六—四八五）供物、差役帳　132
97TSYM1：11-8b（見 97TSYM1：9-5）　闞氏高昌永康年間（四六六—四八五）供物、差役帳　136
97TSYM1：11-8b 背面（見 97TSYM1：9-5）　闞氏高昌永康年間（四六六—四八五）供物、差役帳　139
97TSYM1：11-8c（見 97TSYM1：9-5）　闞氏高昌永康年間（四六六—四八五）供物、差役帳　132
97TSYM1：11-8c 背面（見 97TSYM1：9-5）　闞氏高昌永康年間（四六六—四八五）供物、差役帳　143
97TSYM1：11-8d（見 97TSYM1：9-5）　闞氏高昌永康年間（四六六—四八五）供物、差役帳　132
97TSYM1：11-8d 背面（見 97TSYM1：9-5）　闞氏高昌永康年間（四六六—四八五）供物、差役帳　143
97TSYM1：11-8e（見 97TSYM1：9-5）　闞氏高昌永康年間（四六六—四八五）供物、差役帳　131
97TSYM1：11-8e 背面（見 97TSYM1：9-5）　闞氏高昌永康年間（四六六—四八五）供物、差役帳　144
97TSYM1：11-9（見 97TSYM1：9-5）　闞氏高昌永康年間（四六六—四八五）供物、差役帳　136
97TSYM1：11-9 背面（見 97TSYM1：9-5）　闞氏高昌永康年間（四六六—四八五）供物、差役帳　139
97TSYM1：11-10a　文書殘片　168
97TSYM1：11-10b（見 97TSYM1：10-2）　闞氏高昌某郡綵毯等帳　146

97TSYM1:11-10c　文書殘片　168
97TSYM1:11-10d　文書殘片　168
97TSYM1:11-10e　雜寫　168
97TSYM1:11-10f　雜寫　168
97TSYM1:11-11　雜寫　168
97TSYM1:12　古寫本論語堯曰注　164－165
97TSYM1:12 背面　古寫本孝經義　166－167
97TSYM1:13-3a＋97TSYM1:13-3b＋97TSYM1:13-3c、97TSYM1:13-4＋97TSYM1:13-5
古寫本易雜占(擬)　152－157
97TSYM1:13-3b(見 97TSYM1:13-3a)　古寫本易雜占(擬)　152－153
97TSYM1:13-3c(見 97TSYM1:13-3a)　古寫本易雜占(擬)　152－153
97TSYM1:13-3c 背面　古寫本甲子推雜吉日法(擬)　160－161
97TSYM1:13-4(見 97TSYM1:13-3a)　古寫本易雜占(擬)　154－155
97TSYM1:13-4 背面＋97TSYM1:13-5 背面
闞氏高昌永康九年、十年(四七四、四七五)送使出人、出馬條記文書　162－163
97TSYM1:13-4 背面　闞氏高昌永康十三年、十四年(四七八、四七九)曆日　158－159
97TSYM1:13-5(見 97TSYM1:13-3a)　古寫本易雜占(擬)　156－157
97TSYM1:22　闞氏高昌張祖墓表　124
2001SYMX1:1-1　武周呂𢡟子從和行本邊佃葡萄園契　369
2001SYMX1:1-2　唐呂致德租田契契尾　373
2001SYMX1:1-3　唐儀鳳三年(六七八)十月三十日西州柳中縣高寧鄉人左盈雲租田契　362
2001SYMX1:1-4　武周證聖元年(六九五)閏二月十九日剌頭文書　366
2001SYMX1:1-5　唐呂致德租葡萄園契　372
2001SYMX1:1-6、2001SYMX1:1-7　武周雇高昌縣人康黑奴替番上契　368
2001SYMX1:1-7(見 2001SYMX1:1-6)　武周雇高昌縣人康黑奴替番上契　368
2001SYMX1:1-8　唐總章二年(六六九)□𢡟子交糧償銅錢抄　362
2001SYMX1:2-1　唐文書殘片　374
2001SYMX1:3-1　武周天授二年(六九一)臘月呂索修欠錢文書　366
2001SYMX1:3-2、2001SYMX1:3-6　唐光宅元年(六八四)十二月十日租田契　363
2001SYMX1:3-3　唐垂拱三年(六八七)正月十九日酒泉城呂某從焦伏護邊租田契　365
2001SYMX1:3-4　武周呂□□佃田契尾　370
2001SYMX1:3-5　武周某年壹月呂𢡟□殘文書　371
2001SYMX1:3-6(見 2001SYMX1:3-2)　唐光宅元年(六八四)十二月十日租田契　363
2001SYMX1:3-7　唐垂拱元年(六八五)十一月十一日酒泉城呂某租取田尾仁等常田契　363
2001SYMX1:3-8　武周長安三年(七〇三)三月廿八日酒泉城人雇車往方亭戍契　367
2001SYMX1:3-9　唐垂拱元年(六八五)九月呂𢡟子納執衣錢抄　363
2001SYMX1:3-10　唐以口分田爲質貸銀錢契　373
2001SYMX1:3-11　唐雇□黑奴上烽契殘片　373
2001SYMX1:3-12　唐垂拱元年(六八五)文書殘片　365

2001SYMX1:3-13　唐文書殘片　374
2001SYMX1:3-14　武周文書殘片　372
2001SYMX1:3-15　武周殘契　371
2001SYMX1:3-16　唐文書殘片　374
2002TJI:001　道行般若經卷八强弱品第二四　232
2002TJI:001 背面　十誦比丘羯磨(?)　232
2002TJI:002　佛説仁王般若波羅蜜經卷下散華品第六　233
2002TJI:003　妙法蓮華經卷四提婆達多品第一二　233
2002TJI:004　妙法蓮華經卷三化城喻品第七　234
2002TJI:005　妙法蓮華經卷七觀世音菩薩普門品第二五　234
2002TJI:006　妙法蓮華經卷一方便品第二　235
2002TJI:007　妙法蓮華經卷四勸持品第一三　235
2002TJI:008　妙法蓮華經卷二譬喻品第三　235
2002TJI:009　大方廣佛華嚴經卷三盧舍那佛品第二之二　236
2002TJI:010　大般涅槃經(北本)卷三〇師子吼菩薩品第一一之四　236
2002TJI:011　維摩詰所説經卷中佛道品第八　237
2002TJI:012　佛本行集經卷五四優波離因緣中品中　237
2002TJI:013　十方千五百佛名經(?)　238
2002TJI:014　佛説灌頂拔除過罪生死得度經卷一二　238
2002TJI:015　四分比丘尼戒本　239
2002TJI:016　阿毗曇心論卷三　239
2002TJI:016 背面　佛典殘片　249
2002TJI:017　佛説觀無量壽佛經　240
2002TJI:018　入楞伽經卷第七入道品第九　240
2002TJI:019a、2002TJI:019b　佛典殘片　250
2002TJI:019b(見 2002TJI:019a)　佛典殘片　250
2002TJI:019c　佛頂尊勝陀羅尼經　241
2002TJI:020a、2002TJI:020b　佛典殘片　251
2002TJI:020b(見 2002TJI:020a)　佛典殘片　251
2002TJI:021a　佛典殘片　257
2002TJI:021b　佛典殘片　251
2002TJI:021c　大般涅槃經(北本)卷七如來性品第四之四　243
2002TJI:021d　佛典殘片　257
2002TJI:022a、2002TJI:022b　佛典殘片　252
2002TJI:022b(見 2002TJI:022a)　佛典殘片　252
2002TJI:022c　妙法蓮華經卷二譬喻品第三　243
2002TJI:023　妙法蓮華經卷七觀世音菩薩普門品第二五　241
2002TJI:024a(見 2002TJI:024b)　大般涅槃經(北本)卷三一師子吼菩薩品第一一之五　244
2002TJI:024b＋2002TJI:024a　大般涅槃經(北本)卷三一師子吼菩薩品第一一之五　244

2002TJI:025　般若經卷首　244

2002TJI:026　大般涅槃經卷首　245

2002TJI:027　佛典殘片　257

2002TJI:028a　大般涅槃經(北本)卷一六梵行品第八之二　245

2002TJI:028b　妙法蓮華經卷二譬喻品第三　246

2002TJI:028c　佛典殘片　252

2002TJI:029　阿彌陀經義述　246

2002TJI:030a、2002TJI:030b、2002TJI:033＋2002TJI:030c　十方千五百佛名經　247

2002TJI:030b(見2002TJI:030a)　十方千五百佛名經　247

2002TJI:030c(見2002TJI:030a)　十方千五百佛名經　247

2002TJI:031a、2002TJI:031b、2002TJI:031c　佛典殘片　253

2002TJI:031b(見2002TJI:031a)　佛典殘片　253

2002TJI:031c(見2002TJI:031a)　佛典殘片　253

2002TJI:032　佛典殘片　257

2002TJI:033(見2002TJI:030a)　十方千五百佛名經　247

2002TJI:034a、2002TJI:034b　佛典殘片　253

2002TJI:034b(見2002TJI:034a)　佛典殘片　253

2002TJI:035a、2002TJI:035b　佛典殘片　254

2002TJI:035b(見2002TJI:035a)　佛典殘片　254

2002TJI:036a、2002TJI:036b、2002TJI:036c　佛典殘片　254

2002TJI:036b(見2002TJI:036a)　佛典殘片　254

2002TJI:036c(見2002TJI:036a)　佛典殘片　254

2002TJI:037a　佛典殘片　255

2002TJI:037b　妙法蓮華經卷七觀世音菩薩普門品第二五　248

2002TJI:037c　妙法蓮華經卷四勸持品第一三　248

2002TJI:038a　大般涅槃經(北本)卷三一師子吼菩薩品第一一之五　249

2002TJI:038b、2002TJI:038c　佛典殘片　255

2002TJI:038c(見2002TJI:038b)　佛典殘片　255

2002TJI:039a、2002TJI:039b、2002TJI:039c、2002TJI:039d　佛典殘片　256

2002TJI:039b(見2002TJI:039a)　佛典殘片　256

2002TJI:039c(見2002TJI:039a)　佛典殘片　256

2002TJI:039d(見2002TJI:039a)　佛典殘片　256

2002TJI:040　無字殘片　257

2002TJI:041　回鶻文文書殘片　257

2002TJI:041 背面　回鶻文文書殘片　257

2002TJI:042　婆羅謎文文書殘片　257

2002TJI:042 背面　婆羅謎文文書殘片　257

2002TJI:043　唐開元二十五年(七三七)禮部式(?)　242

2002TJI:043 背面　佛像　242

2004TAM395:1-1(見2004TAM398:6-2) 唐某年二月西州高昌縣更簿 9
2004TAM395:1-2(見2004TAM398:6-2) 唐某年二月西州高昌縣更簿 10
2004TAM395:2(見2004TAM395:4-6) 唐西州高昌縣李操領錢抄 2
2004TAM395:4-1(見2004TAM395:4-3) 唐垂拱二年(六八六)西州高昌縣徵錢名籍 4-7
2004TAM395:4-2(見2004TAM395:4-3) 唐垂拱二年(六八六)西州高昌縣徵錢名籍 4-7
2004TAM395:4-3＋2004TAM395:4-2＋2004TAM395:4-4＋2004TAM395:4-1
唐垂拱二年(六八六)西州高昌縣徵錢名籍 4-7
2004TAM395:4-4(見2004TAM395:4-3) 唐垂拱二年(六八六)西州高昌縣徵錢名籍 6-7
2004TAM395:4-5(見2004TAM398:6-2) 唐某年二月西州高昌縣更簿 14
2004TAM395:4-6＋2004TAM398:4-1＋2004TAM395:2 唐西州高昌縣李操領錢抄 2
2004TAM395:4-7(見2004TAM398:4-2) 武周天授三年(六九二)户籍稿 17
2004TAM395:4-7背面＋2004TAM398:4-2背面 唐載初元年(六九〇)後牒爲屯人被賊事 18
2004TAM395:5(見2004TAM398:6-2) 唐某年二月西州高昌縣更簿 13
2004TAM396:14(1) 唐開元七年(七一九)四月某日鎮人盖嘉順辭爲郝伏憙負錢事 15
2004TAM396:14(2) 唐某軍鎮第四隊名籍 15
2004TAM396:14背面 唐開元七年(七一九)洪奕家書 16
2004TAM398:3-1(見2004TAM398:6-2) 唐某年二月西州高昌縣更簿 13
2004TAM398:3-2(見2004TAM398:6-2) 唐某年二月西州高昌縣更簿 12
2004TAM398:3-3(見2004TAM398:6-2) 唐某年二月西州高昌縣更簿 12
2004TAM398:4-1(見2004TAM395:4-6) 唐西州高昌縣李操領錢抄 2
2004TAM398:4-2＋2004TAM395:4-7 武周天授三年(六九二)户籍稿 17
2004TAM398:4-2背面(見2004TAM395:4-7背面) 武周載初元年(六九〇)後牒爲屯人被賊事 18
2004TAM398:6-1(見2004TAM398:6-2) 唐某年二月西州高昌縣更簿 11
2004TAM398:6-2、2004TAM395:1-1、2004TAM395:1-2、2004TAM398:7、2004TAM398:7背面、2004TAM398:6-1、2004TAM398:3-3、2004TAM398:3-2、2004TAM398:3-1、2004TAM395:5、2004TAM395:4-5 唐某年二月西州高昌縣更簿 9-14
2004TAM398:7(見2004TAM398:6-2) 唐某年二月西州高昌縣更簿 10
2004TAM398:7背面(見2004TAM398:6-2) 唐某年二月西州高昌縣更簿 11
2004TAM398:13a(見2004TAM398:13b) 唐西州高昌縣趙度洛等授田簿 19
2004TAM398:13b＋2004TAM398:13a 唐西州高昌縣趙度洛等授田簿 19
2004TAM408:17 令狐阿婢隨葬衣物疏 20-21
2004TBM107:3-1 唐牒殘片 56
2004TBM107:3-2 粟特語唐金滿都督府致西州都督府書 58-59
2004TBM113:6-1 唐龍朔二年(六六二)正月西州高昌縣思恩寺僧籍 60-61
2004TBM113:6-1背面 60
2004TBM113:6-2 唐辯辭爲薩吞承使官馬皮事 64-65
2004TBM113:6-3 唐西州某縣何花辭爲男女放良事 64-65
2004TBM113:6-4 唐咸亨元年(六七〇)五月二十二日西州高昌縣寧大鄉白歡信雇人契 62-63

2004TBM113:6-5　唐顯慶元年(六五六)十二月牒　62－63
2004TBM114:1　麴氏高昌延壽十四年(六三七)八月二十一日白坜奴墓表　383
2004TBM115:10　古寫本千字文　66－67
2004TBM201:1　麴氏高昌延昌十四年(五七四)二月二十一日康虜奴母墓表　380
2004TBM202:1　麴氏高昌延昌十四年(五七四)二月二十三日康虜奴及妻竺買婢墓表　381
2004TBM203:30-1(見2004TBM203:30-4d)　高昌寫本急就篇　69
2004TBM203:30-2(見2004TBM203:30-4d)　高昌寫本急就篇　70
2004TBM203:30-3a(見2004TBM203:30-4d)　高昌寫本急就篇　70
2004TBM203:30-3b(見2004TBM203:30-4d)　高昌寫本急就篇　69
2004TBM203:30-4a(見2004TBM203:30-4d)　高昌寫本急就篇　68
2004TBM203:30-4b(見2004TBM203:30-4d)　高昌寫本急就篇　68
2004TBM203:30-4c(見2004TBM203:30-4d)　高昌寫本急就篇　71
2004TBM203:30-4d、2004TBM203:30-4a、2004TBM203:30-4b、2004TBM203:30-3b、2004TBM203:30-1、2004TBM203:30-2、2004TBM203:30-3a、2004TBM203:30-4c、2004TBM203:30-4e＋2004TBM203:30-4f　高昌寫本急就篇　68－71
2004TBM203:30-4e(見2004TBM203:30-4d)　高昌寫本急就篇　71
2004TBM203:30-4f(見2004TBM203:30-4e)　高昌寫本急就篇　71
2004TBM207:1-1　唐儀鳳三年(六七八)西州法曹牒功曹爲檢李恒讓去年功過事　76
2004TBM207:1-2　唐儀鳳某年(六七六—六七九)西州殘牒　79
2004TBM207:1-3、2004TBM207:1-7＋2004TBM207:1-11g
唐調露二年(六八〇)七月東都尚書吏部符爲申州縣闕員事　81－83
2004TBM207:1-4　唐儀鳳三年(六七八)九月西州功曹牒爲檢報乖僻批正文案事　78
2004TBM207:1-5a　唐上元三年(六七六)六月後西州殘文書　74
2004TBM207:1-5b　唐西州事目曆　80
2004TBM207:1-5b背面　80
2004TBM207:1-5c、2004TBM207:1-5d、2004TBM207:1-5e、2004TBM207:1-9、2004TBM207:1-10a、2004TBM207:1-10b、2004TBM207:1-10c、2004TBM207:1-10d、2004TBM207:1-8e、2004TBM207:1-13、2004TBM207:1-11f
唐某年西州晚牙到簿　88－92
2004TBM207:1-5d(見2004TBM207:1-5c)　唐某年西州晚牙到簿　88
2004TBM207:1-5e(見2004TBM207:1-5c)　唐某年西州晚牙到簿　89
2004TBM207:1-5f　唐牒殘片　86
2004TBM207:1-6　唐儀鳳三年(六七八)九月西州録事參軍牒　77
2004TBM207:1-7(見2004TBM207:1-3)　唐調露二年(六八〇)七月東都尚書吏部符爲申州縣闕員事　82－83
2004TBM207:1-8a　唐文書殘片　85
2004TBM207:1-8b　唐儀鳳某年(六七六—六七九)殘牒　76
2004TBM207:1-8c　唐文書殘片　86
2004TBM207:1-8d　唐文書殘片　86
2004TBM207:1-8e(見2004TBM207:1-5c)　唐某年西州晚牙到簿　91
2004TBM207:1-9(見2004TBM207:1-5c)　唐某年西州晚牙到簿　89
2004TBM207:1-10a(見2004TBM207:1-5c)　唐某年西州晚牙到簿　90

2004TBM207:1-10b(見 2004TBM207:1-5c)　唐某年西州晚牙到簿　90
2004TBM207:1-10c(見 2004TBM207:1-5c)　唐某年西州晚牙到簿　91
2004TBM207:1-10d(見 2004TBM207:1-5c)　唐某年西州晚牙到簿　91
2004TBM207:1-10e　唐文書殘片　87
2004TBM207:1-10f　唐文書殘片　85
2004TBM207:1-10g　唐文書殘片　86
2004TBM207:1-11b　唐牒殘片　87
2004TBM207:1-11c　唐文書殘片　87
2004TBM207:1-11d　唐文書殘片　85
2004TBM207:1-11f(見 2004TBM207:1-5c)　唐某年西州晚牙到簿　92
2004TBM207:1-11g(見 2004TBM207:1-3)　唐調露二年(六八〇)七月東都尚書吏部符爲申州縣闕員事　82－83
2004TBM207:1-12a　唐上元三年(六七六)西州法曹牒功曹爲倉曹參軍張元利去年負犯事　72－73
2004TBM207:1-12b　唐上元三年(六七六)西州法曹牒功曹爲倉曹參軍張元利去年負犯事　72－73
2004TBM207:1-13(見 2004TBM207:1-5c)　唐某年西州晚牙到簿　92
2004TBM207:1-14　唐儀鳳某年(六七六—六七九)西州牒爲考課事　75
2004TBM209:8　文書殘片　93
2004TBM209:8 背面　文書殘片　93
2004TBM212:1　麴氏高昌延壽七年(六三〇)十二月二十四日康浮圖墓表　382
2004TBM217:12　唐垂拱二年(六八六)十一月二十七日□如節墓誌　384
2004TBM223:3　武周某年西州高昌縣陰義府等欠錢簿　94
2004TBM233:14-1、2004TBM233:14-2　唐某司領紙文書　95
2004TBM233:14-2(見 2004TBM233:14-1)　唐某司領紙文書　95
2004TBM233:14-2＋2004TBM233:14-3　唐殘文書　96
2004TBM233:14-2 背面　唐殘文書　96
2004TBM233:14-3(見 2004TBM233:14-2)　唐殘文書　96
2004TBM233:14-3 背面　唐殘文書　96
2004TBM234:11　麴氏高昌延昌三十七年(五九七)十二月十六日虎牙將軍康□□墓表　97
2004TBM234:16　高昌殘文書　98
2004TBM237:1-1、2004TBM237:1-2、2004TBM237:1-3　契約殘片　99
2004TBM237:1-2(見 2004TBM237:1-1)　契約殘片　99
2004TBM237:1-3(見 2004TBM237:1-1)　契約殘片　99
2004TBM245:1　麴氏高昌延壽九年(六三二)六月十日康在得隨葬衣物疏　100－101
2004TBM247:8　粟特語唐書信　102
2004TMM102:3　唐龍朔三年(六六三)四月十日西州高昌縣麴武貞等牒爲請給水事　110－111
2004TMM102:4＋2004TMM102:6　唐顯慶元年(六五六)宋武歡移文　104－105
2004TMM102:5　唐麟德二年(六六五)西州高昌縣付龍朔三年(六六三)、二年柴抄　112－113
2004TMM102:6(見 2004TMM102:4)　唐顯慶元年(六五六)宋武歡移文　104－105
2004TMM102:6 背面(見 2004TMM102:44a)　唐永徽四年(六五三)八月安西都護府史孟貞等牒爲勘印事　107
2004TMM102:12　唐顯慶元年(六五六)二月十六日宋武歡墓誌　103

2004TMM102:32(見2004TMM102:38a) 唐永徽五年(六五四)九月西州諸府主帥牒爲請替番上事 117
2004TMM102:33(見2004TMM102:38d) 唐永徽六年(六五五)某月西州諸府主帥牒爲請替番上事 118
2004TMM102:34a 文書殘片 122
2004TMM102:34b(見2004TMM102:38a) 唐永徽五年(六五四)九月西州諸府主帥牒爲請替番上事 117
2004TMM102:34c(見2004TMM102:38a) 唐永徽五年(六五四)九月西州諸府主帥牒爲請替番上事 116
2004TMM102:34d(見2004TMM102:38d) 唐永徽六年(六五五)某月西州諸府主帥牒爲請替番上事 119
2004TMM102:34e(見2004TMM102:38d) 唐永徽六年(六五五)某月西州諸府主帥牒爲請替番上事 118
2004TMM102:34f(見2004TMM102:38a) 唐永徽五年(六五四)九月西州諸府主帥牒爲請替番上事 116
2004TMM102:34g(見2004TMM102:38d) 唐永徽六年(六五五)某月西州諸府主帥牒爲請替番上事 118
2004TMM102:35a(見2004TMM102:38d) 唐永徽六年(六五五)某月西州諸府主帥牒爲請替番上事 118
2004TMM102:35b(見2004TMM102:38a) 唐永徽五年(六五四)九月西州諸府主帥牒爲請替番上事 116
2004TMM102:35c(見2004TMM102:38a) 唐永徽五年(六五四)九月西州諸府主帥牒爲請替番上事 116
2004TMM102:35d(見2004TMM102:38d) 唐永徽六年(六五五)某月西州諸府主帥牒爲請替番上事 118
2004TMM102:36a(見2004TMM102:38a) 唐永徽五年(六五四)九月西州諸府主帥牒爲請替番上事 116
2004TMM102:36b(見2004TMM102:38a) 唐永徽五年(六五四)九月西州諸府主帥牒爲請替番上事 115
2004TMM102:36c(見2004TMM102:38d) 唐永徽六年(六五五)某月西州諸府主帥牒爲請替番上事 119
2004TMM102:36d(見2004TMM102:38a) 唐永徽五年(六五四)九月西州諸府主帥牒爲請替番上事 116
2004TMM102:36e(見2004TMM102:38d) 唐永徽六年(六五五)某月西州諸府主帥牒爲請替番上事 119
2004TMM102:36f 文書殘片 122
2004TMM102:36g 文書殘片 122
2004TMM102:37a 文書殘片 122
2004TMM102:37b 文書殘片 122
2004TMM102:37c(見2004TMM102:38a) 唐永徽五年(六五四)九月西州諸府主帥牒爲請替番上事 116
2004TMM102:37d(見2004TMM102:38a) 唐永徽五年(六五四)九月西州諸府主帥牒爲請替番上事 115
2004TMM102:38a、2004TMM102:37d+2004TMM102:36b、2004TMM102:34c+2004TMM102:35b+2004TMM102:34f+2004TMM102:36d+2004TMM102:35c、2004TMM102:36a+2004TMM102:37c、2004TMM102:34b、2004TMM102:32 唐永徽五年(六五四)九月西州諸府主帥牒爲請替番上事 115-117
2004TMM102:38b 文書殘片 122
2004TMM102:38c(見2004TMM102:38d) 唐永徽六年(六五五)某月西州諸府主帥牒爲請替番上事 119
2004TMM102:38d+2004TMM102:34e+2004TMM102:35d+2004TMM102:35a+2004TMM102:34g、2004TMM102:33、2004TMM102:38c、2004TMM102:36e、2004TMM102:34d、2004TMM102:36c 唐永徽六年(六五五)某月西州諸府主帥牒爲請替番上事 118-119
2004TMM102:38e 文書殘片 122
2004TMM102:38f 文書殘片 122
2004TMM102:38g 文書殘片 122
2004TMM102:38h 文書殘片 122
2004TMM102:38i 文書殘片 122
2004TMM102:39(見2004TMM102:44a) 唐永徽四年(六五三)八月安西都護府史孟貞等牒爲勘印事 107
2004TMM102:40a 文書殘片 122

2004TMM102:40b　文書殘片　122
2004TMM102:40c　文書殘片　122
2004TMM102:40d　文書殘片　122
2004TMM102:40e　文書殘片　122
2004TMM102:40e 背面　文書殘片　122
2004TMM102:40f　文書殘片　122
2004TMM102:40g　文書殘片　122
2004TMM102:41a(見 2004TMM102:44a)　唐永徽四年(六五三)八月安西都護府史孟貞等牒爲勘印事　108
2004TMM102:41b(見 2004TMM102:44a)　唐永徽四年(六五三)八月安西都護府史孟貞等牒爲勘印事　108
2004TMM102:41c(見 2004TMM102:44a)　唐永徽四年(六五三)八月安西都護府史孟貞等牒爲勘印事　109
2004TMM102:41d(見 2004TMM102:44a)　唐永徽四年(六五三)八月安西都護府史孟貞等牒爲勘印事　109
2004TMM102:42a(見 2004TMM102:44a)　唐永徽四年(六五三)八月安西都護府史孟貞等牒爲勘印事　106
2004TMM102:42b(見 2004TMM102:44a)　唐永徽四年(六五三)八月安西都護府史孟貞等牒爲勘印事　109
2004TMM102:43a(見 2004TMM102:44a)　唐永徽四年(六五三)八月安西都護府史孟貞等牒爲勘印事　109
2004TMM102:43b(見 2004TMM102:44a)　唐永徽四年(六五三)八月安西都護府史孟貞等牒爲勘印事　109
2004TMM102:43c(見 2004TMM102:44a)　唐永徽四年(六五三)八月安西都護府史孟貞等牒爲勘印事　109
2004TMM102:44a、2004TMM102:42a、2004TMM102:6 背面、2004TMM102:39、2004TMM102:41a、2004TMM102:41b、2004TMM102:41c+2004TMM102:42b、2004TMM102:41d、2004TMM102:43a+2004TMM102:43b、2004TMM102:43c　唐永徽四年(六五三)八月安西都護府史孟貞等牒爲勘印事　106－110
2004TMM102:44b　文書殘片　122
2004TMM102:45a+2004TMM102:45b、2004TMM102:45c　唐麟德二年(六六五)閏三月三日西州交河縣張秋文帖永安城主爲限時到縣司事　120
2004TMM102:45b(見 2004TMM102:45a)　唐麟德二年(六六五)閏三月三日西州交河縣張秋文帖永安城主爲限時到縣司事　120
2004TMM102:45c(見 2004TMM102:45a)　唐麟德二年(六六五)閏三月三日西州交河縣張秋文帖永安城主爲限時到縣司事　120
2004TMM102:47a　唐殘牒　121
2004TMM102:47c　唐殘牒　121
2004TMM103:1　麴氏高昌延壽四年(六二七)十月二十九日宋佛住墓表　385
2004TMM103:2　麴氏高昌延壽九年(六三二)五月七日宋佛住妻張氏墓表　386
2004TYGXM4:1　麴氏高昌延昌三十年(五九〇)十二月十八日康□鉢墓表　375
2004TYGXM5:1　麴氏高昌延昌三十三年(五九三)三月康蜜乃墓表　376
2004TYGXM6:1　麴氏高昌延昌三十五年(五九五)三月二十八日康衆僧墓表　377
2005TMM203:1　麴氏高昌延和八年(六〇九)五月二十六日張容子墓表　387
2005TMM208:1　麴氏高昌延和九年(六一〇)十一月二日張保悦墓表　388
2005TMM209:1　唐貞觀二十年(六四六)二月十三日張元隆墓誌　389
2005TST1、2005TST2、2005TST3、2005TST4、2005TST5、2005TST6、2005TST7、2005TST9、2005TST10、2005TST11、2005TST12、2005TST15　唐永淳三年(六八四)曆日　259－260
2005TST2(見 2005TST1)　唐永淳三年(六八四)曆日　259

2005TST3（見 2005TST1） 唐永淳三年（六八四）曆日 259
2005TST4（見 2005TST1） 唐永淳三年（六八四）曆日 259
2005TST5（見 2005TST1） 唐永淳三年（六八四）曆日 259
2005TST6（見 2005TST1） 唐永淳三年（六八四）曆日 259
2005TST7（見 2005TST1） 唐永淳三年（六八四）曆日 260
2005TST8（見 2005TST13） 唐永淳二年（六八三）曆日 261
2005TST9（見 2005TST1） 唐永淳三年（六八四）曆日 260
2005TST10（見 2005TST1） 唐永淳三年（六八四）曆日 260
2005TST11（見 2005TST1） 唐永淳三年（六八四）曆日 260
2005TST12（見 2005TST1） 唐永淳三年（六八四）曆日 260
2005TST13、2005TST14、2005TST8 唐永淳二年（六八三）曆日 261
2005TST14（見 2005TST13） 唐永淳二年（六八三）曆日 261
2005TST15（見 2005TST1） 唐永淳三年（六八四）曆日 260
2005TST16、2005TST17、2005TST18、2005TST19、2005TST20、2005TST21、2005TST22、2005TST23、2005TST24、2005TST25、2005TST26 唐曆日殘片 262－263
2005TST17（見 2005TST16） 唐曆日殘片 262
2005TST18（見 2005TST16） 唐曆日殘片 262
2005TST19（見 2005TST16） 唐曆日殘片 262
2005TST20（見 2005TST16） 唐曆日殘片 262
2005TST21（見 2005TST16） 唐曆日殘片 263
2005TST22（見 2005TST16） 唐曆日殘片 263
2005TST23（見 2005TST16） 唐曆日殘片 263
2005TST24（見 2005TST16） 唐曆日殘片 263
2005TST25（見 2005TST16） 唐曆日殘片 263
2005TST26（見 2005TST16） 唐曆日殘片 263
2005TST27 文書殘片 264
2005TST28、2005TST29、2005TST30 唐書信 264
2005TST29（見 2005TST28） 唐書信 264
2005TST30（見 2005TST28） 唐書信 264
2005TST31、2005TST32 唐書信 264
2005TST32（見 2005TST31） 唐書信 264
2005TST33 唐書信 265
2005TST34 文書殘片 266
2005TST35、2005TST36 唐書信 268
2005TST36（見 2005TST35） 唐書信 268
2005TST37、2005TST38、2005TST51 唐書信 266
2005TST38（見 2005TST37） 唐書信 266
2005TST39、2005TST40、2005TST49、2005TST50 唐書信 267
2005TST40（見 2005TST39） 唐書信 267

2005TST41、2005TST43、2005TST44 唐書信 268
2005TST42 文書殘片 270
2005TST43(見2005TST41) 唐書信 268
2005TST44(見2005TST41) 唐書信 268
2005TST45 文書殘片 270
2005TST46 文書殘片 270
2005TST47 文書殘片 270
2005TST48 文書殘片 270
2005TST49(見2005TST39) 唐書信 267
2005TST50(見2005TST39) 唐書信 267
2005TST51(見2005TST37) 唐書信 266
2005TST52 唐西州某司帳簿 265
2005TST53 文書殘片 270
2005TST54 唐咸亨元年(六七〇)後西州倉曹文案爲公廨本錢及奴婢自贖價事 269
2005TYGXM11:1 唐貞觀十四年(六四〇)十一月十六日康業相墓表 378
2005TYGXM20:15 唐龍朔二年(六六二)正月十六日康延願墓誌 379
2006TAM607:1 唐西州麴倉督代人木牌 22
2006TAM607:2-1(見2006TAM607:4b) 唐神龍二年(七〇六)七月西州史某牒爲長安三年(七〇三)七至十二月軍粮破除、見在事 30－31
2006TAM607:2-1背面(見2006TAM607:2-5背面) 唐景龍三年(七〇九)後西州勾所勾粮帳 44－45
2006TAM607:2-2(見2006TAM607:4b) 唐神龍二年(七〇六)七月西州史某牒爲長安三年(七〇三)七至十二月軍粮破除、見在事 26－31
2006TAM607:2-2背面(見2006TAM607:2-5背面) 唐景龍三年(七〇九)後西州勾所勾粮帳 44－49
2006TAM607:2-3(見2006TAM607:4b) 唐神龍二年(七〇六)七月西州史某牒爲長安三年(七〇三)七至十二月軍粮破除、見在事 30－31
2006TAM607:2-3背面(見2006TAM607:2-5背面) 唐景龍三年(七〇九)後西州勾所勾粮帳 44－45
2006TAM607:2-4＋2006TAM607:2-5 唐神龍元年(七〇五)六月後西州前庭府牒上州勾所爲當府官馬破除、見在事 32－37
2006TAM607:2-4背面(見2006TAM607:2-5背面) 唐景龍三年(七〇九)後西州勾所勾粮帳 40－43
2006TAM607:2-5(見2006TAM607:2-4) 唐神龍元年(七〇五)六月後西州前庭府牒上州勾所爲當府官馬破除、見在事 34－37
2006TAM607:2-5背面＋2006TAM607:2-4背面＋2006TAM607:2-3背面＋2006TAM607:2-1背面＋2006TAM607:2-2背面＋2006TAM607:4b背面 唐景龍三年(七〇九)後西州勾所勾粮帳 39－51
2006TAM607:4a 唐神龍三年(七〇七)正月西州高昌縣開覺等寺手實 52－53
2006TAM607:4b＋2006TAM607:2-2＋2006TAM607:2-1＋2006TAM607:2-3＋2006TAM607:2-4 唐神龍二年(七〇六)七月西州史某牒爲長安三年(七〇三)七至十二月軍粮破除、見在事 24－31
2006TAM607:4b背面(見2006TAM607:2-5背面) 唐景龍三年(七〇九)後西州勾所勾粮帳 50－51
2006TSYIM4:1 北涼緣禾二年(四三三)高昌郡高寧縣趙貨母子冥訟文書 170－171
2006TSYIM4:2-1、2006TSYIM4:2-2、2006TSYIM4:2-3、2006TSYIM4:2-4 古寫本詩經 186－191

2006TSYIM4:2-2(見 2006TSYIM4:2-1) 古寫本詩經 188－189
2006TSYIM4:2-3(見 2006TSYIM4:2-1) 古寫本詩經 190－191
2006TSYIM4:2-4(見 2006TSYIM4:2-1) 古寫本詩經 190－191
2006TSYIM4:2-5 前秦(?)田畝簿 184－185
2006TSYIM4:2-5 背面 前秦(?)田畝簿背押 184－185
2006TSYIM4:2-6 文書殘片 228
2006TSYIM4:3-1 北涼義和三年(四三三)二月十五日張未興辭 192
2006TSYIM4:3-1 背面 北涼某年三月九日官文書尾 192
2006TSYIM4:3-2、2006TSYIM4:3-16 背面、2006TSYIM4:3-11 背面、2006TSYIM4:3-42、2006TSYIM4:3-8 背面、2006TSYIM4:3-7 背面、2006TSYIM4:3-5 背面、2006TSYIM4:3-37
北涼義和三年(四三三)文書爲保辜事 193－196
2006TSYIM4:3-3、2006TSYIM4:3-4、2006TSYIM4:3-5、2006TSYIM4:3-6、2006TSYIM4:3-7、2006TSYIM4:3-8、2006TSYIM4:3-9、2006TSYIM4:3-10、2006TSYIM4:3-11、2006TSYIM4:3-12、2006TSYIM4:3-13、2006TSYIM4:3-14、2006TSYIM4:3-15、2006TSYIM4:3-16、2006TSYIM4:3-17b 背面、2006TSYIM4:3-19b 背面＋2006TSYIM4:3-19a 背面、2006TSYIM4:3-21、2006TSYIM4:3-21 背面、2006TSYIM4:3-24、2006TSYIM4:3-24 背面、2006TSYIM4:3-28、2006TSYIM4:3-30、2006TSYIM4:3-33、2006TSYIM4:3-38、2006TSYIM4:3-40
北涼高昌郡高寧縣差役文書 197－209
2006TSYIM4:3-4(見 2006TSYIM4:3-3) 北涼高昌郡高寧縣差役文書 198
2006TSYIM4:3-4 背面 北涼文書爲偷盜事 210
2006TSYIM4:3-5(見 2006TSYIM4:3-3) 北涼高昌郡高寧縣差役文書 198
2006TSYIM4:3-5 背面(見 2006TSYIM4:3-2) 北涼義和三年(四三三)文書爲保辜事 195
2006TSYIM4:3-6(見 2006TSYIM4:3-3) 北涼高昌郡高寧縣差役文書 199
2006TSYIM4:3-6 背面 北涼某年六月六日官文書尾 320
2006TSYIM4:3-7(見 2006TSYIM4:3-3) 北涼高昌郡高寧縣差役文書 199
2006TSYIM4:3-7 背面(見 2006TSYIM4:3-2) 北涼義和三年(四三三)文書爲保辜事 195
2006TSYIM4:3-8(見 2006TSYIM4:3-3) 北涼高昌郡高寧縣差役文書 200
2006TSYIM4:3-8 背面(見 2006TSYIM4:3-2) 北涼義和三年(四三三)文書爲保辜事 195
2006TSYIM4:3-9(見 2006TSYIM4:3-3) 北涼高昌郡高寧縣差役文書 200
2006TSYIM4:3-9 背面 北涼官文書尾 221
2006TSYIM4:3-10(見 2006TSYIM4:3-3) 北涼高昌郡高寧縣差役文書 201
2006TSYIM4:3-10 背面 北涼官文書尾 221
2006TSYIM4:3-11(見 2006TSYIM4:3-3) 北涼高昌郡高寧縣差役文書 201
2006TSYIM4:3-11 背面(見 2006TSYIM4:3-2) 北涼義和三年(四三三)文書爲保辜事 194
2006TSYIM4:3-12(見 2006TSYIM4:3-3) 北涼高昌郡高寧縣差役文書 202
2006TSYIM4:3-12 背面 北涼戍守文書 214
2006TSYIM4:3-13(見 2006TSYIM4:3-3) 北涼高昌郡高寧縣差役文書 202
2006TSYIM4:3-13 背面 北涼殘户籍 214
2006TSYIM4:3-14(見 2006TSYIM4:3-3) 北涼高昌郡高寧縣差役文書 203
2006TSYIM4:3-14 背面 北涼官文書尾 222

2006TSYIM4:3-15(見2006TSYIM4:3-3) 北涼高昌郡高寧縣差役文書 203
2006TSYIM4:3-16(見2006TSYIM4:3-3) 北涼高昌郡高寧縣差役文書 204
2006TSYIM4:3-16 背面(見2006TSYIM4:3-2) 北涼義和三年(四三三)文書爲保辜事 193
2006TSYIM4:3-17a 北涼某年九月十六日某縣廷掾案爲檢校絹事 215
2006TSYIM4:3-17b 北涼官文書尾 222
2006TSYIM4:3-17b 背面 北涼高昌郡高寧縣差役文書 204
2006TSYIM4:3-18 北涼愛紀辭 211
2006TSYIM4:3-19a＋2006TSYIM4:3-19b 北涼某年九月十六日某人辭 212
2006TSYIM4:3-19a 背面(見2006TSYIM4:3-3) 北涼高昌郡高寧縣差役文書 205
2006TSYIM4:3-19b(見2006TSYIM4:3-19a) 北涼某年九月十六日某人辭 212
2006TSYIM4:3-19b 背面(見2006TSYIM4:3-3) 北涼高昌郡高寧縣差役文書 205
2006TSYIM4:3-20 北涼高昌郡某縣賊曹闞禄白爲翟紾失盜事 213
2006TSYIM4:3-20 背面 北涼某年九月六日官文書尾 222
2006TSYIM4:3-21(見2006TSYIM4:3-3) 北涼高昌郡高寧縣差役文書 205
2006TSYIM4:3-21 背面(見2006TSYIM4:3-3) 北涼高昌郡高寧縣差役文書 206
2006TSYIM4:3-22 北涼某年二月十五日殘文書 216
2006TSYIM4:3-22 背面 北涼殘文書 216
2006TSYIM4:3-23 北涼某年正月二十五日官文書尾 223
2006TSYIM4:3-24(見2006TSYIM4:3-3) 北涼高昌郡高寧縣差役文書 206
2006TSYIM4:3-24 背面(見2006TSYIM4:3-3) 北涼高昌郡高寧縣差役文書 207
2006TSYIM4:3-25 北涼官文書尾 223
2006TSYIM4:3-25 背面 北涼殘文書 213
2006TSYIM4:3-26 北涼宋□辭 210
2006TSYIM4:3-26 背面 北涼某年九月某日官文書尾 224
2006TSYIM4:3-27 北涼殘文書 217
2006TSYIM4:3-27 背面 北涼官文書尾 224
2006TSYIM4:3-28(見2006TSYIM4:3-3) 北涼高昌郡高寧縣差役文書 207
2006TSYIM4:3-28 背面 北涼官文書尾 224
2006TSYIM4:3-29 北涼殘文書 217
2006TSYIM4:3-29 背面 北涼官文書尾 225
2006TSYIM4:3-30(見2006TSYIM4:3-3) 北涼高昌郡高寧縣差役文書 208
2006TSYIM4:3-30 背面 北涼殘文書 217
2006TSYIM4:3-31 北涼殘文書 218
2006TSYIM4:3-32 北涼殘文書 219
2006TSYIM4:3-32 背面 北涼某年某月二十六日官文書尾 225
2006TSYIM4:3-33(見2006TSYIM4:3-3) 北涼高昌郡高寧縣差役文書 208
2006TSYIM4:3-34 北涼殘文書 218
2006TSYIM4:3-35 北涼官文書尾 226
2006TSYIM4:3-36 北涼殘文書 220

2006TSYIM4:3-37(見2006TSYIM4:3-2) 北涼義和三年(四三三)文書爲保辜事 195
2006TSYIM4:3-38(見2006TSYIM4:3-3) 北涼高昌郡高寧縣差役文書 209
2006TSYIM4:3-38背面 209
2006TSYIM4:3-39 北涼某年八月十一日官文書尾 226
2006TSYIM4:3-40(見2006TSYIM4:3-3) 北涼高昌郡高寧縣差役文書 209
2006TSYIM4:3-41 北涼官文書尾 227
2006TSYIM4:3-41背面 北涼某年某月十九日官文書尾 227
2006TSYIM4:3-42(見2006TSYIM4:3-2) 北涼義和三年(四三三)文書爲保辜事 194
2006TSYIM4:3-42背面 北涼官文書尾 226
2006TSYIM4:3-43a 文書殘片 228
2006TSYIM4:3-43b 文書殘片 229
2006TSYIM4:3-43c 文書殘片 229
2006TSYIM4:4 北涼趙貨隨葬衣物疏 172－173
2006TSYIM4:5-1、2006TSYIM4:5-2 前秦建元二十年(三八四)三月高昌郡高寧縣都鄉安邑里籍 176－179
2006TSYIM4:5-1背面、2006TSYIM4:5-2背面 古寫本論語 180－183
2006TSYIM4:5-2(見2006TSYIM4:5-1) 前秦建元二十年(三八四)三月高昌郡高寧縣都鄉安邑里籍 178－179
2006TSYIM4:5-2背面(見2006TSYIM4:5-1背面) 古寫本論語 182－183
2006TSYIM4:5-3 文書殘片 228
2006TSYIM4:8 北涼缺名隨葬衣物疏 174－175
2006TZJI:001(見2006TZJI:196) 唐永徽五年至六年(六五四—六五五)安西都護府案卷爲安門等事 305
2006TZJI:002(見2006TZJI:196) 唐永徽五年至六年(六五四—六五五)安西都護府案卷爲安門等事 306
2006TZJI:003(見2006TZJI:008) 唐永徽五年(六五五)安西都護府符下交河縣爲檢函斫等事 303
2006TZJI:004(見2006TZJI:034) 唐天寶十載(七五一)交河郡客使文卷 338－339
2006TZJI:005(見2006TZJI:196) 唐永徽五年至六年(六五四—六五五)安西都護府案卷爲安門等事 306
2006TZJI:006(見2006TZJI:073) 唐西州典某牒爲吕仙懷勾徵案 355
2006TZJI:006背面＋2006TZJI:007背面＋2006TZJI:073背面＋2006TZJI:074背面
唐寫古詩習字殘片(岑德潤五言詩等) 356
2006TZJI:007(見2006TZJI:073) 唐西州典某牒爲吕仙懷勾徵案 355
2006TZJI:007背面(見2006TZJI:006背面) 唐寫古詩習字殘片(岑德潤五言詩等) 356
2006TZJI:008＋2006TZJI:003 唐永徽五年(六五五)安西都護府符下交河縣爲檢函斫等事 303
2006TZJI:009(見2006TZJI:196) 唐永徽五年至六年(六五四—六五五)安西都護府案卷爲安門等事 306
2006TZJI:010(見2006TZJI:196) 唐永徽五年至六年(六五四—六五五)安西都護府案卷爲安門等事 306
2006TZJI:011 唐天寶某載殘牒尾判 346
2006TZJI:012(見2006TZJI:034) 唐天寶十載(七五一)交河郡客使文卷 338－339
2006TZJI:012＋2006TZJI:064＋2006TZJI:038＋2006TZJI:066＋2006TZJI:072＋2006TZJI:030＋2006TZJI:018
倒書 唐天寶十載(七五一)九月典曹如琮牒 340－341
2006TZJI:013(見2006TZJI:196) 唐永徽五年至六年(六五四—六五五)安西都護府案卷爲安門等事 305
2006TZJI:014(見2006TZJI:034) 唐天寶十載(七五一)交河郡客使文卷 332－333
2006TZJI:015(見2006TZJI:196) 唐永徽五年至六年(六五四—六五五)安西都護府案卷爲安門等事 306

2006TZJI:016(見2006TZJI:196) 唐永徽五年至六年(六五四—六五五)安西都護府案卷爲安門等事 306
2006TZJI:017(見2006TZJI:196) 唐永徽五年至六年(六五四—六五五)安西都護府案卷爲安門等事 306
2006TZJI:018(見2006TZJI:034) 唐天寶十載(七五一)交河郡客使文卷 338－339
2006TZJI:018倒書(見2006TZJI:012) 唐天寶十載(七五一)九月典曹如玠牒 340－341
2006TZJI:019(見2006TZJI:046)
唐天寶某載三月二十一日交河郡長行坊典張温璟牒兵曹司爲濟弱館䴏料事 348－349
2006TZJI:020(見2006TZJI:034) 唐天寶十載(七五一)交河郡客使文卷 336－337
2006TZJI:020背面(見2006TZJI:060背面) 唐郭奉琳牒 340－341
2006TZJI:021(見2006TZJI:034) 唐天寶十載(七五一)交河郡客使文卷 332－333
2006TZJI:022 唐天寶年間(七四二—七五六)交河郡某曹府段明牒爲濟弱館修理事 342－343
2006TZJI:022背面 押署 342－343
2006TZJI:023(見2006TZJI:045) 唐某年七月府氾慎牒 345
2006TZJI:024 唐天寶六載(七四七)五月交河郡史小磨等佃田青苗計會文書 330
2006TZJI:025 唐西州破除名籍 352
2006TZJI:026 唐天寶十載(七五一)七月交河郡長行坊牒爲補充缺人事 344－345
2006TZJI:027(見2006TZJI:046)
唐天寶某載三月二十一日交河郡長行坊典張温璟牒兵曹司爲濟弱館䴏料事 348－349
2006TZJI:028＋2006TZJI:044 唐天寶十載(七五一)交河郡某曹府段明牒爲許獻之赴軍事 342－343
2006TZJI:029(見2006TZJI:034) 唐天寶十載(七五一)交河郡客使文卷 334－335
2006TZJI:030(見2006TZJI:034) 唐天寶十載(七五一)交河郡客使文卷 338－339
2006TZJI:030倒書(見2006TZJI:012) 唐天寶十載(七五一)九月典曹如玠牒 340－341
2006TZJI:031(見2006TZJI:034) 唐天寶十載(七五一)交河郡客使文卷 334－335
2006TZJI:032(見2006TZJI:034) 唐天寶十載(七五一)交河郡客使文卷 336－337
2006TZJI:033 唐開元四年(七一六)後西州高昌縣寧昌鄉逃死名籍 328－329
2006TZJI:034、2006TZJI:021＋2006TZJI:014、2006TZJI:031、2006TZJI:051＋2006TZJI:029、2006TZJI:039、2006TZJI:032＋2006TZJI:057＋2006TZJI:061＋2006TZJI:020＋2006TZJI:050＋2006TZJI:060＋2006TZJI:043＋2006TZJI:047、2006TZJI:004＋2006TZJI:066＋2006TZJI:018＋2006TZJI:038＋2006TZJI:030＋2006TZJI:064＋2006TZJI:072＋2006TZJI:012 唐天寶十載(七五一)交河郡客使文卷 332－340
2006TZJI:035(見2006TZJI:052) 唐天寶年間(七四二—七五六)交河郡某曹府段明牒 342－343
2006TZJI:036 唐于闐毗沙都督府案卷爲家畜事 359
2006TZJI:036背面 唐開元十七年(七二六)于闐盖阿興牒爲奴送麥事 360
2006TZJI:037 唐某年某月二十六日于闐鎮守軍帖 361
2006TZJI:038(見2006TZJI:034) 唐天寶十載(七五一)交河郡客使文卷 338－339
2006TZJI:038倒書(見2006TZJI:012) 唐天寶十載(七五一)九月典曹如玠牒 340－341
2006TZJI:039(見2006TZJI:034) 唐天寶十載(七五一)交河郡客使文卷 334－335
2006TZJI:040(見2006TZJI:045) 唐某年七月府氾慎牒 345
2006TZJI:041 唐殘牒 347
2006TZJI:042 唐畦元富牒 353
2006TZJI:043(見2006TZJI:034) 唐天寶十載(七五一)交河郡客使文卷 336－337

2006TZJI:044（見 2006TZJI:028） 唐天寶十載（七五一）交河郡某曹府段明牒爲許獻之赴軍事 342－343
2006TZJI:045＋2006TZJI:023＋2006TZJI:040 唐某年七月府氾慎牒 345
2006TZJI:046＋2006TZJI:019＋2006TZJI:027
唐天寶某載三月二十一日交河郡長行坊典張温璟牒兵曹司爲濟弱館䴷料事 348－349
2006TZJI:047（見 2006TZJI:034） 唐天寶十載（七五一）交河郡客使文卷 336－337
2006TZJI:048 唐某年某月二十三日符 345
2006TZJI:049 唐殘名籍 354
2006TZJI:050（見 2006TZJI:034） 唐天寶十載（七五一）交河郡客使文卷 336－337
2006TZJI:050 背面（見 2006TZJI:060 背面） 唐郭奉琳牒 340－341
2006TZJI:051（見 2006TZJI:034） 唐天寶十載（七五一）交河郡客使文卷 334－335
2006TZJI:052＋2006TZJI:035 唐天寶年間（七四二—七五六）交河郡某曹府段明牒 342－343
2006TZJI:053 唐殘名籍 354
2006TZJI:054 唐殘牒 347
2006TZJI:055 文書殘片 357
2006TZJI:056 唐殘牒 347
2006TZJI:057（見 2006TZJI:034） 唐天寶十載（七五一）交河郡客使文卷 336－337
2006TZJI:058 文書殘片 357
2006TZJI:059 文書殘片 357
2006TZJI:060（見 2006TZJI:034） 唐天寶十載（七五一）交河郡客使文卷 336－337
2006TZJI:060 背面＋2006TZJI:020 背面、2006TZJI:050 背面 唐郭奉琳牒 340－341
2006TZJI:061（見 2006TZJI:034） 唐天寶十載（七五一）交河郡客使文卷 336－337
2006TZJI:062 唐西州高昌縣劉懷本等小麥帳 353
2006TZJI:063 唐殘牒 347
2006TZJI:064（見 2006TZJI:034） 唐天寶十載（七五一）交河郡客使文卷 338－339
2006TZJI:064 倒書（見 2006TZJI:012） 唐天寶十載（七五一）九月典曹如㳽牒 340－341
2006TZJI:065 唐某年清鎮軍殘牒 354
2006TZJI:066（見 2006TZJI:034） 唐天寶十載（七五一）交河郡客使文卷 338－339
2006TZJI:066 倒書（見 2006TZJI:012） 唐天寶十載（七五一）九月典曹如㳽牒 340－341
2006TZJI:067 文書殘片 357
2006TZJI:068 文書殘片 357
2006TZJI:069 文書殘片 357
2006TZJI:070 文書殘片 357
2006TZJI:071 文書殘片 357
2006TZJI:072（見 2006TZJI:034） 唐天寶十載（七五一）交河郡客使文卷 338－339
2006TZJI:072 倒書（見 2006TZJI:012） 唐天寶十載（七五一）九月典曹如㳽牒 340－341
2006TZJI:073＋2006TZJI:074＋2006TZJI:006＋2006TZJI:007 唐西州典某牒爲吕仙懷勾徵案 355
2006TZJI:073 背面（見 2006TZJI:006 背面） 唐寫古詩習字殘片（岑德潤五言詩等） 356
2006TZJI:074（見 2006TZJI:073） 唐西州典某牒爲吕仙懷勾徵案 355
2006TZJI:074 背面（見 2006TZJI:006 背面） 唐寫古詩習字殘片（岑德潤五言詩等） 356

2006TZJI:075　殘紙　358
2006TZJI:076　殘紙　358
2006TZJI:077(見2006TZJI:087)　麴氏高昌張延懷等納斛斗帳　294－295
2006TZJI:078(見2006TZJI:089)　麴氏高昌斛斗帳　292－293
2006TZJI:079(見2006TZJI:083)　唐天寶某載正月交河郡群頭馬貴言牒　350
2006TZJI:080(見2006TZJI:083)　唐天寶某載正月交河郡群頭馬貴言牒　350
2006TZJI:081＋2006TZJI:082　唐天寶某載交河郡長行坊典孫庭珎牒　351
2006TZJI:082(見2006TZJI:081)　唐天寶某載交河郡長行坊典孫庭珎牒　351
2006TZJI:083＋2006TZJI:084＋2006TZJI:079＋2006TZJI:080　唐天寶某載正月交河郡群頭馬貴言牒　350
2006TZJI:084(見2006TZJI:083)　唐天寶某載正月交河郡群頭馬貴言牒　350
2006TZJI:085＋2006TZJI:088　麴氏高昌斛斗帳　290－291
2006TZJI:086　唐某年八月西州高昌縣寧泰等鄉名籍　302
2006TZJI:087＋2006TZJI:077　麴氏高昌張延懷等納斛斗帳　294－295
2006TZJI:088(見2006TZJI:085)　麴氏高昌斛斗帳　290－291
2006TZJI:089＋2006TZJI:078　麴氏高昌斛斗帳　292－293
2006TZJI:090(見2006TZJI:114)
　唐龍朔二、三年(六六二、六六三)西州都督府案卷爲安稽哥邏禄部落事　324－325
2006TZJI:091(見2006TZJI:114)
　唐龍朔二、三年(六六二、六六三)西州都督府案卷爲安稽哥邏禄部落事　322－323
2006TZJI:092(見2006TZJI:114)
　唐龍朔二、三年(六六二、六六三)西州都督府案卷爲安稽哥邏禄部落事　324－325
2006TZJI:093(見2006TZJI:114)
　唐龍朔二、三年(六六二、六六三)西州都督府案卷爲安稽哥邏禄部落事　324－325
2006TZJI:094(見2006TZJI:114)
　唐龍朔二、三年(六六二、六六三)西州都督府案卷爲安稽哥邏禄部落事　316－317
2006TZJI:095(見2006TZJI:114)
　唐龍朔二、三年(六六二、六六三)西州都督府案卷爲安稽哥邏禄部落事　318－319
2006TZJI:096(見2006TZJI:114)
　唐龍朔二、三年(六六二、六六三)西州都督府案卷爲安稽哥邏禄部落事　324－325
2006TZJI:097(見2006TZJI:114)
　唐龍朔二、三年(六六二、六六三)西州都督府案卷爲安稽哥邏禄部落事　316－317
2006TZJI:098(見2006TZJI:114)
　唐龍朔二、三年(六六二、六六三)西州都督府案卷爲安稽哥邏禄部落事　316－317
2006TZJI:099(見2006TZJI:114)
　唐龍朔二、三年(六六二、六六三)西州都督府案卷爲安稽哥邏禄部落事　316－317
2006TZJI:100(見2006TZJI:114)
　唐龍朔二、三年(六六二、六六三)西州都督府案卷爲安稽哥邏禄部落事　320－321
2006TZJI:101(見2006TZJI:114)

唐龍朔二、三年(六六二、六六三)西州都督府案卷爲安稽哥邏禄部落事 320－321
2006TZJI:102(見2006TZJI:114)
唐龍朔二、三年(六六二、六六三)西州都督府案卷爲安稽哥邏禄部落事 318－319
2006TZJI:103(見2006TZJI:114)
唐龍朔二、三年(六六二、六六三)西州都督府案卷爲安稽哥邏禄部落事 322－323
2006TZJI:104(見2006TZJI:114)
唐龍朔二、三年(六六二、六六三)西州都督府案卷爲安稽哥邏禄部落事 312－313
2006TZJI:105(見2006TZJI:114)
唐龍朔二、三年(六六二、六六三)西州都督府案卷爲安稽哥邏禄部落事 312－313
2006TZJI:106(見2006TZJI:114)
唐龍朔二、三年(六六二、六六三)西州都督府案卷爲安稽哥邏禄部落事 312－313
2006TZJI:107 麴氏高昌斛斗帳 289
2006TZJI:108＋2006TZJI:109＋2006TZJI:110＋2006TZJI:111
麴氏高昌義和二至三年(六一五—六一六)斛斗帳 288
2006TZJI:109(見2006TZJI:108) 麴氏高昌義和二至三年(六一五—六一六)斛斗帳 288
2006TZJI:110(見2006TZJI:108) 麴氏高昌義和二至三年(六一五—六一六)斛斗帳 288
2006TZJI:111(見2006TZJI:108) 麴氏高昌義和二至三年(六一五—六一六)斛斗帳 288
2006TZJI:112(見2006TZJI:114)
唐龍朔二、三年(六六二、六六三)西州都督府案卷爲安稽哥邏禄部落事 310－311
2006TZJI:113(見2006TZJI:114)
唐龍朔二、三年(六六二、六六三)西州都督府案卷爲安稽哥邏禄部落事 310－311
2006TZJI:114、2006TZJI:112、2006TZJI:113、2006TZJI:115、2006TZJI:104、2006TZJI:105、2006TZJI:106、2006TZJI:120＋2006TZJI:121、2006TZJI:136＋2006TZJI:117、2006TZJI:098、2006TZJI:094、2006TZJI:160＋2006TZJI:122＋2006TZJI:123＋2006TZJI:099＋2006TZJI:097、2006TZJI:147＋2006TZJI:142、2006TZJI:095＋2006TZJI:102、2006TZJI:132＋2006TZJI:133＋2006TZJI:116＋2006TZJI:100＋2006TZJI:101、2006TZJI:124＋2006TZJI:091＋2006TZJI:103、2006TZJI:125＋2006TZJI:093＋2006TZJI:096、2006TZJI:092、2006TZJI:090、2006TZJI:161
唐龍朔二、三年(六六二、六六三)西州都督府案卷爲安稽哥邏禄部落事 310－325
2006TZJI:115(見2006TZJI:114)
唐龍朔二、三年(六六二、六六三)西州都督府案卷爲安稽哥邏禄部落事 310－311
2006TZJI:116(見2006TZJI:114)
唐龍朔二、三年(六六二、六六三)西州都督府案卷爲安稽哥邏禄部落事 320－321
2006TZJI:117(見2006TZJI:114)
唐龍朔二、三年(六六二、六六三)西州都督府案卷爲安稽哥邏禄部落事 314－315
2006TZJI:118 唐西州高昌縣辭 301
2006TZJI:119 唐某年某衙請價錢文書 353
2006TZJI:120(見2006TZJI:114)
唐龍朔二、三年(六六二、六六三)西州都督府案卷爲安稽哥邏禄部落事 314－315
2006TZJI:121(見2006TZJI:114)
唐龍朔二、三年(六六二、六六三)西州都督府案卷爲安稽哥邏禄部落事 314－315

2006TZJI:122（見 2006TZJI:114）
　唐龍朔二、三年（六六二、六六三）西州都督府案卷爲安稽哥邏禄部落事　316－317
2006TZJI:123（見 2006TZJI:114）
　唐龍朔二、三年（六六二、六六三）西州都督府案卷爲安稽哥邏禄部落事　316－317
2006TZJI:124（見 2006TZJI:114）
　唐龍朔二、三年（六六二、六六三）西州都督府案卷爲安稽哥邏禄部落事　322－323
2006TZJI:125（見 2006TZJI:114）
　唐龍朔二、三年（六六二、六六三）西州都督府案卷爲安稽哥邏禄部落事　324－325
2006TZJI:126　麴氏高昌蘇寺等寺田籍　301
2006TZJI:127　麴氏高昌某年作醬券　301
2006TZJI:128　麴氏高昌符爲納薪事　300
2006TZJI:128 背面　麴氏高昌殘文書　300
2006TZJI:129（見 2006TZJI:151）　麴氏高昌延昌四年（五六四）閏月十一日某人辭爲入養事　285
2006TZJI:130a　麴氏高昌雇人作塢殘券　296
2006TZJI:130a 背面　296
2006TZJI:131　麴氏高昌殘名籍　300
2006TZJI:132（見 2006TZJI:114）
　唐龍朔二、三年（六六二、六六三）西州都督府案卷爲安稽哥邏禄部落事　320－321
2006TZJI:133（見 2006TZJI:114）
　唐龍朔二、三年（六六二、六六三）西州都督府案卷爲安稽哥邏禄部落事　320－321
2006TZJI:134、2006TZJI:153　麴氏高昌僧回等名籍　299
2006TZJI:135＋2006TZJI:138＋2006TZJI:140＋2006TZJI:154
　麴氏高昌延和八年（六〇九）十二月二十二日紹德遺書　287
2006TZJI:136（見 2006TZJI:114）
　唐龍朔二、三年（六六二、六六三）西州都督府案卷爲安稽哥邏禄部落事　314－315
2006TZJI:137（見 2006TZJI:151）　麴氏高昌延昌四年（五六四）閏月十一日某人辭爲入養事　285
2006TZJI:138（見 2006TZJI:135）　麴氏高昌延和八年（六〇九）十二月二十二日紹德遺書　287
2006TZJI:139　文書殘片　357
2006TZJI:140（見 2006TZJI:135）　麴氏高昌延和八年（六〇九）十二月二十二日紹德遺書　287
2006TZJI:141　麴氏高昌趙得兒等田籍　298
2006TZJI:141 背面　文書殘片　298
2006TZJI:142（見 2006TZJI:114）
　唐龍朔二、三年（六六二、六六三）西州都督府案卷爲安稽哥邏禄部落事　318－319
2006TZJI:143、2006TZJI:144　麴氏高昌延昌十七年（五七七）某月六日道人道翼遺書　286
2006TZJI:144（見 2006TZJI:143）　麴氏高昌延昌十七年（五七七）某月六日道人道翼遺書　285
2006TZJI:145a　麴氏高昌張顯祐等雇人作塢殘券　296
2006TZJI:145a 背面　296
2006TZJI:146　麴氏高昌殘券　297
2006TZJI:147（見 2006TZJI:114）

唐龍朔二、三年(六六二、六六三)西州都督府案卷爲安稽哥邏禄部落事 318－319
2006TZJI:148 麴氏高昌租床條記 297
2006TZJI:149 麴氏高昌殘券 297
2006TZJI:150 無字殘片
2006TZJI:151、2006TZJI:137、2006TZJI:155、2006TZJI:157、2006TZJI:129
麴氏高昌延昌四年(五六四)閏月十一日某人辭爲入養事 285
2006TZJI:152 麴氏高昌范慶伯等田籍 298
2006TZJI:152 背面 文書殘片 298
2006TZJI:153(見 2006TZJI:134) 麴氏高昌僧回等名籍 299
2006TZJI:154(見 2006TZJI:135) 麴氏高昌延和八年(六〇九)十二月二十二日紹德遺書 287
2006TZJI:155(見 2006TZJI:151) 麴氏高昌延昌四年(五六四)閏月十一日某人辭爲入養事 285
2006TZJI:156 麴氏高昌延和六年(六〇七)九月文書 286
2006TZJI:157(見 2006TZJI:151) 麴氏高昌延昌四年(五六四)閏月十一日某人辭爲入養事 285
2006TZJI:158 文書殘片 357
2006TZJI:159 文書殘片 357
2006TZJI:160(見 2006TZJI:114)
唐龍朔二、三年(六六二、六六三)西州都督府案卷爲安稽哥邏禄部落事 316－317
2006TZJI:161(見 2006TZJI:114)
唐龍朔二、三年(六六二、六六三)西州都督府案卷爲安稽哥邏禄部落事 324－325
2006TZJI:162＋2006TZJI:164 唐景龍二年(七〇八)十一月八日西州高昌縣寧大鄉肯義租田契 326－327
2006TZJI:163 唐某年二月十四日西州高昌縣寧大鄉何善慈雇人契 326－327
2006TZJI:164(見 2006TZJI:162) 唐景龍二年(七〇八)十一月八日西州高昌縣寧大鄉肯義租田契 326－327
2006TZJI:165 北涼承平(?)七年八月高昌某人啓爲廉和得病以他人替代事 274－275
2006TZJI:166 北涼高昌某人啓爲宋万平息、廉和謙息替代事 274－275
2006TZJI:167＋2006TZJI:181 北涼高昌符尾 276－277
2006TZJI:168(見 2006TZJI:180) 北涼高昌某人啓爲攝行水事 276－277
2006TZJI:169(見 2006TZJI:170) 北涼高昌計口出絲帳 284
2006TZJI:170＋2006TZJI:179、2006TZJI:169、2006TZJI:178＋2006TZJI:177
北涼高昌計口出絲帳 283－284
2006TZJI:171 布片 358
2006TZJI:172(見 2006TZJI:190) 北涼高昌計貲出獻絲帳 280－281
2006TZJI:173(見 2006TZJI:190) 北涼高昌計貲出獻絲帳 278－279
2006TZJI:174(見 2006TZJI:190) 北涼高昌計貲出獻絲帳 280－281
2006TZJI:175(見 2006TZJI:190) 北涼高昌計貲出獻絲帳 280－281
2006TZJI:176 文書殘片 357
2006TZJI:177(見 2006TZJI:170) 北涼高昌計口出絲帳 284
2006TZJI:178(見 2006TZJI:170) 北涼高昌計口出絲帳 284
2006TZJI:179(見 2006TZJI:170) 北涼高昌計口出絲帳 283
2006TZJI:180＋2006TZJI:168 北涼高昌某人啓爲攝行水事 276－277

2006TZJI:181(見 2006TZJI:167)　北涼高昌符尾　276－278
2006TZJI:182　北涼承平(?)七年八月五日高昌廉和辭爲診病事　272－273
2006TZJI:183　北涼承平(?)七年八月三日高昌郡倉曹掾杜頊符爲宋平差遣事　272－273
2006TZJI:184　布片　358
2006TZJI:185(見 2006TZJI:190)　北涼高昌計貲出獻絲帳　278－279
2006TZJI:186(見 2006TZJI:190)　北涼高昌計貲出獻絲帳　280－281
2006TZJI:187(見 2006TZJI:190)　北涼高昌計貲出獻絲帳　280－281
2006TZJI:188(見 2006TZJI:190)　北涼高昌計貲出獻絲帳　280－281
2006TZJI:189(見 2006TZJI:190)　北涼高昌計貲出獻絲帳　280－281
2006TZJI:190＋2006TZJI:185＋2006TZJI:173＋2006TZJI:172＋2006TZJI:186＋2006TZJI:189、2006TZJI:174、2006TZJI:175、2006TZJI:187、2006TZJI:188　北涼高昌計貲出獻絲帳　278－281
2006TZJI:191　藏文木簡　358
2006TZJI:192　婆羅謎文木簡　358
2006TZJI:193　婆羅謎文木簡　358
2006TZJI:194a(見 2006TZJI:196)　唐永徽五年至六年(六五四—六五五)安西都護府案卷爲安門等事　307
2006TZJI:195(見 2006TZJI:196)　唐永徽五年至六年(六五四—六五五)安西都護府案卷爲安門等事　307
2006TZJI:196＋2006TZJI:197＋2006TZJI:013＋2006TZJI:001＋2006TZJI:198a、2006TZJI:010＋2006TZJI:015＋2006TZJI:016＋2006TZJI:017＋2006TZJI:002＋2006TZJI:009＋2006TZJI:005＋2006TZJI:195＋2006TZJI:194a　唐永徽五年至六年(六五四—六五五)安西都護府案卷爲安門等事　305－307
2006TZJI:197(見 2006TZJI:196)　唐永徽五年至六年(六五四—六五五)安西都護府案卷爲安門等事　305
2006TZJI:198a(見 2006TZJI:196)　唐永徽五年至六年(六五四—六五五)安西都護府案卷爲安門等事　305